Judith Fanto • Viktor

# Judith Fanto
# **Viktor**

Roman

Aus dem Niederländischen
von Eva Schweikart

KEIN&ABER
POCKET

Die Originalausgabe erschien 2020 unter
dem Titel *Viktor* bei Ambo/Anthos Uitgevers, Amsterdam
Copyright © 2020 by Judith Fanto
Copyright der deutschen Erstausgabe
© 2021 by Verlag Freies Geistesleben & Urachhaus GmbH

Alle Rechte vorbehalten
Copyright © 2022 by Kein & Aber AG Zürich – Berlin
Coverbild: Ernesto Garcia Cabral
Satz: Klaus H. Pfeiffer, Verlag Freies Geistesleben & Urachhaus GmbH
Druck und Bindung: CPI books GmbH, Leck
ISBN 978-3-0369-6148-4

www.keinundaber.ch

Zum verehrenden Andenken an Victor S.

*Ist Ihnen aufgefallen, dass im zwanzigsten Jahrhundert alles wahrhaftiger geworden ist, dass in diesem Jahrhundert alles sein wahrhaftiges Selbst offenbart hat?*

   Imre Kertész

*Blitz und Donner brauchen Zeit, das Licht der Gestirne braucht Zeit, Taten brauchen Zeit, auch nachdem sie getan sind, um gesehen und gehört zu werden.*

   Friedrich Nietzsche

# STAMMBAUM

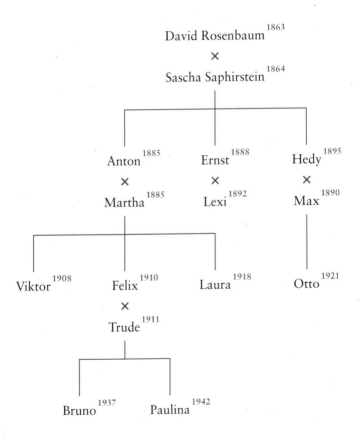

I

Meine Großmutter wurde an dem Tag geboren, an dem Gustav Mahler starb. Fast genau sieben Jahre nach Dvořáks Tod. Und in dem Frühling, in dem Strawinskys *Petruschka* uraufgeführt wurde.

Die erstgenannte Tatsache war für meinen Großvater besonders bedeutsam. Er litt an einer schweren Form dessen, was in unserer Familie ›Mahleritis‹ heißt: einem fieberhaften Verlangen danach, mit eigener Hand Gustav Mahlers musikalischen Nachlass, die angefangene Zehnte Sinfonie, zu vollenden. Großvater glaubte felsenfest an die Kraft des Geburtsdatums seiner Frau. Außerdem hatten seine eigenen Großeltern einige Jahre in Mahlers unmittelbarer Nachbarschaft am Wiener Schwarzenbergplatz gewohnt. Diese beiden Gegebenheiten stellten für ihn eine metaphysische Verbindung zu dem Komponisten her, die bewirkte, dass er überzeugt war, das der Partitur noch Fehlende ganz und gar in dessen Sinn ergänzen zu können.

Obwohl niemand sonst in der Familie die radikale Leidenschaft meines Großvaters teilte, spielte Mahler – damals seit bereits sechzig Jahren tot – in unserem Alltag eine lebendige

Rolle. Natürlich galt bei uns, wie in allen mehr oder auch gerade weniger jüdischen Familien, die alternative Zeitrechnung ›vor dem Krieg – im Krieg – nach dem Krieg‹. Um Ereignisse vor dem Krieg zu datieren, nahmen die Erwachsenen jedoch Meilensteine aus Mahlers Leben zu Hilfe. So wusste ich beispielsweise, dass Laura, die Schwester meines Großvaters, an dem Winterabend geboren wurde, an dem Mahlers Zweite Sinfonie im Wiener Musikverein aufgeführt wurde, und dass ein Onkel meiner Großmutter an dem Tag geheiratet hatte, an dem Mahler seine Fünfte abschloss.

Über den Krieg sprach man bei uns im Familienkreis nur verbrämt. Anders als vielen anderen Kindern aus jüdischen Familien waren mir die Begriffe ›geholt, fortgebracht und umgekommen‹ als euphemistisches Trio für ›verhaftet, abtransportiert und ermordet‹ kaum bekannt. Selbst diese trügerisch harmlosen Wörter waren für meine Großeltern zu viel. Über den Mord an ihren Lieben sprachen sie nur in Wendungen, die das unwiderlegbare Resultat ausdrückten: »Otto? Der lebt nicht mehr.«

Die toten Familienangehörigen spielten in unserem Leben eine bescheidene Rolle, waren aber deshalb keinesfalls bedeutungslos. Einerseits bildeten sie als stilisierte Komparsen lediglich die zweidimensionale Kulisse für uns als noch lebenden und im Vordergrund agierenden Teil der Familie. Gleichzeitig fungierten sie mit ihren besonderen Eigenschaften oder Begabungen als unerreichbare Vorbilder.

So lag das Monopol auf Schönheit bei Laura, und wir, die Enkelinnen, hätten es nie gewagt, sie ausstechen zu wollen. Endlos lange sahen wir uns das abgegriffene Schwarz-Weiß-Porträt des Mädchens an, das unseren Großeltern zufolge das schönste von ganz Wien gewesen war, jedenfalls bis die Nazis es mit einer Kugel in den Tod schickten – was wie üblich mit den Worten »Laura? Die lebt nicht mehr« umschrieben wurde.

War Laura die unbestrittene Göttin der Anmut, so galt Otto, der Cousin meines Großvaters, als der jugendliche Musikvirtuose schlechthin, dem keiner je gleichkommen würde, und sei es nur, weil er ewig jung blieb.

Wie es sich für jedes Bühnenstück gehört, gab es auch in unserer Familie ein schwarzes Schaf, einen bösen Wolf – den Schauspieler, der von Kindern mit lauten Buh-Rufen bedacht wird, sobald er auftaucht. Diese Rolle hatte Viktor inne, der Bruder meines Großvaters.

In den Geschichten von früher fiel sein Name allenfalls en passant, und dann mit einer Mischung aus Verlegenheit und Irritation, und man zog ihn als schlechtes Beispiel für Dinge heran, die sich nicht gehörten, wie etwa unangebrachtes Duzen oder im Stehen Essen.

Oder Nasebohren.

Seit ich mich erinnern kann, bin ich eine Popelesserin. Ich mag das Gefühl im Mund. Den salzigen Geschmack. Die Vorstellung, etwas Störendes schnell und effizient zu beseitigen.

Damit trieb ich meine Familie zur Verzweiflung.

»Das *tut* man nicht!«, jammerte Großmutter mit ihrem Wiener Akzent und sagte zu meiner Mutter, sie solle mir die Hände mit Zwiebelsaft einreiben. Beunruhigt war sie vor allem, weil Popelessen bei uns noch nie vorgekommen war und ich mich damit gewissermaßen außerhalb der Familientradition begab. Man zermarterte sich das Hirn, von wem ich diese unerquickliche Angewohnheit haben könnte.

»Ich glaube, Tante Gustl hat das gemacht, drei Jahre vor dem Krieg habe ich es gesehen«, sagte mein Großvater, nachdem er mit geschlossenen Augen sein Gedächtnis durchforstet hatte.

»Das kann ich mir nicht vorstellen, Felix, dafür war Gustl denn doch zu kultiviert«, wandte meine Großmutter ein, denn Gustl war *ihre* Tante gewesen. Sie zog ein Taschentuch aus ihrem Ärmel – beim weiblichen Teil der Familie der diskrete Aufbewahrungsort für alles, was man rasch bei der Hand haben wollte – und schnäuzte sich.

»Dann muss sie es von Viktor haben«, murmelte mein Großvater, aber Großmutter hatte es gehört und quittierte den Ausrutscher mit einem wütenden Blick.

»Geertje hat nichts von Viktor, nicht wahr, Schatz?« Und sie tätschelte mein Knie, während sie leicht widerwillig ergänzte: »Nur seine grünen Augen.«

Die Herkunft meiner schlechten Angewohnheit blieb ein ungelöstes Rätsel, bis meine Mutter, die Paulina heißt, aber von allen Putzi gerufen wird, so wie Mahlers älteste Tochter, den Hausarzt zurate zog. Er – aus Groningen stammend – teilte ihr mit, wissenschaftliche Untersuchungen hätten ergeben, Nasenschleimessen stärke das Immunsystem von Kindern und trage außerdem zur Deckung des Salzbedarfs bei.

Etwas Besseres hätte der gute Mann ihr gar nicht sagen können. Popelessen mochte nicht zu den Rosenbaum'schen Familientraditionen gehören, eine Affinität zur Wissenschaft und heiliger Respekt vor ärztlichen Urteilen aber sehr wohl. Erleichtert, dass das Problem, was Salz anging, sich auch im Rahmen von

Mahlzeiten lösen ließ, stellte meine Mutter mir fortan bei jedem Essen den Salzstreuer neben den Teller.

Damit war der Fall erledigt.

Innerhalb der bunten wienerisch-jüdischen Familie meiner Mutter gab es noch etliche Gepflogenheiten, aus denen ich schöpfen konnte. Nicht dass das Jüdischsein bei uns gepflegt wurde – Gott bewahre! Dass wir jüdisch waren, merkte man an nichts. Das heißt, es kamen oft jüdische Gerichte auf den Tisch, die man aber – so meinte mein Onkel Bruno – durchaus der mitteleuropäischen Küche zurechnen könne. Allenfalls ließ sich noch das Anzünden zweier Kerzen am Freitagabend als jüdisch einstufen, aber nur ansatzweise, denn das machten andere auch, »vor allem die Katholiken« laut meiner Großmutter. Und die neunarmige grün angelaufene Chanukkia, die Siddurim im Bücherregal, die mit Davidssternen verzierten Kerzenleuchter, der angeschlagene Sederteller und die Estherrolle auf dem Flügel: allesamt kein jüdisches Erbe, sondern bei der Flucht aus Wien hastig zusammengeraffter Hausrat.

Nur Omi Ida, die Mutter meiner Großmutter, die nach dem Krieg bei meinen Großeltern wohnte, hatte das Judentum hochgehalten. Nachdem sie ihr geliebtes Wien hatte verlassen müssen, war ihr jegliche Veränderung ein Gräuel. Traditionen waren Omi wichtig, auch die jüdischen. Aber wer hätte das einer alten Dame verübelt? Die Arme stammte ja noch aus der Zeit, in der Mahlers Erste Sinfonie entstanden war.

Dass wir jüdisch waren, wusste ich von Kind an, nicht aber, was es bedeutete. Mein jüdisches Bewusstsein bestand hauptsächlich aus dem vagen Gefühl, dass wir ein unergründliches

Geheimnis mit uns herumtrugen, ein Geheimnis, das auch mir anhaftete, wie eine nicht benennbare angeborene Abweichung, ein zusätzlicher Makel zu all meinen anderen. Erst im Laufe der Zeit fanden sich Schlüssel, die mir unsere in Mysterien gehüllte Existenz begreiflich machten.

◆

Viktor schaute zu seiner Mutter hinüber. In ihrem eleganten Kleid aus Crêpe de Chine und dem leichten Mohairmantel nahm sie sich auf der grob gezimmerten Holzbank zart und zierlich aus. Martha hatte die Augen geschlossen und das Gesicht erwartungsvoll zum bewölkten Himmel erhoben. Plötzlich tauchte ein göttlicher Lichtstrahl sie in weiße Glut.

Dieses Bild seiner Mutter sollte Viktor im Gedächtnis bleiben: Es war, als würde nicht sie die Sonne genießen, sondern als hätte die Sonne sich in diesem Moment eigens gezeigt, um sie zu bescheinen.

Viktor drehte sich zu Felix um. »Spielen wir Fußball?«, rief er und kickte den Ball auffordernd zu seinem Bruder. Er verfehlte Felix um ein Haar und flog ein Stück weiter ins Gebüsch.

Felix hatte nichts davon bemerkt. Er kauerte auf bloßen Knien im Gras und starrte, das Gesicht dicht über dem Boden, durch seine Lupe, ein Exemplar von Zeiss mit Bakelitgriff. Viktor ging hin, kniete sich neben ihn, und gemeinsam beobachteten sie, wie mehrere Ameisen sich mit einem toten gepanzerten Käfer abmühten. Dann stand Viktor auf, um den Ball zu holen, hielt aber inne, als er jenseits des Gebüschs laute Stimmen hörte. Rasch bahnte er sich einen Weg hindurch.

Vier kräftige Jungen hatten sich vor einem mageren Kleinen mit krummen Beinen und einem klobigen Schuh aufgebaut. »Du stinkst, elender Dreckjude mit deinem Teufelshuf«, sagte der Größte mit drohendem Unterton. »Du musst dringend baden.« Und er versetzte dem Jungen einen Schubs. Die drei anderen johlten vor Vergnügen und riefen im Chor: »Stinkjude! Stinkjude! Stinkjude!«

Kaum hatte der Kleine sich wieder aufgerappelt, stieß der Anführer ihn um, diesmal mit solcher Wucht, dass er rückwärts in den Teich fiel.

Wie ein Geschoss sauste Viktor auf den Großen zu und warf sich mit seinem vollen Gewicht auf ihn, sodass beide mit lautem Platschen im Wasser landeten.

Der Große fuchtelte panisch mit den Armen. »Hilfe! So helft mir doch!«

Mit ein paar Zügen hatte Viktor den Kleinen erreicht, dessen Kopf halb unter Wasser war. Er packte ihn um die Mitte und schwamm mit ihm zum Ufer. Dort kletterte er aus dem Wasser und half dann dem prustenden Jungen heraus. Triefend und keuchend standen sie voreinander und schauten sich an.

»D-du b-b-blutest«, stammelte der Kleine zähneklappernd.

Mit seinem weißen Hemdsärmel wischte Viktor sich über das Gesicht. »Ist nicht schlimm, bloß Nasenbluten. Komm mit, wir müssen hier weg.« Und schon lief er los.

»Warte!«

Viktor drehte sich um. Mit langsamem Wackelgang versuchte der Kleine, ihm durch das Gebüsch zu folgen.

»Ich kann nicht so schnell...«

»Kein Wunder, bei den Schuhen.«

»Ich bin ja froh, dass ich sie habe. Ohne Schuhe wär's noch schlimmer.«

Sie erreichten den Weg, noch immer leicht keuchend, und blieben stehen.

»Bubi«, sagte der Kleine.

»Viktor. Angenehm.«

»Danke auch noch. Warum hast du mir eigentlich geholfen?«

Viktor zuckte mit den Schultern. »Meine Beine entscheiden sich oft schneller als mein Kopf. Weil meine Instinkte gut funktionieren, sagt mein Onkel Ernst. Er ist Arzt, das heißt Zahnarzt. Er hat einen Bart und weiß alles über die Natur. Er ist der Bruder meines Vaters und mein Lieblingsonkel. Von ihm habe ich schwimmen gelernt.«

»Ich habe keinen Vater und auch keine Onkel«, sagte Bubi.

»Mein Vater ist schon eine ganze Weile fort. Er kämpft gegen die Serben. Beim Abschied hat er meinem Bruder Felix eine Lupe geschenkt und mir einen Ball. Wenn sie gesiegt haben, kommt er nach Hause, dann ist er wieder ganz normal Anwalt.«

»Meine Mutter ist auch nie zu Hause. Aber nicht, weil sie kämpfen muss. Sie muss arbeiten. Glaube ich jedenfalls.«

In der darauf folgenden Stille warf Bubi Viktor einen schrägen Blick zu. »Nicht dass du denkst, ich hätte vorhin Angst gehabt.«

»Kannst du denn schwimmen?«

»Nein, aber das braucht es auch nicht, weil sich für Juden immer das Wasser teilt. Dann kann man einfach über den Grund zum anderen Ufer gehen. So wie Moses«, sagte Bubi und fügte, als er Viktors bedenkliche Miene sah, rasch hinzu: »Das hat der Rabbiner selbst gesagt.«

»Na ja, ich weiß nicht so recht«, sagte Viktor. »Ich bin auch Jude, aber ich muss ans andere Ufer schwimmen.«

»Vielleicht lebst du nicht fromm genug«, überlegte Bubi. »Hast du Unterricht bei einem Rabbiner?«

»Ich habe Klavierunterricht.«

»Ich finde das Thorastudium interessant, aber den Rabbiner mag ich nicht leiden.«

»Ich meinen Klavierlehrer auch nicht.«

»VIKTOR!«

Seine Mutter erschien, mit Felix an der Hand, auf dem Weg. Sie ließ den Jungen los und eilte in ihren hochhackigen Schuhen auf Viktor zu.

»Du warst auf einmal weg! Wieso bist du nass? Und wo kommt das Blut her?«

Sie zog ein Taschentuch aus dem Ärmel und säuberte damit notdürftig Viktors Gesicht. »Hier, das Tuch hältst du dir an die Nase«, sagte sie. »Wo um Himmels willen hast du gesteckt?«

»Mein Ball ist ...«, begann Viktor und hielt dann erschrocken inne. »Der Ball, Mutter! Ich muss Vaters Ball noch holen!«

Martha wollte protestieren, aber Viktor war bereits losgelaufen. Seufzend griff sie nach Felix' Hand, erst dann schien sie den fröstelnden Bubi zu bemerken. Die grauen Augen entsetzt auf sein schmales, hohlwangiges Gesicht gerichtet, fragte sie: »Ja, wer bist denn du, Junge?«

Bubi verlagerte sein Gewicht vom kürzeren auf das längere Bein.

»Ich heiße Jitschak, gnä' Frau, aber alle sagen Bubi zu mir. Ich bin schon acht.«

»Bubi ... und wie weiter?«

Der Junge zuckte mit den Schultern und sagte: »Einfach nur

Bubi, gnä' Frau.« Er grinste breit. »Viktor hat mich aus dem Wasser gerettet. Wie Moses aus dem Nil.«

Martha musterte Bubi eingehend. »Wann hast du das letzte Mal etwas gegessen?«

»Vielleicht gestern Abend, gnä' Frau.«

Sie knipste ihre Handtasche auf und entnahm ihr ein Päckchen. »Hier, mein Junge ...«

Bubi sah sie mit seinen großen dunklen Augen an. Dann wickelte er das gesüßte Brot aus dem Papier und stopfte es mit beiden Händen in seinen Mund.

Martha schüttelte nachsichtig den Kopf.

»Ich habe ihn.« Viktors Stimme klang erleichtert. Den Ball unter dem einen Arm, legte er den anderen um Bubis nasse Schultern: »Mutter, das hier ist Bubi. Er hat keinen Vater und keine Onkel, seine Mutter arbeitet vielleicht, und er mag seinen Rabbiner nicht leiden. Wir sind Freunde.«

»Danke, Viktor. Wir haben uns schon bekannt gemacht.« Und als Bubi die letzten Krümel von seinen schmutzigen Händen geleckt hatte, fuhr sie energisch fort: »Jetzt aber rasch nach Hause, Kinder, ihr nehmt noch ein warmes Bad. Hier entlang, die Kutsche steht an der Hauptallee.« Sie setzte sich in Bewegung, verhielt aber nach wenigen Metern und sah sich um: »Hast du nicht gehört, mein Junge?«

Bubi, der nach wie vor dastand und bibberte, sah sich ebenfalls um, richtete dann den Blick wieder auf Martha und fragte: »Meinen Sie mich, gnä' Frau?«

»Wen sonst? Nun komm aber, sonst werdet ihr beide noch krank.«

»Mamutscherl, du bist die allerliebste Mutter auf der Welt«, flüsterte Viktor.

Martha warf ihm einen Seitenblick zu. »Mit dir, junger Mann, habe ich noch ein Wörtchen zu reden. Einfach fortlaufen und sich wie ein Wildfang aufführen! Wie du nur aussiehst!«

Der Kutscher betrachtete erst Viktor, der das blutige Taschentuch an die Nase presste, dann den abgerissenen Bubi und sagte schließlich zu Martha: »Gnädige Frau, die Polster...«

Sie lächelte. »Felix, du darfst heute auf den Bock. Und ihr setzt euch zu mir, Bubi und Viktor... Viktor?« Sie sah sich suchend um.

In ein paar Schritten Entfernung bei der Pferdetränke hatten die beiden Jungen einen Eimer randvoll gefüllt und trugen ihn nun zusammen heran. Bubis humpelnder Gang ließ das Wasser überschwappen.

Die zwei Pferde neigten dankbar die Hälse, als der Eimer vor ihnen stand. Viktor klopfte ihnen auf die Flanken, und der Kutscher schmunzelte unter seinem Schnurrbart.

»Ich werde später Fiaker«, sagte Viktor.

»Und ich Straßenkehrer«, ergänzte Bubi.

Viktor schlug seinem neuen Freund auf die Schulter. »Dann werde ich auch Straßenkehrer!«

»Lieber Gott aber auch!«, entfuhr es dem ungarischen Dienstmädchen, das die Tür öffnete und hastig ein Kreuz schlug.

»Die beiden Jungen müssen schnellstens in die Wanne, Maria«, sagte Martha. »Mach bitte ein paar Kessel Wasser heiß und leg saubere Kleider für sie heraus.«

Nach dem Baden stutzte Maria Bubi die Haare, ging dann mit einem feinen Kamm auf Läusejagd und ertränkte die Beute in einer Schüssel Essig. Der fünfjährige Felix mit seiner Lupe kommentierte das Massaker ausführlich, bis Onkel Ernst den Kopf durch die Badezimmertür steckte: »Felix, es gehört sich nicht, dem Todeskampf eines Lebewesens zuzusehen, gleich welcher Art.«

Eine Stunde später saßen die Kinder blitzsauber am Tisch, jedes vor einem großen Teller dicker Suppe mit Brot. Bubi verbreitete einen erbärmlichen Gestank, denn Maria hatte seine Haare nach dem Waschen mit Petroleum gespült und ihm die Füße mit Teersalbe eingerieben.

Ernst und Martha sahen zu, wie Bubi den Teller an den Mund setzte, die Suppe schlürfte, sich dann mit dem sauberen Hemdsärmel das Kinn abwischte und zufrieden seufzte.

»Bubi, das tut man nicht«, sagte Felix mit einem Kichern. »Hier«, er deutete auf die gestärkte weiße Serviette neben dem Teller, »das musst du nehmen.«

»Ich habe euch etwas mitgebracht.« Ernst nahm drei längliche Schachteln aus der Innentasche seines grauen Jacketts und legte sie auf den Tisch.

»Füllhalter!«, rief Viktor begeistert.

»Falsch.«

»Zahnbürsten.« Felix hatte seine bereits ausgepackt und betrachtete sie unter der Lupe.

»Stimmt«, sagte Ernst. »Aber keine gewöhnlichen Zahnbürsten. Sondern die allerneuesten. Mit Dachshaar. Sorgfältige Zahnpflege ist wichtig, das wird oft unterschätzt.« Und nach einem Blick auf Bubi fügte er hinzu: »Damit kann man gar nicht früh genug anfangen.«

»Maria, kümmerst du dich bitte um die Kinder?«, sagte Martha zu dem Dienstmädchen. »Den Tisch kannst du später abräumen.«

Ihre Gläser in der Hand, gingen Ernst und Martha in den Salon hinüber, wo Martha sich seufzend in einen Sessel sinken ließ und einen Hustenanfall bekam.

»Wo ist euer Kindermädchen, Martha? Du wirkst abgespannt.«

»Fräuli hat heute frei. Mir schien es eine gute Idee, mit den Jungen einen Spaziergang im Prater zu machen, aber der ist anders gelaufen als gedacht.«

»Verstehe... der Kleine. Hast du mich seinetwegen kommen lassen?«

»Er heißt Jitschak Cheinik, nennt sich aber Bubi. Die Woche über ist er im jüdischen Waisenhaus für Jungen in der Goldschlagstraße und sonntags bei seiner Mutter, die fast nie zu Hause ist, in der Leopoldstadt. Einen Vater scheint es nicht zu geben und auch sonst keine Verwandten. Und...«

»... dafür aber einen Pes equinovarus adductus, eine C-förmige Torsionsskoliose, linkskonvex und lumbal, eine Pedikulose sowie alle Anzeichen für eine Kachexie«, ergänzte Ernst.

Martha hob die Augenbrauen.

»Klumpfuß, Beckenschiefstand, Wirbelsäulenverkrümmung, Kopflausbefall und... äh... Hunger«, beeilte Ernst sich zu erklären.

»Er ist ein so nettes Kind«, sagte Martha leise. »Da dachte ich, du könntest vielleicht einmal...«

»Selbstredend, ich sorge dafür, dass er noch diese Woche im Spital untersucht wird.«

»Danke, Ernst.«

»Aber es braucht mehr, Martha, und das weißt du. Wenn nichts geschieht, überlebt der Kleine den Winter nicht. Ruhe, Hygiene und eine gute Ernährung sind vonnöten. Könntest du ihn wohl die nächsten drei Monate an den Wochenenden aufnehmen?«

»Wie bitte?« Martha sah ihn groß an.

»Es wäre das Richtige.«

Sie wandte den Blick ab. »Ach, Ernst, ich bin mir nicht sicher, du weißt doch, wie Viktor ist.«

»Du spielst wieder auf den Vorfall mit dem Dach letzte Woche an? Martha, der Junge ist sieben, er klettert gern, und mit seiner Motorik ist alles in Ordnung.«

»Aber letzten Freitag ist er wegen Ungehorsams von der Schule nach Hause geschickt worden, und heute im Prater hat er mit anderen Jungen gerauft!«

»Viktor ist eben ein bisschen feuriger als seine Altersgenossen. Ich nehme ihn demnächst wieder einmal nach Weidlingbach mit. Ein paar Tage in der Natur werden ihm guttun.«

»Also gut: drei Monate. Vorher kommt Anton ja doch nicht nach Hause.«

Ernst sah sie forschend an. Ihr fein geschnittenes Gesicht wirkte fahl. »Was meinst du mit *vorher?*«

Martha stand auf, nahm einen Brief aus der Schublade der Nussholzkommode und gab ihn Ernst.

Er las, dann sah er sie fragend an.

»Ich habe bei der Kaserne Erkundigungen eingeholt. Es ist eine Hüftwunde, man hat ihn bereits operiert. Nach Wien wird er aber erst gebracht, wenn sein Zustand stabil ist.«

Ernst trat ans Fenster und blickte auf die Währinger Straße hinaus. Auf dem Trottoir gegenüber gingen zwei alte Männer, die die Hände über den Kopf hielten, damit der Wind ihre Sonntagshüte nicht erfasste. »Krieg ist eine üble Sache«, sagte er. »Die Tapfersten der Nation fallen.«

»Anton ist nicht gefallen«, erwiderte Martha.

Ernst drehte sich zu ihr um. »Ich habe auch nicht behauptet, dass er zu den Tapfersten zählt.«

Maria klopfte an und führte dann die Kinder herein.

»Bubi, Herr Doktor Rosenbaum bringt dich heute Abend ins Waisenhaus«, sagte Martha. »Er bespricht mit dem Leiter, dass du die nächsten Monate regelmäßig bei uns sein kannst. Das heißt, falls du das möchtest.«

Viktor stieß einen Freudenschrei aus, packte Bubi an den Schultern und skandierte auf und ab hüpfend: »Wir sind Freun-de, Freun-de, Freun-de!«

Maria ermahnte ihn zur Ruhe, und Martha warf Ernst einen Blick zu. Der jedoch tat, als bemerkte er es nicht, und fragte: »Hast du deine Zahnbürste eingesteckt, Bubi?«

»Wenn's dem gnä' Herrn recht ist, lasse ich die lieber hier.« Bubi grinste. »HaSchem wacht über alles, nur nicht bei uns im Heim. Dort wird einem alles geklaut.«

◆

Eine der wichtigsten Lektionen über das Judentum lernte ich an dem Samstagmorgen, als mein Bett zusammenbrach. Ich war sechs Jahre alt.

Eine Stunde später stand ich mit meiner Mutter vor Avi Schnitzlers Bettenfachgeschäft, damals in Voorburg die erste Adresse für ›das gute Bett‹. Mijnheer Schnitzler, ein schmächtiger Mann mit dunklen Locken und funkelnden Augen, residierte im Erdgeschoss des trostlosen Einkaufszentrums an der Koningin Julianalaan.

Schwungvoll öffnete er uns höchstpersönlich die Tür und bat uns höflich herein. Kaum hatten wir unser Anliegen vorgetragen, lief Schnitzler zu großer Form auf. Mit blumigen Worten pries er verschiedene Lattenroste und Bettgestelle an, wobei seine sonderbare Körpersprache sowohl Unterwürfigkeit wie auch Stolz ausdrückte und die Stimme einmal tief und leise, dann wieder hoch und laut war, wie in einer Oper aus vergangener Zeit über das bewegte Leben eines renommierten Bettenfabrikanten.

Beim Anblick von Mijnheer Schnitzler erfasste mich mit einem Mal eine vertraute Wehmut, ein Gefühl der Rührung, das irgendwie mit dem Geruch des Kümmel-Hackbratens meiner

Großmutter zusammenhing, mit dem Klang der alten Geige meines Großvaters und mit allen lebenden toten Familienmitgliedern, die kein Bett mehr brauchten.

Ich spürte, wie die kühle Hand meiner Mutter sich um meine schloss, und mir wurde klar: Ihr erging es ebenso.

Im nächsten Moment waren wir wieder draußen auf der Straße.

»Mam, wo gehen wir hin?«, fragte ich und versuchte, mich ihrem Griff zu entwinden.

Meine Mutter war bleich. Die Muskeln an ihrem inzwischen feuerrot gefleckten Hals waren gespannt, und sie presste die Lippen zusammen. Ich musste geradezu rennen, um mitzuhalten.

»Ich bekomme also kein neues Bett«, schloss ich.

»Bei *dem* Mann kaufen wir nichts!«, schnaubte sie.

»Bei *dem* Mann…«, wiederholte ich. Meine Mutter war nur selten wütend.

»Ein Idiot ist er! Gerade er als Jude müsste es besser wissen!«

In meinem Kopf überstürzten sich die Gedanken. Anscheinend war mir etwas entgangen. Etwas Wichtiges. Aber was?

»Woher weißt du, dass er Jude ist?«, fragte ich.

Meine Mutter blieb abrupt stehen. »Sein Name ist jüdisch!«, sagte sie barsch und ging weiter.

Ich vergegenwärtigte mir, was ich wusste: Namen konnten eine jüdische Abstammung verraten. So weit klar. Eine jüdische Abstammung war nichts, worauf man sich etwas einbilden konnte. Ebenfalls klar.

Aber dann: Gerade er als Jude müsste es besser wissen…

*Was* müsste er besser wissen? Und warum?

Ich bemühte mich, geradeaus zu schauen. Nicht auf die dünne blau geäderte Haut an Mutters Schläfe, nicht auf ihr weiches braunes Haar und die filigran gearbeiteten Goldohrringe, die früher Omi Ida gehört hatten.

»Was hat er denn falsch gemacht?«, fragte ich. Wenn ich nicht auf die Fugen der Gehwegplatten trete, dachte ich mir, dann ist Mama gleich wieder normal.

»Ach...« Ihre Stimme zitterte. »Allein schon das jüdische Aussehen. Dieses aufdringliche Anpreisen. Und dann die peinliche Kriecherei... Der Mann *ist* nicht bloß Jude, er... er...« Sie holte tief Luft und platzte heraus: »Er benimmt sich auch so!«

Sie ging langsamer und blickte über meine linke Schulter hinweg. »Das ist etwas, vor dem du dich hüten musst, verstehst du?«, sagte sie.

Und ob ich verstand. Besser, als ich es je für möglich gehalten hatte. Der Blick meiner Mutter hatte mir soeben ein Eckstück unseres Familienpuzzles offenbart.

*Angst.*

Nach dem Besuch in Schnitzlers Laden fiel mir immer öfter auf, dass meine Mutter im Alltag etwas überkam, das ich in Gedanken ES nannte: eine Mischung aus existenzieller Angst, ausgeprägtem Widerwillen und tiefer Scham, einhergehend mit Gesichtsblässe und brandroten Flecken am Hals.

Anstrengend war, dass ES ständig auf der Lauer lag und in Augenblicken zuschlug, in denen meine Mutter, oder vielleicht auch ich, am wenigsten damit rechnete.

Manchmal trat ES in einer milden Form auf, wie etwa an einem Freitag im Juni, als meine Schwester Harmke und ich mit den Nachbarkindern Verstecken spielten. In unserem Vorkriegsviertel mit Straßennamen wie Laan van Swaensteijn und

Rusthoflaan lagen die Reihenhäuser in abendlichem Schlummer. Alle waren dabei, sogar Esther Sapir, die freitagabends sonst nie im Freien anzutreffen war.

Was ich von ihr zu halten hatte, wusste ich nicht so recht. Mich irritierte vor allem ihre Kleidung; in ihren langen Röcken hatte sie Mühe, sich zwischen den Sträuchern des Parks zu bewegen, wo wir auf Kastanienbäume kletterten und mit selbst gebauten Flößen auf Teichen voller Entengrütze fuhren. Ich hatte auch Zweifel, ob Esther selbst in Hosen überhaupt rennen konnte. Sie war irgendwie tranig und hatte etwas Altbackenes an sich. Harmkes Meinung nach rührte das daher, dass sie das jüngste Kind einer großen Familie war.

Esther ist darum nicht nur beim Spielen auf der Straße, sondern auch zu Hause die ewig Letzte, dachte ich mir. Sie tat mir ein wenig leid, darum nahm ich mir vor, sie zu fragen, ob ich ihre dicken dunkelbraun glänzenden Haare flechten durfte.

An dem bewussten Abend wollte es der Zufall, dass meine Mutter und Mijnheer Sapir gleichzeitig vor die Tür traten, um ihre Kinder ins Haus zu rufen. Mijnheer Sapir war schon älter und hatte eine markante Nase. Mit seinen flusigen weißen Haaren, die wirr von den Schläfen abstanden, glich er einem Wissenschaftler aus meinem Naturkundebuch. Aber das Auffälligste an ihm war das runde Mützchen, das er stets mitten auf dem Kopf trug. So war seine Schädelglatze, die ansonsten eine leichte Beute für die sengende Sonne gewesen wäre, gut geschützt, und mir imponierte diese praktische Lösung eines Problems, mit dem auch mein Vater sich herumschlug, deshalb hatte ich ihm schon öfter geraten, doch auch solch ein Ding aufzusetzen.

Als Mijnheer Sapir mit Esther ins Haus gehen wollte, passierte es: Er wünschte meiner Mutter deutlich hörbar »Gut

Schabbes«. Ich ahnte nicht, was die Worte bedeuteten, hütete mich aber, meine Mutter zu fragen, denn ich hatte bereits die Anzeichen bemerkt: große Verlegenheit, ein Anflug von Ärger, unsichere Schritte, leichte Blässe, wenn auch noch keine Flecken am Hals.

Möglichst lautlos zog ich mich in mein Zimmer zurück.

Es gab Tage, da schlug ES so heftig zu, dass unsere gesamte Familie Stunden brauchte, um sich von Mutters Anfall zu erholen.

An solch einem Tag war ich zum Spielen bei einer Freundin namens Raimunda, die gerade von einem Ausflug mit einer Gruppe zurück war, die sie Pfadfinder nannte. Sie trug eine Uniform aus weichem hellbraunem Stoff mit Schulterklappen und einem roten Abzeichen am Ärmel. Ich konnte den Blick kaum von ihr wenden.

Raimunda bemerkte es, sie lächelte und fragte: »Willst du mal anprobieren?«

Als meine Mutter eineinhalb Stunden später mit dem Rad kam, um mich abzuholen, drehte ich mich stolz im Kreis, um sie an meinem Entzücken teilhaben zu lassen. Erst als ich strahlend zu ihr aufsah, wurde mir klar, dass ich einen großen Fehler begangen hatte.

ES war über sie gekommen, und zwar mit aller Macht.

Zu Hause ging sie sofort nach oben, um ›sich hinzulegen‹.

Unten im Wohnzimmer lag ich auf dem Sofa, meinen Hamster im Arm, dessen Fell von meinen Tränen klebrig war. Mein Herz schlug nicht mehr im ruhigen Rhythmus der alten Wanduhr, sondern hämmerte wie ein Presslufthammer gegen meinen Brustkorb.

Da kam Papa herein. Offenbar meinte er, seiner siebenjährigen Tochter eine Erklärung schuldig zu sein, denn er setzte sich auf einen Sessel, knackte mit den Fingerknöcheln und räusperte sich.

Meine Mutter und er, sagte er, hätten nichts für die Pfadfinderei übrig, die genau besehen nichts anderes sei als eine verkappte paramilitärische Organisation für Kinder. Außerdem verabscheuten sie Uniformen, weil sie jegliche Individualität unterdrückten und stattdessen die Interessen bestimmter Gruppen oder Nationen zum Ausdruck brächten, was nur logisch sei, denn das Wort ›uniform‹ bedeute nichts anderes als ›gleichförmig‹. Ob ich das verstanden hätte?

Mechanisch ließ ich den Hamster zwischen meinen Händen hin- und herlaufen und schwieg.

Das Schweigen nahm mein Vater anscheinend als Bestätigung, denn er setzte mir auseinander, dass man in der ersten Hälfte des Jahrhunderts Kinder im Dienst einer politischen Überzeugung in Uniformen gesteckt habe. Und *braune* Uniformen seien sowieso absolut inakzeptabel, weil Menschen mit unserer – und hier korrigierte er sich – mit *einer bestimmten* Familiengeschichte solche Kleidung mit der Hitlerjugend in Verbindung bringen könnten, also der Jugendorganisation der Nazis, oder, schlimmer noch, mit den Braunhemden von Hitlers Sturmabteilung, seinem Schlägertrupp. Dann meinte er noch, dass wir – und er sagte tatsächlich ›wir‹, obwohl er eindeutig mich meinte – künftig mehr auf Mutters Empfindlichkeiten Rücksicht nehmen müssten, denn die habe sie schließlich nicht zum Vergnügen entwickelt, sondern sie rührten aus ihrer Kindheit her. Dann beugte er sich ein Stück zu mir und sagte mit einem Zug um den Mund, der wohl ein entwaffnendes Lächeln sein sollte: »Abgemacht?«

In mir kämpften ein tiefes Schuldgefühl meiner Mutter gegenüber und die Überzeugung, dass in Wirklichkeit *mir* Unrecht geschehen war, miteinander.

Schließlich überwog meine pragmatische Art den Stolz. Auch wenn ich mit dem, was mein Vater gesagt hatte, nicht viel anfangen konnte, beschloss ich, mir die neuen Koordinaten zu eigen zu machen, denn sie würden bei der Orientierung im unübersichtlichen Sumpf der Erwachsenenwelt helfen. Mit einem Seufzer drückte ich Vaters ausgestreckte Hand, und allmählich stellte sich in meiner Brust wieder das vertraute ruhige Pochen ein.

Ich war wieder eins mit der Welt.

◆

Im Herbst 1916 wurde Martha krank. Mit gedämpfter Stimme sprach der Hausarzt mit Ernst über Anspannung, Erschöpfung und Lungenentzündung und empfahl lauwarme Essigwickel, Tee aus Haferstroh und Kamille sowie kalte Kompressen mit Salbei und gekochten Tannennadeln. Ernsts Frau Lexi zog zeitweilig in die Währinger Straße und trug dem Dienstmädchen auf, an der ruhigen Rückseite des Hauses ein Zimmer für die Kranke herzurichten.

Eines Sonntagnachmittags saßen Viktor und Bubi auf einer Kiste in der Sattelkammer, einem Ort, der normalerweise verbotenes Terrain für sie war. Es war kalt, und ihr Atem bildete Wölkchen.

»Deine Mutter wird wieder gesund, das hat Onkel Ernst heute gesagt.«

»*Wahrscheinlich*, hat er gesagt«, antwortete Viktor.

»Wird schon. Wann kommt dein Alter gleich noch mal nach Hause?«

»Übermorgen.«

»Dann sehe ich den auch mal. Bin gespannt.«

»Hm.«

»Freust du dich nicht?«

Viktor zuckte mit den Schultern. Er bückte sich und kratzte mit einem Steinchen über den staubigen Bretterboden des Stalls.

»Was ist?«, fragte Bubi.

»Ich hätte besser auf meine Mutter aufpassen müssen.«

»Was redest du da!«

»Vater hat mir das aufgetragen. Bevor er fortgegangen ist, hat er mich vor sich auf den Tisch gesetzt. Er hat mir einen Lederball geschenkt und dann gesagt, dass ich jetzt der Mann im Hause bin. Dass ich brav sein und ihm versprechen soll, gut auf Mutter aufzupassen.«

Bubi versetzte Viktor einen festen Rippenstoß. »Bist du meschugge? Du kannst doch nichts dazu, dass deine Mutter krank geworden ist!« Geräuschvoll zog er die Nase hoch. »So was bestimmt der Ewige.«

Sie schwiegen. Nur das Kratzen auf dem Holz war zu vernehmen.

»Bloß mit dem Bravsein hat es vielleicht nicht so gut geklappt«, meinte Bubi schließlich. »Glaubst du, er schlägt dich?«

»Wer, mein Vater? Der schlägt nie, der ist immer nur enttäuscht.« Viktor stand auf und wischte sich die Hände an der Hose ab. »Komm, wir gehen ins Haus, bevor Fräuli uns vermisst. Ich hätte Lust auf ein Sahnebonbon.«

Bubi erhob sich ebenfalls und sah, dass Viktor etwas auf den Boden geschrieben hatte.

S c h u l d, buchstabierte er.

◆

Obwohl von uns Kindern erwartet wurde, dass wir den komplizierten Familienkodex einhielten, ohne viel darüber zu wissen, glaube ich, dass mir das Leben – einmal abgesehen von dem ES meiner Mutter – zunächst noch recht übersichtlich vorkam. Ich empfand unsere seltsame Ansammlung ungeschriebener Regeln und Überzeugungen als ein mehr oder weniger zusammenhängendes organisches Ganzes. Für mich waren es die natürlichen Sitten unseres Stamms, des dreizehnten Stamms, dem ich durch Geburt angehörte.

Des Stamms der nichtjüdischen Juden.

Die Gesetze unseres Stamms widersprachen sich mitunter scheinbar.

Die Einstellung zum menschlichen Körper beispielsweise war schlichtweg ambivalent. Der Körper wurde in erster Linie als unvermeidliches Vehikel für den kostbaren menschlichen Geist betrachtet. Darum erwartete man von uns, dass wir ihn sorgsam pflegten, auf ähnliche Weise, wie man einen Mittelklassewagen, den man für die Arbeit braucht, technisch instand hält.

Weil das Monopol auf Schönheit bereits an Laura vergeben

war, galt ein ›gepflegtes Äußeres‹ als Credo, was bedeutete, dass männliche wie weibliche Familienmitglieder möglichst keine Gesichtsbehaarung aufweisen durften. Meine Großmutter suchte zudem mehrmals die Woche in aller Frühe den Friseursalon an der Ecke auf, um sich für einen Gulden ihr langes silbergraues Haar kunstvoll hochstecken zu lassen.

Die rein funktionale Sicht des menschlichen Körpers kam auch in einer ganzen Reihe Metaphern für Beschwerden und Unpässlichkeiten zum Ausdruck. ›Streik im Durchlaufbereich‹ stand für Verstopfung, Schmerz war eine ›stoffliche Prüfung‹, und wer aus irgendeinem Grund Probleme mit dem Gehen hatte, dessen ›Fahrgestell‹ war defekt. Bei Migräne, der geradezu genialen Form des Kopfschmerzes, unter der sowohl Mahler als auch Nietzsche gelitten hatten, war das nicht so: Migräne hieß bei uns einfach Migräne.

Gutes Essen wurde hoch geschätzt, insbesondere, wenn damit Erinnerungen an das geliebte Wien verbunden waren. So ließ meine Großmutter, die grundsätzlich alles selbst kochte und backte, einmal im Jahr zu Weihnukka – unser kombiniertes Kunstwort für Weihnachten und Chanukka – eine original Wiener Sachertorte einfliegen, die in makellosem Zustand in einer hellen Holzkiste mit dem Emblem des Hotels Sacher per Kurier an die Haustür geliefert wurde.

Für uns war diese Torte weit mehr als ein unmäßig teurer Schokoladenkuchen, und Essen im Allgemeinen war weit mehr als Nahrungsaufnahme. Essen nährte auch die Tradition, und indem wir diese Tradition hochhielten, erwiesen wir den toten Familienangehörigen Ehre. Mit jedem Bissen Salonbeuschel nahmen wir unsere ursprüngliche Kultur und Identität zu uns – um nicht zu sagen, alles noch vorhandene Jüdischsein. Die Mohntaschen, der gefilte Fisch, die gehackte Leber und die Palatschinken, die meine Großmutter zubereitete, stellten, gemeinsam genossen, unsere einzigen schamlos jüdischen Momente dar, auf die kein Hintergedanke an Ablehnung oder Ausgrenzung einen Schatten warf.

Die Wiener Sachertorte war aber die einzige Extravaganz, die wir uns gönnten. Abgesehen davon, dass prinzipiell auf die Qualität der Lebensmittel geachtet wurde, pflegte unsere Familie einen eher einfachen Lebensstil. Reichtümer anzusammeln galt als unanständig und uninteressant, und das Geld, das man hatte, floss in Musik, Theater, Kunst, Literatur und Wohltätigkeit. Und in Steuern, hätte mein Großvater an dieser Stelle gesagt, denn aus Dankbarkeit gegenüber dem Land, das seine Familie nach dem Krieg so gastfreundlich aufgenommen hatte, rief er alljährlich im Mai beim Finanzamt an, um sich persönlich zu vergewissern, dass er seinen Verpflichtungen in vollem Umfang nachgekommen war.

Meine Großmutter lebte die Tugend der Uneigennützigkeit auf ganz eigene Weise vor. Bekam sie etwas geschenkt, das ihr zu wertvoll vorkam, und das war eigentlich immer der Fall, nahm sie es unter Protest entgegen und rief entrüstet in Richtung Zimmerdecke »Das ist gegen die Abmachunk!«, wobei sie in ihrem wienerisch gefärbten Zungenschlag das ›k‹ wütend dem Ewigen entgegenspuckte, als hätte Gott die Vereinbarung gebrochen, dass ihr, Trude Rosenbaum, geborene Fischl, keinerlei Geschenke zustanden.

Wie bei jedem Stamm gab es auch in unserer Familie nicht nur Regeln, sondern auch Konventionen.

Insbesondere zu warmen Mahlzeiten gehörten feste Rituale. Den Auftakt bildete der Moment, in dem meine Großmutter aus der Küche kam, Gesicht und Arme verzweifelt erhoben, als wäre der Allerhöchste persönlich für das Gelingen des Hauptgerichts verantwortlich, und dabei jammerte: »Alles ist missraten!«

Sobald die Familienmitglieder herbeigeeilt waren, Trost gespendet und danach am ausgezogenen Tisch Platz genommen hatten, griff meine Großmutter zum Silberschöpflöffel und tat allen auf.

Das Tischgespräch wurde musikalisch umrahmt vom unablässigen Gewinsel und Gebettel der sagenhaft verwöhnten Haustiere: Wiener, einem launischen übergewichtigen Dackel, und Gustav, einem bis ins Mark verdorbenen Kater.

Nach dem Essen war gemeinsames Musikhören angesagt. Mozart, Bach und Beethoven, aber auch Fauré, Brahms, Bruch und natürlich Mahler. Schweigend und mit andächtig geschlossenen Augen gaben sich die Erwachsenen dankbar dem hin, was die genialen Geister und virtuosen Musiker hervorgebracht hatten.

Wir Kinder hatten ebenfalls zu lauschen und ruhig dazusitzen. Letzteres war für mich jedes Mal eine harte Prüfung. Ich war glücklicherweise in der Lage, mich gedanklich an andere Orte und in andere Zeiten zu versetzen, körperlich aber war ich zum gnadenlosen Stillsitzen auf einem harten Stuhl verurteilt. Und das konnte ich einfach nicht – allen Ermahnungen und jeglichem Augenrollen der Erwachsenen zum Trotz.

Vor allem Großvater störte mein Bewegungsdrang. »Das Kind ist wie Viktor«, bemerkte er ärgerlich, »der konnte auch keinen Moment ruhig sitzen!«

Großmutter verteidigte mich. »Felix, das hat doch nichts mit Viktor zu tun, Mahler selbst war bekanntlich die Unruhe in Person!«

»Bei ihm war das krankhaft«, wandte Großvater ein. »Er hat an Veitstanz gelitten.«

Aber auch ich litt an etwas. An etwas sehr Offensichtlichem, für den dreizehnten Stamm aber wohl höchst Bedrohlichem: an verminderter Leidenschaft für Musik.

Für die Rosenbaums hatte Musik fast schon religiösen Status. Anfänglich hatte dies vor allem als Fluchtmöglichkeit aus dem Judentum gedient, mit der Zeit aber immer mehr dem Entkommen aus der irdischen Wirklichkeit. Eine über Generationen hinweg gepflegte fanatische Musikbegeisterung hatte zu strengen Normen hinsichtlich künstlerischer Leistungen geführt und zu einem unstillbaren Verlangen danach, selbst Musik zu machen.

Meine Schwester Harmke war sich dieses Vermächtnisses stark bewusst – sie und ihr Cello waren unzertrennlich –, auf mich allerdings war, vielleicht aufgrund eines genetischen Defekts, wenig davon übergegangen.

»Ich habe eben mehr für Buchstaben übrig als für Töne!«, versuchte ich einmal verzweifelt, meine Vorliebe für Literatur statt Musik zu verteidigen.

Das brachte meine Mutter auf den Gedanken, meine Neigung zum Schriftlichen in den Dienst der Musik zu stellen. Sie kopierte Dutzende Partituren für mich, und mit den Notenblättern auf dem Schoß las ich fortan die Sinfonien Beethovens und Mahlers wie Romane.

Eine bestimmte Fertigkeit aber machte meinen Mangel an Musikalität ein wenig wett: Ich konnte zu jeder Tages- und Nachtzeit ein lupenreines A singen.

Das wurde in unserer Familie nicht nur als ein Talent, sondern auch als erwähnenswert empfunden. »Das Mädchen hat das absolute Gehör«, sagte mein Großvater und fügte zufrieden hinzu: »Eine echte Rosenbaum.«

Wenn ich mein Kunststück vorführte, trug mir das viel Lob ein. Ich versuchte dann ängstlich zu verbergen, dass es sich in Wirklichkeit nicht um ein Verdienst handelte.

Denn ich sang das A nicht.

Das A sang in mir.

Ich liebte den Kammerton A, diesen einzigartigen Ausgangspunkt für alle anderen Töne, ähnlich einem Schlüssel zur Entzifferung eines Codes. Das A gab mir Orientierung, so wie Raimunda nur nach dem Stand der Sonne zu schauen brauchte, um zu wissen, wie spät es war. Es ging mir dabei nicht um das A als Ton. Sondern vielmehr um das Gefühl, das mich überkam, wenn das Chaos in einem Orchesterraum sich in diesem einen A ordnete. Gleiches empfand ich, wenn die Patience meiner Großmutter aufging, wenn eine Mozart-Sonate mit einem C begann und endete oder wenn in einem Märchen das Gute über das Böse siegte. Das A schenkte mir die Zuversicht, dass das Leben, auch wenn alles um mich herum aufs Gegenteil verwies, am Ende doch einen vorhersagbaren und verständlichen Lauf nehmen würde. Nach und nach aber sollte nicht nur das A in mir verstummen, sondern auch meine Illusionen schwanden, so wie das Publikum immer verhaltener applaudiert, wenn klar wird, dass keine Hoffnung auf eine Zugabe besteht.

Nachdem die Familie zur Inspiration den Werken der Meister auf Schallplatte gelauscht hatte, zogen alle sich zurück, um selbst Musik zu machen, jeder in ein anderes Zimmer des zugigen alten Herrenhauses meiner Großeltern. Um den Platz im Bad, dem einzigen warmen Raum, zu ergattern, stürmten mein Cousin, meine Cousine und meine Schwester mit Fagott, Geige und Cello die Treppe hinauf. Ihnen folgten gemächlich mein Vater und mein Onkel mit Querflöte und Klarinette, und meine Tante und meine Mutter erledigten indessen den Abwasch und sangen dazu das Briefduett aus *Figaros Hochzeit*.

Ich selbst war vom Musikmachen befreit. Zwar konnte ich Klavier spielen und hätte mich an den Dörsam-Flügel setzen können, der im Wohnzimmer auf einem abgetretenen Kokosteppich stand, aber ich kam mit seinen schwergängigen Pedalen und gebrochenen Tasten nicht zurecht. Meine Großmutter dagegen schaffte es trotz ihrer rheumageplagten Handgelenke, ihm die herrlichsten Töne zu entlocken.

Das große braune Instrument strahlte dieselbe Wehmut aus wie die übrige Einrichtung. Nach ihrer Ankunft in Belgien im Jahr 1939 hatten meine Großeltern in aller Eile bei örtlichen Trödlern einige Möbelstücke erstanden, und dieses wunderliche Sammelsurium bildete fortan das Dekor für ihre Reliquien aus der glanzvollen Vergangenheit: eine gerahmte Federzeichnung von Schloss Graslbrunn, Ölporträts von David und Sascha Rosenbaum, eine von Karl Weidler gebaute Geige in einem Holzkasten mit Ledergriff, diverse Judaika aus Silber und zwei gnadenlos kitschige rote Kristallvasen.

Wie kommt man, in Lebensgefahr schwebend und gezwungen, die Heimat fluchtartig zu verlassen, auf die Idee, zwei so hässliche Vasen mitzunehmen? Das hatte ich mich schon als

Kind gefragt. Später, viel später, als ES das Leben meiner Mutter nicht mehr so stark beherrschte und ich mich danach zu fragen traute, lachte sie wahrhaftig und sagte: »Wahrscheinlich, weil sie in den Koffer gepasst haben.«

Während die staubige Stille im Haus der Kakofonie einer Musikschule wich, machten meine Großeltern sich mit Hingabe an ihre jeweilige Arbeit: mein Großvater ans Vollenden der Zehnten Sinfonie und meine Großmutter an eine Literaturübersetzung aus dem Französischen ins Deutsche.

Galt es aber, ein Problem zu lösen, dann holte meine Großmutter mit den Worten »Ich muss mal grübeln« den Satz abgegriffener Spielkarten von 1935 aus einer Schublade ihres Sekretärs und setzte sich an das gesprungene Biedermeiertischchen. Sie schob das vergilbte Tischtuch beiseite und reduzierte die Komplexität des Lebens auf sieben übersichtliche Kartenreihen.

Man merkte deutlich, dass sie das Dilemma, das sie beschäftigte, von allen Seiten betrachtete, denn beim Kartenlegen schnaufte und seufzte sie, dass es eine wahre Lust war – auch wenn sich die Partie, wie mir auffiel, keineswegs schwierig gestaltete. Ab und zu wagte ich es, ihr einen kleinen Tipp zu geben, den sie zerstreut zur Kenntnis nahm.

In solchen Augenblicken, wenn ich neben ihr kauerte und zusah, wie sie Struktur in ihr Spiel brachte, fasste ich wieder leise Hoffnung, dass auch das Leben selbst einer bestimmten Logik folgte.

Wenn die Partie zu Ende war und Großmutter aus ihrer Problemanalyse erwachte, setzte sie ihre Lesebrille ab und lächelte mich an, offenbar freudig überrascht, dass ich da war. Ich genoss es unendlich, wenn sie mich so anschaute. Nur wenige

Menschen hatten einen so zutiefst liebevollen Blick wie meine Großmutter mit ihren strahlenden grauen Augen.

»Komm, Großmutter«, sagte ich dann schmeichelnd und zog sie zum Sofa im Nebenzimmer, um mich dort wie ein kleines Tier an sie zu schmiegen. »Erzähl mir von Wien.«

Mit einem Seufzer begann sie: »Ach, Kind... Wien... Gott hatte es eilig, weil er in sieben Tagen die Welt erschaffen musste, aber für Wien hat er sich Zeit genommen.«

Ich bekam nie genug von ihren Spaziergängen im Prater an sonnigen Sommertagen, von dem Gebimmel der Trambahnen und den ratternden Rädern der Fiaker auf dem Pflaster. Ich roch die koscheren Räucherwürste von der Fleischfabrik Ehrlich, den Apfelstrudel von Demel und die gerösteten Maronen, die auf dem Stephansplatz feilgeboten wurden. Ich erfreute mich an den literarischen Kostbarkeiten der Buchhandlung Lechner am Graben, betastete die Seidenstrümpfe von Vidor in der Tegetthoffstraße und nippte am Salbeitee aus der Küche von Omi Ida, ihrer Mutter.

»Warum bist du eigentlich nie mehr nach Wien zurückgegangen, Großmutter?«, fragte ich einmal.

Sie wandte das Gesicht ab. »Das konnte ich nicht. Ich hatte Angst.«

»Aber als der Krieg vorbei war, hättest du doch vor Wien keine Angst mehr haben müssen.«

»Ich hatte nicht vor Wien Angst, sondern vor den Wienern.«

Nach dieser Erklärung war sie aufgestanden und in die Küche gegangen, um Gustav zu füttern.

Danach mied ich alle nostalgischen Themen, von denen ich vermutete, sie könnten sie traurig stimmen. Unverfänglich waren auf jeden Fall ihre Eltern Ida und Mosche, von ihnen sprach sie oft und gern. »Stell dir vor, Schatz, die beiden haben Brahms noch auf der Straße gegrüßt! Über unserem Lebensmittelladen hatten wir eine kleine, aber gemütliche Wohnung, das Klosett war allerdings auf dem Flur, wir mussten es mit den Nachbarn teilen. Und zum Baden sind wir ins Tröpferlbad in der Vereinsgasse gegangen.« Sie schmunzelte. »Das war auch bitter nötig, mein Vater hat nämlich aus Furcht vor Krankheitskeimen Knoblauchzehen unter der Kleidung getragen. Wenn er am Freitagnachmittag den Laden zusperrte und sich auf den Weg zur Synagoge in der Seitenstettengasse machte, half ich meiner Mutter beim Zubereiten der Schabbatmahlzeiten. Meine Eltern waren furchtbar fromm, Vater hat der Schul jeden Monat Öl für das ewige Licht geschenkt, und Mutter ist oft mit der Trambahn zum Zentralfriedhof gefahren und hat Bittzettel zwischen die Steine ihrer persönlichen Klagemauer gesteckt: beim Grabmal von Rabbiner Hirsch.«

Obwohl noch ein Kind, war mir der Standesunterschied zwischen meinen Großeltern bewusst. Während Großmutters Vater an brütend heißen Sommertagen mit Pferd und Wagen zum Großhändler fuhr und dort Siebzig-Kilo-Säcke Mehl und Zucker auflud, weilte die Familie meines Großvaters auf ihrem Schlösschen außerhalb der Stadt. Wie kam es, dass eine Krämertochter, anders als in Grimms Märchen, den Spross einer vornehmen Familie geheiratet hatte?

»Wie hast du Großvater eigentlich kennengelernt?«, fragte ich einmal.

»Das war bei der Jugendorganisation der Sozialisten«, antwortete meine Großmutter. »Aber da ging es gar nicht so sehr um den Sozialismus.«

Was Sozialismus war, wusste ich nicht, aber das Wort ›Jugendorganisation‹ hatte mein Vater einmal im Zusammenhang mit Hitler gebraucht, darum hütete ich mich, weitere Fragen zu stellen, die womöglich an das H-Wort denken ließen.

Um ihre Geschichten zu illustrieren, kramte meine Großmutter manchmal alte, im Atelier Pokorny aufgenommene Fotos aus ihrem Sekretär.
Einmal reichte sie mir einen Stapel kartonierte Fotos von Menschen, die ich allesamt nicht kannte, da fiel ein kleines Farbbild heraus, das ich noch heute besitze. Darauf ist ein Paar zu sehen, das bei Sonnenschein eine Ladenstraße entlanggeht und charmant in die Kamera lacht – sie in einem bildschönen bordeauxroten Kleid, er im leichten Sommeranzug.
Großmutter hob das Foto auf. »Ach, damals waren Felix und ich in Salzburg.«

Die Erkenntnis, dass meine Großeltern früher ein Leben in Farbe geführt hatten, traf mich unerwartet. Meine visuelle Wahrnehmung der ersten Hälfte des zwanzigsten Jahrhunderts war von Schwarz-Weiß-Bildern in Geschichtsbüchern und sepiafarbenen Porträts toter Familienangehöriger geprägt. Sie gaben eine farblos gefirnisste Scheinwirklichkeit wieder, eine abstrakte Wirklichkeit zumindest – die reale Welt ist nun einmal farbig.
Verblüfft starrte ich das Farbfoto meiner damals noch jungen Großeltern an, die durch Salzburg flanierten, und musste ernüchtert meinen Denkfehler feststellen: Es gab kein Schwarz-Weiß-Zeitalter. Das Leben von Laura, Otto, Tante Gustl und Anton war farbig gewesen, auch wenn ich das nicht sehen

konnte. Ihr Leben war real gewesen, und damit war es auch ihr Tod. Es gab keine Märchen und keine ikonischen Heiligen. Nur Tatsachen und Menschen. Echte Menschen.

Einer dieser Menschen faszinierte mich ungemein, und zwar, weil über ihn kaum je gesprochen wurde. Es war Viktor, der Bruder meines Großvaters; schon seinem Namen haftete eine spannende Aura an, ein Geheimnis, dumpf und tiefer als die übliche Heimlichtuerei um die anderen toten Verwandten.

Wenn meine Großmutter guter Laune war und mein Wunsch, mehr zu erfahren, übermächtig wurde, fragte ich sie manchmal nach dem Großonkel.

»Ach, der Viktor, was soll ich über den sagen?«, meinte sie dann mit einem Tonfall zwischen Bewunderung und Missbilligung. »Er war der schönste Mann in ganz Wien, das steht fest, blonde Haare hatte er und Augen wie grüne Saphire. Aber...«, ihre träumerische Miene verschattete sich, »... aber er hat sich wie ein Dandy gekleidet, eine Frau nach der anderen verführt, gelogen und betrogen. Dauernd kam er zu spät, und nie brachte er etwas zu Ende. Er hat gespielt und getrunken, war in allerhand illegale Geschäfte verwickelt und tat nur, wozu er Lust hatte... und wenn er Lust hatte.« Mitunter folgten dann ein paar ärgerliche Sätze mit wienerischen Brocken wie »der verwöhnte Bazi«, »dem waren keine Spinnweben vorm Mund gewachsen«, »alle hat er mit seinem Charme eingebraten«, »nichts im Sinn als auf Lepschi gehen« ... aber meist schloss sie doch mit milden Worten: »Viktor war eine komplizierte Seele voller Widersprüche. Er hatte ein gestörtes Verhältnis zum Materiellen, aber er war unglaublich mutig.«

Ein einziges Mal, als ich wieder nach Viktor gefragt hatte,

rutschte ihr heraus: »Der war im Gefängnis.« Darüber erschrak sie offenbar selbst, so als hätte sie es vergessen gehabt.

Schauernd ob solcher Schlechtigkeit, fragte ich: »Warum?«

»Danach musst du deinen Großvater fragen. Viktor ist *sein* Bruder.«

Ihr Gesicht wirkte mit einem Mal faltiger als vorher.

In Gedanken versunken, streichelte ich Wiener, der neben mir auf dem Sofa lag, über die weichen Ohren. »Was ist mit ihm passiert?«, fragte ich schließlich.

»Viktor? Der lebt nicht mehr.«

Und sie erhob sich, um Teewasser aufzusetzen.

◆

An einem unwirtlichen Freitag im Februar hatte sich die gesamte Familie Rosenbaum, wie fast jeden Freitagabend, bei Großmama Sascha und Großpapa David in der Zaunergasse versammelt.

David war nicht in die Seitenstettenschul gegangen. Nicht dass er nicht gern in die Synagoge ging, im Gegenteil, aber nur bei angenehmem Wetter, das heißt, wenn es nicht zu nass, zu warm oder zu kalt war, und das war nun einmal bei dem verflixten Wiener Klima eine Seltenheit, zudem ging im Tiefland fast immer ein Wind.

Obgleich es schon dunkel war, zündete Sascha die zwei silbernen Schabbatleuchter an und verteilte die weißen Servietten, wobei sie zerstreut die Bracha murmelte und dem Dienstmädchen zwischendurch Anweisungen gab: »*Baruch ata adonai, eloheinu, melech ha'olam,* Gretl, du brauchst nur für neun Personen zu decken, Lexi ist leider krank, *ascher kidschanu bemizvotav,* Viktor, du hast noch eine Minute, um dich fertig zu machen, sonst isst du in der Küche beim Personal, *vezivanu lehadlik,* tu endlich die Lupe weg, Felix, *ner schel schabbat.*«

David, der am Kopfende des langen Tischs saß, sagte: »Gut

Schabbes, meine lieben Kinder und Enkel, und lasst es euch schmecken.«

Während Gretl die Suppe auftrug, legte Sascha ihrer Schwiegertochter die Hand auf den Arm und fragte besorgt: »Fühlst du dich denn wieder ganz wohl, meine Liebe? Du bist noch reichlich blass.«

»Ich fühle mich ausgezeichnet, Mutter, danke«, sagte Martha, »allenfalls ein bisschen müde.« Dann fuhr sie, zu den Kindern gewandt, fort: »Viktor, Finger aus der Nase. Bubi, dafür ist die Serviette da. Felix, setz dich gerade hin.«

»Mutter, morgen Nachmittag gehe ich in den *Zigeunerbaron*, hat Hilda schon mein dunkelgrünes Kleid aus der Reinigung geholt? Und weißt du vielleicht, wo mein Opernglas ist?«

»Hedy, was willst du bloß im Theater an der Wien? Eine Operette von Strauss...« Ernst sprach die Worte aus, als steckten Nägel darin. »Das fällt doch nicht unter Kunst.«

»Operette fällt nicht unter Kunst, aber ein Flirt mit dem Dirigenten Oskar Stalla sehr wohl«, bemerkte Anton leise.

Hedy, die es gehört hatte, wurde rot. »Die Gröndls haben mich eingeladen«, sagte sie.

»Die Gröndls sind angesehene Leute«, sagte Sascha wie zu sich selbst.

»Felix, Großpapa möchte bestimmt wissen, was du nachher für ihn spielst«, sagte Martha.

»Mozart!«, rief Felix. »Als Duo mit Mutter.«

»Sehr schön.« David strich Felix über den Schopf.

»Viktor gibt Bubi Klavierstunden«, sagte Ernst.

»So was aber auch!« Sascha strahlte.

»Mich wundert es ebenfalls, bei Viktors bescheidenem Talent«, sagte Anton.

»Nun ja, eine gute Sache ist es auf jeden Fall. Bist du mit deinem Schüler zufrieden, Viktor?«

»Aber sicher, Großmama! Bubi ist ein Naturtalent, ein wahrer Nachkomme von Gustav Mahler!«

»Wie kann Bubi ein Nachkomme von Mahler sein?«, fragte Anton.

»Ganz einfach: Herr Schwarz war früher Schüler bei Mahler, ich bin Schüler bei Herrn Schwarz, und Bubi ist mein Schüler.«

»Gustav Mahler hat gar nicht weit von hier gewohnt, in der Auenbruggergasse«, sagte Sascha. »Ja ja, wir haben ihn gut gekannt. Das heißt, im Vorbeigehen gegrüßt.«

»Viktor ist ein strenger Lehrer«, sagte Bubi, »aber nicht so streng wie dieser Schwarz. Viktor sagt, der Kerl haut einem mit dem Lineal auf die Flossen, wenn man einen Fehler macht.«

Hedy verdrehte die Augen und blickte dann in die Runde: »Kann bitte jemand diesem Gassenjungen beibringen, dass man sich so nicht ausdrückt?«

Während die Kinder alles für das Hauskonzert vorbereiteten, saßen die Erwachsenen in der Bibliothek beisammen.

David stand auf, goss sich einen Cognac ein und räusperte sich: »Liebe Kinder, vor einiger Zeit habe ich beschlossen, *Rosen Öl* zu verkaufen.«

Er pausierte kurz, aber niemand sagte etwas.

»Der Grund ist weniger mein Alter als vielmehr die unsichere politische Lage in unserem Land und dass mit einer Inflation zu rechnen ist. Ich wollte euch jedenfalls nicht mit Sorgen belasten, was mein ... äh ... Lebenswerk angeht.«

David ließ den Cognac im Schwenker kreisen und nahm

einen Schluck. »Anton und Ernst, ihr habt eigene Karrieren aufgebaut, und auch unsere Hedy wird ihren eigenen Weg gehen...« Er legte seiner Tochter die Hand auf die Schulter.

»Vater, Ernst und ich hatten immer Hochachtung vor deiner unternehmerischen Leistung«, beeilte Anton sich zu sagen.

»Aber wie du weißt, wären weder Anton noch ich würdige Nachfolger«, ergänzte Ernst.

»Wir sind eben keine Unternehmer«, sagte Anton.

»Keine richtigen Geschäftsleute«, bestätigte Ernst.

»Viel eher Wissenschaftler.«

»Was nicht heißen soll, dass Ölmagnaten keine Intellektuellen sein können.«

»Oh, keineswegs. Dafür bist du der lebende Beweis.«

Das letzte Wort hatte einen unangenehmen Nachhall, so als stünde David vor Gericht und Anton hätte seine Verteidigung übernommen.

»Kurz und gut: Ich möchte euch mitteilen, dass ich *Rosen Öl* letzten Monat an *Petrofina* verkauft und dann nach einer guten Möglichkeit gesucht habe, den Erlös zu investieren. Und ich habe eine solche gefunden.« David machte eine ausladende Gebärde. »Und zwar hier.«

»Du meinst die Wohnung?«, fragte Hedy.

»Das ganze Palais«, sagte Sascha.

»Hier gibt es acht Wohnungen. Unser Einkommen besteht fortan aus den Mieteinnahmen von sieben davon. Und die achte bewohnen wir selbst«, sagte David. »Wir ziehen übrigens an die Vorderseite, mit Blick auf den Schwarzenbergplatz.«

»Eine Immobilie also.« Anton nickte anerkennend.

»Gute Entscheidung«, sagte Ernst.

»Ich hatte schon befürchtet, wir würden richtig umziehen«,

sagte Hedy erleichtert. »Weiter weg vom Konzerthaus hätte ich nicht wohnen können.«

»Wenn wir die neue Wohnung bezogen haben, lautet unsere Adresse Schwarzenbergplatz 6.« Sascha strahlte. »Damit wohnen wir endlich offiziell in Wieden! Der Bezirk Landstraße hat noch nie zu uns gepasst.«

Im nächsten Moment wurde die Tür aufgerissen, und Viktor rief: »Alles bereit fürs Publikum!«

»Viktor, erst anklopfen!«, mahnte Martha.

◆

Nach unserem Gespräch dämmerte mir, warum meine Großeltern fast nie von Viktor sprachen. Ein Krimineller in der Familie! Ein moralisch so niedrig stehender Mensch, dass man ihn hatte einsperren müssen... Das war beschämend, daran wollte keiner erinnert werden. Aber was für ein Verbrechen mochte Viktor begangen haben?

Weil ich nichts für Geheimniskrämerei übrig hatte, beschloss ich, Großmutters Rat zu befolgen und meinen Großvater zu diesem interessanten Umstand zu befragen.

Um mit ihm ins Gespräch zu kommen, begleitete ich ihn auf seinem Hundespaziergang. Das schätzte er, denn wenn ich Wiener an der Leine hielt, konnte er mit seinen knallgelben Gummihandschuhen ›Abfall suchen‹.

Nachdem wir die Straße überquert hatten, ging es den steilen Hang hinab zum Fluss. Das war Wieners Lieblingsstrecke. Der Dackel, der ohnehin fast unter seinem eigenen Gewicht zusammenbrach, brauchte dann nur zuzusehen, dass sein Bauch nicht am Boden schleifte, den Rest erledigte die Schwerkraft.

Für mich galt das nicht, denn der Hang war übersät mit

›wildem Müll‹, wie mein Großvater es nannte. Ich führte also Wiener an der Leine und hoffte insgeheim, dass wir niemanden treffen würden. Großvater sammelte unterdessen den herumliegenden Abfall in einen mitgebrachten Plastiksack.

Die Bezeichnung ›wilder Müll‹ faszinierte mich, und ich überlegte, woher all das Zeug wohl gekommen war. Als ich meinen Großvater danach fragte, meinte er, der Abfall sei wahrscheinlich von einem Sturm herumgeblasen worden und, als dieser sich legte, zufällig hier gelandet. »Man sieht deutlich, dass er nicht von hier stammt«, sagte er. »Und er stört das Bild. Darum nehmen wir ihn mit.«

Er sammle die Sachen ein, damit die Umwelt sauber und die Landschaft schön bleibe, sagte er. Aber ich wusste es besser, schließlich hatte ich ihn schon öfter dabei beobachtet. Großvater erbarmte sich des heimatlos gewordenen Abfalls und verschaffte ihm ein Zuhause.

Als wir den Hang hinter uns gelassen hatten, lag fast nichts mehr herum – eine gute Gelegenheit, mein Anliegen vorzubringen.

Wollte man meinen Großvater über früher aushorchen, dann musste man behutsam vorgehen. Er mochte es nicht, wenn man ihn ohne Einleitung mit etwas konfrontierte – schon gar nicht mit der Vergangenheit. Darum begann ich, wie sonst auch, mit einer Mahler-Frage.

»Großvater, war Mahler auch schon zu seinen Lebzeiten berühmt?«

»Nun ja, berühmt... er war bekannt, aber kaum anerkannt. Seine Zeitgenossen haben ihn nicht verstanden. Erst lange nach seinem Tod wurde er so geehrt, wie es ihm zustand.«

»Aber du verstehst ihn, ja?«

Er überlegte kurz. »Mahler und ich verkörpern beide, jeder auf seine Art, das Ende eines Zeitalters. Darum verstehe ich ihn.«

»Hast du auch Viktor verstanden?«

»Viktor? Nein… niemand hat Viktor verstanden.«

»Großmutter sagt, er hätte ein gestörtes Verhältnis zum Materiellen gehabt.«

»Er hatte eher ein gestörtes Verhältnis zu unserem Vater.«

»Großmutter sagt auch, er hätte mal im Gefängnis gesessen.«

Er blieb stehen und sah mich an. »So so, sagt sie das? Viktor ist des Öfteren *nicht* im Gefängnis gelandet, obwohl er es verdient gehabt hätte, und zwar, weil mein Vater es verhindern konnte. Und am Ende hat man ihn dann unverdient eingesperrt.«

Der Weg wurde so schmal, dass wir hintereinander gehen mussten.

»Wie kann man unverdient eingesperrt werden?«, rief ich über die Schulter.

»Das war damals leider völlig normal. Sogar mein eigener Vater war eine Zeit lang eingesperrt. Viktor hat ihn schließlich freibekommen.«

Ich drehte mich so abrupt um, dass der Kies unter meinen Schuhen knirschte.

»Dein Vater Anton? Was hatte er denn falsch gemacht?«

Schweigend ging mein Großvater durchs Gras an mir vorbei.

◆

Wie gewöhnlich hatte Ernst sich ein gutes Stück von der schmalen Brücke nach Weidlingbach entfernt an der Straßenkreuzung absetzen lassen. Weil die weitere Umgebung unbebaut war, machte der Kutscher ein verwundertes Gesicht, nickte aber höflich, als Ernst ihm ein paar Geldscheine reichte. Dann schnalzte er mit der Zunge und lenkte sein Gefährt in die Sieveringer Straße.

»Onkel Ernst, warum lässt du den Kutscher immer hier halten?« Der elfjährige Viktor schulterte seufzend seinen prallen Rucksack.

»Nichts im Leben ist so wichtig wie einen Zufluchtsort zu haben, den sonst keiner kennt. Das wiegt schwerer als der schwerste Rucksack.« Er zurrte die Riemen um seine Hüften fest, ging einige Schritte und blieb dann stehen. Wenige Meter vor ihnen überquerten Kröten die Straße, vom Wald zum Bach hin.

»Was ist das denn?«, rief Viktor aus.

»Das ist die große Krötenwanderung«, sagte Ernst. »Kröten, Frösche und Salamander ziehen im Frühjahr von ihrem Winterquartier zu Tümpeln oder Wasserläufen in der Nähe. Mutige Tiere sind das, so eine Wanderung ist voller Gefahren.«

»Warum machen sie es dann?«

»Wegen des Fortbestands, sie pflanzen sich im Wasser fort.«

Hintereinander gingen Ernst und Viktor über die Brücke. An den Wegrändern wuchs noch nichts, und die Bäume zeichneten sich wie dunkle Skelette vor dem grauen Himmel ab, in sich zurückgezogen auf den Frühlingsanfang wartend.

Nach einer Weile bogen sie in einen Seitenweg ein, der in den Wald hinaufführte. Viktor rutschte immer wieder auf dem nassen Boden aus, die Kälte drang durch seine Kleidung bis in die Knochen, und das Bergaufgehen strengte ihn an.

Schließlich blieb Ernst neben einem Brombeerdickicht rechterhand stehen. »Moment, Viktor, ich mache uns den Weg frei.« Ernst hob einen Ast vom Boden auf und drosch damit auf die Sträucher ein. »Völlig zugewuchert, da sieht man, wie lange wir nicht mehr hier waren.«

Nachdem sie sich den Trampelpfad entlanggekämpft hatten, kam, umgeben von dicht beieinanderstehenden Tannen, das kleine Holzhaus des Onkels in Sicht.

Viktor nahm seinen Rucksack ab. Während Ernst das Haus umrundete und die Fensterläden aufklappte, öffnete Viktor die Tür und trat ein. Er griff nach dem leeren Korb neben dem Holzofen und ging damit zu der abgedeckten Scheiterbeige, die er im Sommer mit Bubi aufgeschichtet hatte. Seitdem waren sie nicht mehr in Weidlingbach gewesen, denn schon im Oktober hatten heftige Schneefälle die Wege unpassierbar gemacht, und der lange Winter war eine traurige Zeit gewesen. Tante Lexi, Ernsts Frau, hatte die Spanische Grippe bekommen und war binnen weniger Wochen gestorben.

Ernst nahm seine Flinte vom Brett und steckte eine Handvoll Patronen in die Jackentasche. »Komm, Junge. Ich weiß, du bist müde, aber wenn wir heute Abend essen wollen, müssen wir einen Hasen schießen, ehe es dunkel wird.«

Begleitet von aufgeregtem Vogelgezwitscher, gingen sie ein Stück durch den Wald bis zu einer kleinen Lichtung. Dort blieb Ernst stehen und fragte: »Wie ist das Leben zu Hause mit dem Kriegsheimkehrer?«

»Nicht besonders«, sagte Viktor. »Vater ist dauernd von mir enttäuscht.«

Ernst deutete auf die andere Seite der Lichtung. »Siehst du die äsende Hirschkuh?«, fragte er leise. »Sie überlegt sich keine Sekunde, warum sie dort steht, wo sie steht, und was ihre Aufgabe im Leben ist. Sie ist eins mit ihrem Sein – an diesem Ort, in diesem Moment.«

»Die hat es gut«, sagte Viktor. »Von ihr erwartet keiner was.«

»Ganz so ist es auch wieder nicht. Sie hält sich an die Regeln, die für ihre Gruppe gelten.«

»Was für Regeln sind das?«

»Letztendlich dienen alle Regeln der Natur einem einzigen hohen Ziel: dem Fortbestand. Der Erhaltung der Art.«

»Vater erwartet von mir aber viel mehr als die Erhaltung der Art.«

»Anton gehört zu den Menschen, die sich weit von der Natur entfernt haben. Seine Welt besteht aus Regeln, die per Gesetz festgelegt sind und kaum noch etwas mit den Rechten und Pflichten zu tun haben, die die Natur uns vorgibt. Wir leben in einer Zeit, in der Menschen mit deinen Qualitäten weniger gefragt sind.«

Ein Hase war aufgetaucht, Viktor deutete auf ihn, und Ernst zielte. »Aber aus der Geschichte wissen wir, dass sich das schnell ändern kann«, fügte er leise hinzu.

Ein Schuss zerriss die Stille.
»Treffer!«, sagte Viktor.

Wochenlang hatte die Frage Viktor beschäftigt, er hatte sich geradezu das Hirn zermartert. Als sie nach dem Essen am Ofen zusammensaßen und der Feuerschein auf das Gesicht des Onkels fiel, traute er sich endlich zu fragen: »Onkel Ernst, warum ist Tante Lexi gestorben?«

»Weil ihr Körper nicht mit dem Influenza-Bazillus fertiggeworden ist.«

»Ich meine nicht, woran sie gestorben ist, sondern warum«, sagte Viktor.

»Jedes Wesen hat seinen eigenen Lebenszyklus. Ich denke, Lexi ist gestorben, weil ihr Lebenszyklus zu Ende war. Ihre Zeit war gekommen.«

»Woran merkt man, dass der Lebenszyklus zu Ende ist? Meinst du, Tante Lexi hat gewusst, dass ihre Zeit gekommen war?«

Ernst stand auf, schob die Hände in die Taschen und ging ans Fenster. Draußen fuhr der Wind immer wieder in die Tannen. Mit ihren wiegenden Wipfeln glichen sie betenden Männern in der Schul.

»Keine Ahnung«, sagte er. »Ich jedenfalls habe es gewusst.« Er drehte sich um. Die Flammen warfen bizarre Schatten an die Wand. »Komm einmal her, Viktor.« Ernst öffnete die Tür, und sie stellten sich auf die Schwelle.

»Was hörst du?«, fragte Ernst.

»Nichts.«

»Du musst gut hinhören. Das Lied von der Erde vernimmt nur, wer sehr aufmerksam ist.«

Erst nahm Viktor nur das Pfeifen des Windes um das Haus wahr. Dann hörte er einen Ast knacken, eine Amsel heiser rufen, etwas im niedrigen Bewuchs unter einem umgestürzten Baum rascheln. Aber da war noch etwas, ein kaum auszumachender Grundton, wie ein feines Singen.

»Jetzt höre ich es«, sagte er atemlos.

Ernst nickte. »Dann ist es gut. Aber wenn die Natur verstummt, heißt es Obacht geben. Sie spürt Gefahren früher als der Mensch. Die Natur ist unsere einzige verlässliche Wahrsagerin, sie weiß Dinge, ehe wir sie wissen.«

Sie machten die Tür wieder zu und setzten sich an den Ofen. Ernst zündete sich eine Zigarre an und stieß in kleinen Wölkchen den Rauch aus. »Lexi war krank«, sagte er. »Am zweiten Tag im Januar hat alles geschwiegen, da wusste ich, dass es so weit war.«

◆

Als echte Rosenbaum entwickelte ich schon früh die Gewohnheit, alles, was mir in die Hände fiel, im Eiltempo zu lesen. So kam es, dass ich an einem Mittwochnachmittag sämtliche Bücher der Jugendabteilung der Voorburger Stadtbibliothek ›durch‹ hatte, ausgenommen jene aus uninteressanten Rubriken wie Verkehr, Technik oder Tauchsport. Ich warf begehrliche Blicke in Richtung der schwarzen Tür, hinter der sich das Schlaraffenland der Erwachsenenabteilung befand, und beschloss, dort vorstellig zu werden.

Weil ich kaum über den Tresen hinausreichte, erhob sich die Frau dahinter, um mich besser sehen zu können. Anders als der kleine Kopf vermuten ließ, stand plötzlich eine große stämmige Person vor mir und fragte ungeduldig, was ich wolle.

Ich brachte mein Anliegen vor und bat um einen Leseausweis.

»Wenn du unter zwölf bist, brauchst du eine Einverständniserklärung deiner Eltern«, gackerte sie in einem Tonfall, als wäre kein verantwortungsbewusster Erwachsener je zu so etwas bereit.

Aber da kannte sie meine Eltern schlecht. Erst vor Kurzem hatte mein Vater mich in der Schule krankgemeldet, damit ich mit ihm zum Konzerthaus gehen konnte, und am Morgen beim

Frühstück hatte meine Mutter angekündigt, wir würden demnächst eine Aufführung von *König Lear* im Appeltheater besuchen. »Einverständniserklärung?«, hörte ich sie in Gedanken murmeln. »Warum braucht ein Kind so etwas, wenn es Mann, Woolf und Voltaire lesen will?«

»In Ordnung«, sagte ich zu der Frau hinter dem Tresen. »Ich bin gleich wieder da.«

Eine Stunde später betrat ich mit der heiß begehrten Eintrittskarte in die Welt des Wissens das Land, in dem für neunjährige Entdeckungsreisende Milch und Honig fließen. Während ich durch die Gänge schlenderte, sah ich in einiger Entfernung ein Regalschild mit der Aufschrift ›Zweiter Weltkrieg und Judenverfolgung‹. Womöglich hat es mit diesen Büchern zu tun, dass man eine Genehmigung der Eltern braucht, dachte ich und beschloss, mich ihnen wie zufällig zu nähern.

Ich setzte ein harmloses Gesicht auf, und als ich den bewussten Ort erreicht hatte, sah ich etwas, das mich so verblüffte, dass mir fast die Augen aus dem Kopf fielen.

Hinter dem letzten Regal der Reihe saß, ein Buch auf dem Schoß, Esther Sapir auf dem Boden.

Esther wiederum schien sich nicht sonderlich zu wundern, dass ich plötzlich vor ihr stand. Sie lächelte, sagte »Hallo, Geertje« und vertiefte sich wieder in ihre Lektüre.

»Hast du auch eine Einverständniserklärung von deinen Eltern?«, presste ich hervor.

Sie zuckte mit den Schultern: »Braucht man das? Ich komme mit dem Leseausweis meiner Schwester her.« Sie machte eine Kopfbewegung zu den Büchern hin, nach denen mir der Sinn stand, und sagte: »Ihr seid jüdisch, stimmt's?«

Sekundenlang war ich völlig verunsichert. Dann sah ich mich unwillkürlich nach allen Seiten um und nickte schließlich betreten.

»Wir auch«, sagte sie so sachlich, als hätte sich eben herausgestellt, dass es bei ihr und bei mir zu Hause heute Abend Blumenkohl geben würde.

Ich war sprachlos. Theoretisch wusste ich, dass überall auf der Welt Juden in jeder Ausprägung vorkamen, aber das schlug alles.

»Woher weißt du, dass wir jüdisch sind?«, fragte ich verdattert.

»Von meinem Vater.« Sie winkte mich heran. »Komm, ich erzähle dir ein bisschen was.«

Während ich mit den Fingern über die Bücher strich, in denen es um Nazipropaganda, Konzentrationslager, Hitler und seine Handlanger sowie den Widerstand ging, erfuhr ich von Esther allerhand Interessantes. Etwa, dass viele Juden im Krieg gezwungen waren, in bestimmten Vierteln zu wohnen, und dass man sie von dort in Zügen mit ausschließlich Stehplätzen in Lager gebracht hatte, wo sie in Hitlers Badezimmern ermordet wurden.

Als nichtjüdisches jüdisches Mädchen spürte ich intuitiv, dass ich Bücher wie diese auf gar keinen Fall mit nach Hause nehmen konnte, und ich habe auch nie gesehen, dass Esther sich welche auslieh. Um sie dennoch lesen zu können, trafen wir uns an den schulfreien Mittwochnachmittagen bei schlechtem Wetter an unserem angestammten Platz in der Bibliothek.

Obwohl ich Esther recht gern mochte, konnte von Freundschaft keine Rede sein. Wir waren eher wie Bürokolleginnen, deren stillschweigendes Bündnis darin bestand, dass sie – jede vor ihrem eigenen Hintergrund – mit dem gleichen privaten Projekt befasst waren. Nie besuchten wir uns gegenseitig zu Hause oder fuhren gemeinsam mit dem Rad ›zur Arbeit‹. Nur in der Bibliothek sahen wir uns, und unser stundenlanges gemeinsames Schweigen wurde allenfalls durch kurze Fragen und Antworten oder einen gezielten Austausch von Fakten unterbrochen.

Dort, auf dem Nadelfilzteppichboden sitzend, wurde mir klar, was sich hinter Sätzen wie »Otto? Der lebt nicht mehr« verbarg.

Außer mit Esther sprach ich mit keinem Menschen über mein klammheimlich erworbenes weltgeschichtliches Wissen, das für mich keinesfalls nur Geschichte war. Ich schwieg wie ein Grab. Bis auf ein einziges Mal, als ich etwas so Unglaubliches erfahren hatte, dass ich nicht anders konnte, als zu Hause nachzufragen.

Ich hatte, und das in mehreren Büchern, etwas gelesen, das im totalen Widerspruch zu dem stand, was ich in der Schule im Religionsunterricht gelernt hatte.

Die Religionsstunden in meiner katholischen Grundschule gab ein hagerer Priester mit schlackerndem Anzug, der Knook hieß, was mich passenderweise immer an ›Knochen‹ erinnerte. Er war so schüchtern, dass er beim Reden, das eher ein Murmeln war, ständig die Augen niederschlug, sodass ich auf meinem Platz in der letzten Reihe einer Klasse mit vierzig Kindern sechs Jahre lang allenfalls seine Lippenbewegungen wahrnahm. Mit Ausnahme eines Freitagnachmittags, an dem ich zufällig ganz vorn saß.

Nachdem Priester Knook etwas über die zwölf Stämme Israels gebrummelt hatte, flüsterte er: »Jesus liebt alle Menschen, aber ganz besonders die Kinder«, und dabei zog er die Schultern hoch. Als ich mich meldete und fragte, warum, antwortete er errötend: »Weil sie unschuldig sind.«

Dieser Satz ließ mich nicht mehr los. Nicht etwa, weil ich glaubte, selbst gemeint zu sein – ich hatte keine Ahnung, was Jesus mit mir anfangen könnte, zumal mich ständig das Gefühl quälte, den Lebenden wie den Toten in meiner Familie gegenüber Versäumnisse zu begehen, jedoch ohne diese benennen zu können. Aber die Aussage des Priesters enthielt für mich eine tiefe universelle Wahrheit, die vielleicht nicht unmittelbar für mich galt, aber doch für Kinder im Allgemeinen.

Und nun hatte ich zu meiner Verwunderung gelesen, dass die Nazis nicht nur Millionen Erwachsene, sondern auch Hunderttausende Kinder systematisch umgebracht hatten und dass sie über deren Unschuld offenbar ganz anders dachten.

Das hatte in meinem Gehirn eine Art Kurzschluss ausgelöst.

Kinder! Geschöpfe, die ihrem Wesen nach über jeden Verdacht erhaben sind, weil sie, anders als Erwachsene, schlicht und einfach außerstande sind, Taten zu begehen, für die sie – und das auch noch massenhaft – den Tod verdient hätten. Warum hatte ihre Unschuld die jüdischen Kinder nicht davor geschützt, gewaltsam sterben zu müssen? Worin bestand ihre Schuld?

Um mich zu vergewissern, dass die Geschichtsschreiber nicht etwa einem Irrtum aufsaßen, beschloss ich, meine Mutter darauf anzusprechen.

An einem Herbsttag betrat ich das elterliche Schlafzimmer, wo sie am Bügelbrett stand und mit dem zischenden Eisen scharfe Falten in die Hosen meines Vaters presste. Wie in Gedanken versunken lächelte sie mir zu. Im Dampf, der nach feuchter Schurwolle roch, legte ich mir einen Plan zurecht. Ich musste mich möglichst allgemein ausdrücken, einen sachlichen Ton anschlagen und mein Opfer derart überrumpeln, dass kein Entkommen möglich war.

Nachdem ich meine Frage in Gedanken formuliert hatte, sagte ich mit einem unbestimmten Gefühl von Erregung: »Mam, ich weiß, dass im Krieg Juden umgebracht worden sind, aber doch wohl keine Kinder, oder? Denn die haben ja nichts falsch gemacht.«

Schlagartig war es vorbei mit der heiteren Ruhe meiner Mutter.

Sie starrte mich wütend an.

»Die Erwachsenen haben auch nichts falsch gemacht!«, giftete sie. Mit einem Ruck riss sie das Kabel des Bügeleisens aus der Steckdose, verließ das Zimmer und ging nach unten.

Ein andermal wollte ich unbedingt Genaueres über den Namen Hitler wissen. Vor allem das düster klingende ›tl‹ in der Mitte faszinierte mich, so wie bei dem Feuer speienden Drachen Katla aus meinem Lieblingsbuch *Die Brüder Löwenherz*. In meiner Fantasie verschmolzen die beiden todbringenden Wesen zu einem Monster, das mir kalte Schauder über den Rücken jagte.

In der Schule hatte ich gelernt, dass viele Nachnamen eine Bedeutung haben und mitunter etwas über die jeweiligen Vorfahren aussagen. Oder auf die jüdische Abstammung verweisen, dachte ich, denn das war mir längst bekannt. Mein Nachname van den Berg – der zur großen Erleichterung meiner Eltern keinerlei jüdischen Beiklang hatte – sei geografisch, hatte der Lehrer gesagt. Am liebsten hätte ich ihn gleich nach der Bedeutung des Namens Hitler gefragt, aber das vor der ganzen Klasse zu tun, kam mir denn doch ›zu jüdisch‹ vor.

Darum suchte ich lange in den Bibliotheksbüchern, aber nichts, was ich über Adolf Hitler las, gab einen Hinweis auf die Herkunft seines Namens.

An einem Samstagmittag, als mein Vater bester Laune mit einem großen Rosenstrauß vom Markt nach Hause kam, versuchte ich mein Glück bei ihm.

»Wenn ich nicht Wissenschaftler geworden wäre, dann Rosenzüchter«, sagte er und schnitt die Stängel schräg an.

Ich holte tief Luft und fragte: »Was bedeutet eigentlich der Name Hitler?«

Er wandte sich so abrupt zu mir um, dass er sich in den Daumen schnitt und laut fluchte. »Keine Ahnung, aber mit Sicherheit nichts Gutes«, knurrte er.

Mit der einen Hand presste er ein Taschentuch auf den blutenden Schnitt, mit der anderen zog er eine Schublade auf.

»Und warum heiße ich eigentlich van den Berg?«, fuhr ich fort und nahm ein Pflaster für ihn heraus.

»Weil ich der Sohn von Jacques van den Berg bin, einem Brabanter Katholiken.«

»… und von Anna de Jong, einer Brabanter Jüdin«, wagte ich zu ergänzen.

»Halbjüdin«, korrigierte er. »Meine Mutter hatte lediglich eine jüdische Mutter.«

Ich dachte an meine Bibliothekslektüre zum Thema Judentum. »Die Juden sagen aber, so etwas wie halbjüdisch gibt es nicht«, wandte ich ein. »Wenn man eine jüdische Mutter hat, ist man jüdisch. Sonst nicht.«

Meine Hand zitterte, als ich ihm das Pflaster hinhielt.

Der Ärger stand ihm ins Gesicht geschrieben. Ich hatte ihn

quasi einen Juden genannt, was in unserer Familie einer offenen Beleidigung gleichkam.

»Du weißt genau, dass es ›die Juden‹ als solche nicht gibt. Derartige Verallgemeinerungen will ich nicht von dir hören.«

Mit einem Mal schwoll die sanfte Brise in meiner Lunge zu Windstärke sieben an. Ich musste mich zusammennehmen, um nicht zu keuchen. »Du bist sogar nach Hitlers Ansicht jüdisch«, sagte ich, den Blick auf sein zuckendes Augenlid gerichtet.

»Hitler hat das nicht zu bestimmen«, antwortete er. »Hitler ist tot.«

Aber er hatte unrecht. Hitler lebte.

Sein Geist spukte in unserem Haus herum.

Als ich aufs Gymnasium ging, wurde bei uns zu Hause nur noch selten gemeinsam musiziert. Der Gleichklang zwischen meinen Eltern war gestört. Die Ehe beengte meine Mutter mehr und mehr, wie ein zu klein gewordenes Schneiderkostüm. Sie entschuldigte sich nicht mehr fortwährend für ihr Dasein und nahm den Kampf um ihre persönliche Freiheit auf, der meinen Vater geradewegs in den Schützengraben trieb.

Meine Eltern wollten Harmke und mir die täglichen Scharmützel ersparen und besprachen darum ihre Probleme, wann immer möglich, in unserem Peugeot 205, der die meiste Zeit ungenutzt vor dem Haus stand, weil meine Mutter nicht fahren konnte und mein Vater sich nicht traute.

Von unserem Logenplatz in der Dachgaube beobachteten Harmke und ich das Geschehen vorn im Auto – einen Stummfilm über zwei Menschen, die von Kind an die emotionale Bürde ihrer Eltern hatten mittragen müssen und nun in ohnmächtiger

Wut und Enttäuschung beieinander einforderten, was ihnen dadurch abgegangen war.

Eines Abends kam ich nach Hause und fand meinen Vater völlig aufgelöst vor.

»Wo ist Mama?«, fragte ich.

»Mama ist fort!«, rief er. »Mama ist fort!«

Obwohl seine eigene Mutter schon seit Jahren tot war und ich daher vermutete, dass es um *meine* ging, verunsicherte mich seine Wortwahl.

»Fort? Wie meinst du das?«

»Fort!«, wiederholte er unter Tränen und sackte noch mehr in sich zusammen. »Fort! Und keiner weiß, wohin!«

Ich überlegte, ob am Morgen etwas gewesen war. Beim Frühstück war mir nichts Ungewöhnliches an meiner Mutter aufgefallen. Sie hatte Zitronentee gekocht und mir Fragen zum Blutgruppensystem – dem Thema meiner Hausarbeit für Biologie – gestellt, die ich kauend beantwortete. »Unsere Familie hat B, die Blutgruppe der Gerschoms«, hatte sie unvermittelt gesagt, mit einem Stolz, als wollte sie ihren Geflohenenstatus mit Feuer und Schwert verteidigen, weil der sie berechtigte, sich nicht niederzulassen und mit den Gegebenheiten des Lebens abzufinden.

Und plötzlich wusste ich, was geschehen war.

Meine Mutter hatte die einzige ihr vertraute Überlebensmöglichkeit gewählt, die zeitweise Leugnung ihres Daseins, wie um in Erwartung besserer Zeiten eine Pause vom Leben zu machen.

Um sich dem Krieg zu entziehen, war sie untergetaucht.

Schon bald gewöhnten Harmke und ich uns an diesen Rhythmus: Nach jedem Untertauchen kehrte meine Mutter zur

Familie zurück, und der Bürgerkrieg zwischen ihr und meinem Vater flammte erneut auf – bis zum nächsten Untertauchen.

Obwohl die Kämpfe meiner Eltern im Grunde nicht meine Angelegenheit waren, nahm das Überleben für mich so viel Raum ein, dass ich immer weniger zum Leben kam.

Tief in mir keimte die Hoffnung, dass ich durch ein Missverständnis – auf welche Weise auch immer – im falschen Leben gelandet war und dass mein eigentliches, mein echtes Leben irgendwo unberührt geduldig auf mich wartete.

Als mein achtzehnter Geburtstag sich näherte, hellte sich meine Stimmung auf: Endlich könnte ich anfangen, wirklich zu leben, fernab vom Kampfplatz Elternhaus mit seinen Rätseln und Geheimnissen, ein friedliches und übersichtliches Studentenleben führen und ausloten, was von den Möglichkeiten, die es bot, zu mir passte. Die Befreiung war zum Greifen nah, ich brauchte nur noch die Zulassung für eine Universität möglichst weit weg von zu Hause, ein Zimmer und den Führerschein.

Der Führerschein war eine heikle Angelegenheit, das war mir klar. Schon die Teilnahme am Straßenverkehr passte nicht zu den allseits einhelligen Rosenbaum'schen Familienschwächen, geschweige denn das eigenhändige Lenken eines Autos. Echte Rosenbaums benutzten ausschließlich öffentliche Verkehrsmittel oder nahmen ein Taxi, somit stand zu befürchten, dass der Erwerb eines Führerscheins meinen Ruf als Abweichlerin nur noch festigen würde. Ich werde darum nie vergessen, wie meine Familie diese Neuigkeit aufnahm.

Es war ein ganz normaler Freitagabend im April, und wir saßen alle beim Schein zweier Kerzen am Esstisch meiner Großeltern.

»Ich spiele morgen Abend Vaughan Williams«, ließ Harmke sich zwischen zwei Bissen vernehmen.

»Ah! Vaughan Williams!« Großmutter schob meinem Onkel Bruno die Schüssel mit dem Reis hin. »Welches Stück?«

»Die *Tallis-Fantasie*, als Soloquartett.«

»Sehr interessant«, bemerkte mein Großvater, der für englische Komponisten nicht viel übrig hatte, und Onkel Bruno ergänzte: »Davon habe ich 1978 eine Aufführung in der Royal Albert Hall erlebt, die mich etwas enttäuscht hat.«

Papa kam Harmke zu Hilfe: »War Vaughan Williams nicht ein Schüler von Max Bruch?«

Zustimmendes Murmeln.

»Ich habe gestern den Führerschein gemacht«, sagte ich.

Großmutter legte ihre Gabel auf den Teller und blickte auf. »Den Führerschein?«, wiederholte sie verunsichert. »Willst du etwa Auto fahren?«

Mein Großvater starrte mich an, als hätte ich etwas Unanständiges gesagt. »Aber dafür haben wir Rosenbaums doch gar kein Talent.«

In mir erhob sich ein Sturm und zerrte wie rasend an den Fäden unseres dicht gewebten unlogischen Familiennetzes.

»Glaubt ihr nicht, dass Bernhard Mahler sich einst gefragt haben mag, woher sein Gustav das Talent hat?«, fragte ich ebenso zuckersüß wie aggressiv. »Schließlich hat es in der Familie Mahler vorher keine Musiker gegeben.« Ich blickte betont harmlos in die Runde.

Großvater schüttelte den Kopf und öffnete den Mund, aber Großmutter kam ihm zuvor und rief, eher beschwörend als erfreut: »Den Führerschein! Aber das ist doch fantastisch!«

Wie auf Kommando wurden mir daraufhin verhaltene Glückwünsche und bewundernde Blicke zuteil. Die *Tallis-Fantasie* von Vaughan Williams zu spielen mochte eine Leistung sein, den Führerschein zu machen aber war pure Exotik.

◆

Es klopfte an der Tür.

»Gnädiger Herr, ein Anruf für Sie«, meldete die Sekretärin.

Anton legte den Füllhalter weg, nahm seinen Stock und ging von der Bibliothek in sein Arbeitszimmer hinüber. Er griff nach dem Hörer und meldete sich.

»Vater! Schön, dich zu hören. Wie geht es dir?«

»Was brauchst du?«, fragte Anton.

»Nichts, gar nichts«, antwortete Viktor, »und mir geht es ausgezeichnet, danke der Nachfrage. Deinem Auto allerdings… dem ist es schon mal besser gegangen. Und das Gleiche gilt für die Fensterfront des Café Landtmann, fürchte ich.«

»Wie bitte? Moment, bleib am Apparat!«

Ohne Stock hinkte er zum Fenster und blickte auf den Innenhof.

Die Stelle, wo er tags zuvor seinen Talbot abgestellt hatte, war leer. Das Auto hatte er vor einigen Jahren dank Hedys Ehemann Max günstig erstehen können; Max besaß eine Lederwarenfirma und hielt sich geschäftlich die meiste Zeit in Frankreich auf.

Anton lehnte die Stirn an die kühle Fensterscheibe. »Womit

habe ich das nur verdient?« Er stöhnte. »Der Junge ist ein Nagel zu meinem Sarg.«

Er ging zurück zum Schreibtisch und holte mehrmals tief Luft, ehe er den Hörer wieder nahm.

»Wo bist du?«, fragte er heiser.

»Solltest ausgerechnet du, der extra ins Kaffeehaus geht, um ausführlich über seinen Nichtsnutz von ältestem Sohn zu klagen, nicht wissen, wo das Café Landtmann ist?«

»Bleib, wo du bist.«

»Lass dir Zeit.« Viktor lachte in sich hinein. »Die Polizei hält mich ohnehin hier fest.«

Am Freitagabend ging es am Esstisch von David und Sascha stiller zu als sonst. Die Erwachsenen löffelten schweigend ihre Gulaschsuppe, und selbst die achtjährige Laura und der fünfjährige Otto wirkten betreten.

»Tja nun«, durchbrach David die Stille. »Letztendlich ist das wohl ein Fall für die Versicherung.«

»Und ein Fall für den Richter«, sagte Anton.

»Für den Richter?« Hedy tupfte sich den Mund mit ihrer Serviette ab. »Warum das?«

»Wegen Autodiebstahls und Fahrens ohne Führerschein.«

»Vater, lass doch die unnötige Anzeige sein. Es tut mir leid, dass ich mir den Wagen einfach geliehen habe, das habe ich doch schon gesagt. Der einzige Grund, warum ich dich nicht um Erlaubnis gefragt habe, ist der, dass du höchstwahrscheinlich abgelehnt hättest.«

Felix hob feixend die Arme. »Keine weiteren Fragen, Euer Ehren!«

»Viktor, dass du einen Stich hast, daran habe ich mich

inzwischen gewöhnt.« Anton warf seine Serviette auf den Tisch. »Aber dass dir auch jegliches moralische Empfinden abgeht, ist eine regelrechte Schande für die Familie!«

»Entschuldige, mir fällt gerade ein, dass ich etwas Dringendes erledigen muss«, sagte Viktor. Er legte kurz die Hand auf Bubis Schulter, küsste seine Schwester Laura auf die Stirn, nahm seinen Filzhut und entfernte sich mit einem gemurmelten »Guten Abend«.

»Lass bitte alle Autos stehen!«, rief Hedy ihm nach.

»Hedy!«, rügte Ernst.

»Na ja, wir haben schließlich einen Benz, nicht wahr, und keinen Talbot.«

II

Im Sommer, bevor mein Studium begann, hatte ich ein seltsames Erlebnis. An einem warmen Samstag ging ich mit Wiener um die Häuser, als mir der Nachbar meiner Großeltern, ein bekannter Miethai, entgegenkam. Kaum dass er mich sah, breitete er die Arme weit aus und rief: »Ach, was liebe ich das jüdische Volk!«

Ich blieb stehen und blickte mich suchend um. Gleich darauf spürte ich seine Wampe an meinem Bauch. »Das auserwählte Volk des Großen Chefs da oben«, sagte er. »Wie ich gehört habe, willst du hier studieren und hast noch kein Zimmer. Ich hätte eines für dich. Ein wunderschönes!«

Und indem er weiterging, hörte ich ihn murmeln: »Armes Kind...«

Ich wusste nicht recht, was ich von dieser Begegnung halten sollte. War die Geheimbotschaft in meinen Genen – ein Code, den ich selbst nicht zu knacken vermochte – Anlass für eine Vorzugsbehandlung? Hatte unsere Familie nun genau die richtigen oder aber – im Gegenteil – die falschen Abstammungspapiere? Bezahlbare Zimmer waren in Nimwegen knapp, und die

Aussicht, ab September bei meinen Großeltern kampieren zu müssen, erschien mir nicht sonderlich verlockend. Aber wenn ich nun auf diese Weise an ein Zimmer kam, war das dann nicht so, wie nach einem Wettkampf auf dem Siegerpodest zu stehen auf Kosten von Sportlern, die *nicht* gedopt hatten?

Ich besprach den Vorfall mit meinen Eltern.

»Das nenne ich Massel«, meinte mein Vater hinter seiner Zeitung. »Wann bekommst du den Schlüssel?«

Meine Mutter goss, mit dem Rücken zu ihm, die Kartoffeln ab. »Ich finde das Angebot ja ein bisschen zu großzügig«, sagte sie. Der heiße Dampf ließ ihre Brille beschlagen.

»Ach was! Es geht doch nur um ein Zimmer«, erwiderte mein Vater. »Dass man sich gegenseitig einen Gefallen tut, hält unsere Gesellschaft nun einmal zusammen. Man kann sich auch einfach freuen, wenn einem aufgrund seiner Abstammung etwas zufällt.«

»Es ist unmoralisch.« Meine Mutter gab einen Schuss Milch und ein Klümpchen Butter zu den Kartoffeln. »Und genau die Art von Begünstigung, die dem Antisemitismus Vorschub leistet. Aber das weißt du selbst.«

Mein Vater ließ die Zeitung sinken. »Du bist wirklich gestört!«, fuhr er Mutter an. »Mit deinem inneren Gericht, deiner ewigen Selbstbestrafung und deinen Minderwertigkeitsgefühlen!«

»Das ist wieder einmal typisch für dich! Kaum siehst du einen kleinen Vorteil, wirfst du alle Prinzipien über Bord und denkst keinen Moment an das Leid unserer Vorfahren!« Mutters Stimme schnappte fast über vor Empörung. Sie drehte die Kartoffeln energisch durch das Passiersieb.

»Als würdest du der Welt eine höhere Ethik schulden als normale Menschen!«, polterte mein Vater, »und das alles, weil du dir irgendwelche dubiosen Vergehen vorwirfst.«

Machtlos war meine Mutter seinen Attacken ausgeliefert, die bei uns nun einmal den Ton vorgaben, und die Sache endete damit, dass ich ein Zimmer im Treppengiebel eines schönen, von Studenten bewohnten Hauses an der Oranjesingel bezog. Es stand in unmittelbarer Nähe des Konzerthauses und war somit nach Meinung meines Großvaters ein Domizil, das hervorragend zur Familientradition passte.

Zu Nimwegen hatte ich von jeher ein gutes Verhältnis. Wir verstanden einander, ich und die Stadt an der deutschen Grenze, denn auch ihr Lebenslauf wies die mir bekannte Einteilung ›vor dem Krieg – im Krieg – nach dem Krieg‹ auf. Das Bombardement der Alliierten, unserer Verbündeten, im Jahr 1944 hatte der Stadt schwere Wunden zugefügt, von denen sie nie ganz genesen war, und ihr bleibende Narben eingetragen. Das Nebeneinander von historischen und neuen Gebäuden war mir vertraut, und ich bewunderte die Art, wie die Stadt mit ihrem Kriegserbe umging. Sie weigerte sich schlicht, wie andere die Spuren des großen Unrechts zu tilgen, das ihr widerfahren war.

Von der Nimwegener Universität dagegen, die auf dem Gelände des ehemaligen Landguts Heyendaal lag, hatte ich bis zu dem Tag, an dem ich mein Studium begann, keine konkrete Vorstellung. Ich erwartete ein Mittelding zwischen meinem Gymnasium – einem Den Haager Jesuitenkloster mit Marmorböden und hallenden Treppenhäusern – und der Universität Wien im neunzehnten Jahrhundert, von der mein Großvater mir einmal mit einer eigenartigen Mischung aus Widerwillen und Stolz Fotos gezeigt hatte.

Ich hatte mich damals kaum fassen können vor Begeisterung.

Ein Gebäude, dem man schon von außen ansah, dass innen Bedeutendes vor sich ging, konnte nur eine ruhmreiche Vergangenheit haben, davon war ich überzeugt. Mein Großvater fühlte sich berufen, das Bild etwas zu korrigieren. Die Wiener Universität, so erzählte er, habe zu seiner Zeit immer wieder notgedrungen für eine Weile schließen müssen, manchmal aufgrund der extremen Gewalt gegen jüdische oder sozialistische Studenten, öfter aber der Kälte und des ewig undichten Dachs wegen.

Als ich zum ersten Mal von der Oranjesingel zum Campus fuhr, erlebte ich eine unangenehme Überraschung. Die juristische Fakultät lag in einer Art akademischer Reißbrettsiedlung, die selbst Kafka Bewunderung abgenötigt hätte.

Befremdet durchquerte ich die schlauchartige Thomas van Aquinostraat, die genauso geklinkert war wie die Fassaden der niedrigen Gebäude beiderseits, und konnte mich des Eindrucks nicht erwehren, in einem lang gestreckten Schwimmbecken gelandet zu sein.

Anders als die reiche Geschichte der Niederlande erschien mir die juristische Fakultät wie ein Konstrukt ohne jegliche Vergangenheit. Als hätte irgendein Stadtoberer vor Kurzem mit seinem Stock auf den Boden geschlagen und zum eigenen Erstaunen ein hässliches Wunder vollbracht. Die seltsame Atmosphäre wurde durch eine absurde Bepflanzung verstärkt: Zwischen den Gebäuden wucherten üppig Rhododendren und bildeten einheitlich dunkelgrüne Massen.

So kam es, dass ich Monate später am Schreibtisch meines Studentenzimmers ein enttäuschendes Resümee über mein neues Leben zog.

Die Hausgenossen wie auch die Kommilitonen waren ausgesprochen nett, trotzdem kam ich mir vor wie von einem unsichtbaren Kreis umgeben, der mich daran hinderte, am Leben teilzunehmen – am echten Leben, nicht am Familienleben des dreizehnten Stamms, innerhalb dessen man einigermaßen akzeptiert war, sofern man sich anpasste.

In meinem neuen Leben galten, so schien es, andere Gesetze. Dort bestimmte die Chemie zwischen den Einzelpersönlichkeiten das Zusammenleben. Und genau darin bestand die Schwierigkeit: Meine Persönlichkeit war noch nicht hinreichend ausgeprägt.

Als Kind war ich immer bestrebt gewesen, mein Anderssein auf ein Minimum zu reduzieren, vor allem innerhalb der Familie. Jetzt empfand ich eine innere Leere, einen Mangel an erworbener Identität, und mir wurde klar, dass ein Mensch, der sich im eigenen Stamm nicht zu Hause fühlt, dies nicht automatisch anderswo ist.

Langsam fuhr ich mit dem Rad durch das steinerne Niemandsland des Campus, und die Rhododendren standen reglos in der herbstlichen Kälte und ließen ihre dunklen Blätter hängen.

»Die Schlösser sind kaputt. Soll ich mich vor die Tür stellen und aufpassen?«

Ein hochgewachsenes Mädchen mit ungewöhnlich feinen Gesichtszügen, dunklen Augen und porzellanfarbener Haut hatte beobachtet, wie ich in der Damentoilette vergeblich alle Türen probierte.

»Gern, danke«, sagte ich. Und dachte mir beim Pinkeln, dass sie ihrem Zungenschlag nach ebenfalls nicht von hier sein konnte.

Ich äußerte das durch die geschlossene Tür.

»Ich komme aus Den Haag«, gab sie zur Antwort.

Überrascht zog ich meine Jeans hoch. »Ich auch«, sagte ich, als ich die Spülung gezogen hatte und die Toilettenkabine verließ.

Wir lachten uns an, dann streckte ich die Hand aus und sagte: »Geertje.«

»Erst waschen.«

Demonstrativ wusch ich mir die Hände mit Seife, trocknete sie ab und stellte mich dann in aller Form vor: »Geertje van den Berg, Jura.«

»Yolanda Stienstra. Psychologie.«

Ein friesischer Name.

»Du siehst überhaupt nicht aus wie eine Yolanda Stienstra«, sagte ich.

»Und du nicht wie eine Geertje van den Berg.«

»Wie wär's mit einem Kaffee?«

Kurz darauf saßen wir mit unseren Plastikbechern auf einem Mäuerchen in der Herbstsonne.

»Warum studierst du eigentlich Psychologie?«, fragte ich.

»Weil das Studium gut zu meiner noch recht undefinierten Identität passt.«

Ich musste grinsen. »Ich habe überhaupt keine Identität«, gab ich dann zu. »Bisher nie gebraucht. Anpassungsvermögen, das ja.«

»Klar passt man sich an. Ein Überbleibsel von früher, als Ausgestoßensein aus der Gruppe noch den sicheren Tod bedeutet hat. Heute gelernt.« Sie trank einen Schluck.

Ich schüttete den Rest meines Kaffees ins Gebüsch. »Wovor

bist du geflohen?«, fragte ich, denn wer aus Den Haag stammte, studierte zumeist an einer Universität im Westen des Landes.

Sie lächelte wehmütig. »Vor einer unmöglichen Liebe. Und du?«

»Vor meinen unmöglichen Eltern. Aber meine Großeltern, die hier in Nimwegen wohnen, sind auch nicht ohne.«

»Warum das?«

»Für sie bin ich ein Paprika-Jantschi.«

»Ein was?« Sie sah mich groß an.

»Jemand mit ungarischem Temperament. Das ist so eine Redensart.«

»Und wie sind die Ungarn ihrer Meinung nach?«

»Sie übertreiben alles. Aber nicht unbedingt, was die guten Eigenschaften angeht. Sie sind übertrieben laut, lebhaft, direkt, präsent, neugierig, unruhig, unbesonnen…«

*Oder jüdisch*, dachte ich mir noch im Stillen.

»Dann sei froh. Die meisten Traumata bekommen Kinder, die dauernd das Gefühl haben, nicht zu genügen.«

»Damit habe ich echt kein Problem. Ich fühle mich weniger überfordert als vielmehr zurückgestutzt. Kaum komme ich nach Hause, schreien alle ›*piano, piano!*‹«

Yolanda prustete los. »Das klingt aber auch nicht sehr nach Zurückhaltung.«

Die Begegnung mit Yolanda hatte mich nachdenklich gemacht. Vielleicht unterscheide ich mich doch nicht so sehr von meinen Mitstudenten?, überlegte ich. Oder der Abstand zwischen den einzelnen Menschen ist letztendlich immer gleich groß. Obwohl ich es noch immer für möglich hielt, achtzehn Jahre lang irrtümlich ein fremdes Leben gelebt zu haben, wurde mir allmählich bewusst, dass ich – ob ich nun wollte oder nicht – mir selbst und somit meinem früheren Selbst verhaftet war. Und dass ich, um mit den Menschen in meinem neuen Leben Verbindung aufzunehmen, etwas von der bisherigen Geertje preisgeben musste.

In der Pause einer Vorlesung über Strafrecht stand ich mit ein paar Kommilitonen im Freien. Die Sonne schien, aber es war so kalt, dass unser Atem Wölkchen bildete. Neben mir stand Frank, ein etwas untersetzter Junge mit Bürstenschnitt.

»Kippe?«, fragte er.

Ich schüttelte den Kopf, und er steckte sich eine an.

»Ich will auch aufhören«, sagte er und blies den Rauch aus dem rechten Mundwinkel. »Mit dem Qualmen, meine ich. Wenn meine Eltern das mitkriegen würden... meine Opas sind beide an Lungenkrebs gestorben. Bei uns zu Hause ist Rauchen tabu.«

»Ziemlich übersichtlich, wenn nur das tabu ist«, sagte ich vorsichtig.

»Wie meinst du das?«

»In meiner Familie gibt es ein ganzes Gesetzbuch voller Regeln und Tabus, und es wird erwartet, dass jeder sie kennt. Ich habe mich achtzehn Jahre damit abgemüht.«

»Tatsächlich? Sag mal ein Beispiel.«

»Da gibt es zum Beispiel bestimmte Wörter, die man nicht sagen darf.«

»Aha, böse Wörter, was?«

Ich lachte nervös. Wie sollte ich ihm erzählen, welche Verheerungen bestimmte Wörter bei uns anrichten konnten? Schlüsselwörter, die sämtliche Katlas und Hitlers entfesselten.

»Nein, keine bösen Wörter. Eher solche, die mit Schuld zu tun haben oder mit denen man etwas assoziiert. Das Wort, das du vorhin gesagt hast, ist bei uns verpönt.«

»Kippe? Geht bei uns auch nicht.«

Ich schüttelte den Kopf. »Nein, ich meine das Wort, das du vorhin zu Rutger gesagt hast. Über deine... äh... Beförderung nach Hause.«

»Echt wahr? Was ist an dem Wort Beförderung falsch?«

»Du hast nicht Beförderung gesagt.«

»Nein? Was dann?«

»Transport.«

»Ach...«

Ich biss mir auf die Nägel. »Es gehört zu den Wörtern, die wir nie laut sagen. Genauso wenig wie Selektion, Lager, Gas... ohne dass es je abgemacht wurde, verstehst du?«

»Dann ist deine Familie wohl jüdisch.«

Ich sah Frank an. »Nein, offiziell nicht.«

»Offiziell?«

»Man könnte sagen, meine Familie hat sich in der Hinsicht noch nicht geoutet.«

»Oh.«

»Für meine Familie ist der Krieg nie wirklich zu Ende gegangen; sie lebt gewissermaßen noch immer untergetaucht.«

»Und was ist mit dir?«, fragte er. »Hast du dich geoutet?«

»Noch nicht. Aber zu Hause haben sie Angst, ich könnte es tun.«


Der Gedanke, ich könnte mich ›outen‹, ließ mich nicht mehr los. Dass ich mich vom dreizehnten Stamm lösen musste, war klar, nur hatte ich bisher noch keine rechte Ahnung gehabt, wie das gehen sollte. Jetzt aber sah ich eine konkrete Möglichkeit, dem innerlich längst vollzogenen Bruch Ausdruck zu geben und meinen vermeintlichen Mangel an Identität zu überwinden. Ich war entschlossen, meine Herkunft nicht länger verschämt oder hinter vorgehaltener Hand zuzugeben. Ich war Jüdin, so wollte ich mich fortan offen nennen und mich mit Stolz auf dieser Grundlage definieren.

Der geeignete Zeitpunkt dafür schien mir aus irgendeinem Grund die Pause der Vorlesung über Römisches Recht zu sein. Mit einem Becher Tee in der Hand enthüllte ich den Kommilitonen, mit denen ich in der Cafeteria zusammenstand, sozusagen en passant, dass ich Jüdin war.

In der darauf folgenden kurzen Stille, die jedoch nichts Peinliches hatte, betrachteten sie mich mit neuem Interesse.

»Ich habe schon viel über Juden gehört, aber noch nie welche kennengelernt«, sagte eine gewisse Kitty leicht verlegen.

»Woran glaubt ihr eigentlich?«, wollte eine Blonde wissen. »An Jesus doch nicht, oder?«

»Wohl kaum, die Juden haben Jesus umgebracht.« Frank grinste und zwinkerte mir zu.

»Geht ihr in die Synagoge? Und was macht ihr da genau? Darfst du samstags Sport treiben?«, bombardierte Kitty mich mit gleich drei Fragen.

»Hat der Krieg gegen die Makkabäer nun vor oder nach dem babylonischen Exil stattgefunden?«, fragte ein anderer, sichtlich erfreut, endlich eine Sachverständige dazu zu hören.

»Das würde mich auch interessieren«, meinte die Blonde. »Und was ich schon immer gern wissen wollte: Warum sind Garnelen nicht koscher?«

Völlig verdattert trat ich einen Schritt zurück, auf die Wand zu. Ich hatte zwar damit gerechnet, dass ich meine ebenso heikle wie prestigeträchtige Aussage würde untermauern müssen, etwa mit ein paar Insider-Informationen über jüdische Speisen oder mit einer Eigenschaft, die bis vor einiger Zeit noch mit dem Tod bestraft wurde. Aber dass durchschnittliche Jurastudenten so viel über den Verein wussten, dem ich anzugehören behauptete, brachte mich denn doch aus der Fassung. Jüdischsein war offenbar nichts, was mich charakterisierte, sondern etwas, das mir abging.

»Ich ... äh ... weiß das alles nicht, weil ich nicht wirklich jüdisch erzogen worden bin«, stammelte ich und verfluchte innerlich meine Familie dafür, dass sie mir keine anständige jüdische Bildung hatte angedeihen lassen, sodass ich nun als Scheinjüdin aufgeflogen war.

Ich grübelte noch, wie ich mich elegant aus der Affäre ziehen könnte, da war es auch schon zu spät – die gefürchtete Frage wurde gestellt.

»Jüdisch bist du also, aha. Wie heißt du eigentlich?«, erkundigte sich das babylonische Exil.

Ich starrte ihn an.

»Geertje«, sagte ich tonlos.

»Kommt mir nicht jüdisch vor.«

Der Deckname, den meine Eltern mir gegeben hatten, tat seine Wirkung: Ich war nicht als Jüdin erkennbar.

Ohne ein weiteres Wort drehte ich mich um, floh aus der Cafeteria und rannte an den Toiletten vorbei ins Freie, in das sichere grüne Labyrinth.

◆

Viktor entledigte sich mit Schwung seines Mantels und warf den Hut auf das Brett, wobei er bereits mit den Augen die Tische des Café Ritter absuchte.

Da saß sie, allein, und blickte gedankenverloren vor sich hin. Sie war schöner als in seiner Erinnerung.

Er ging hin, ergriff ihre Hand und drückte einen langen Kuss darauf.

»Du kommst zu spät.« Ihre Stimme bebte. »Eine geschlagene Stunde zu spät!«

»Zu spät? Aber, liebe Cinthia...«

»Celia!«

»Liebe Celia, du weißt doch, dass Zeit im Grunde nicht existiert? Ebenso wenig wie ihr Vergehen. Nicht die Zeit geht vorbei, sondern der Mensch – du und ich, wir sind schaukelnde Boote auf einem endlosen Meer aus Zeit.«

Mit dem Daumen berührte er kurz ihre Wange, während er mit der anderen Hand den Ober heranwinkte.

»Was zählt...« Er pausierte kurz, um mit den übrigen Gästen dem jungen Pianisten zu applaudieren, der soeben seine *Liebesträume* beendet hatte und sich huldvoll verneigte. »Was zählt ist, dass ich da bin, zumal das vor ein paar Stunden kaum möglich erschien angesichts der Rettungsaktion, die ich durchführen musste.« Und zu dem herbeigeeilten Kellner sagte er: »Zwei Doppelmokka bitte und Kipferl dazu.«

»Wovon redest du? Was für eine Rettungsaktion?«

»Ach, Liebste, wenn du wüsstest! Heute Vormittag hatte ich geschäftliche Dinge auf der Krieau zu regeln und fuhr dann in die Innenstadt, um bei Knize einen hellgrauen Maßanzug abzuholen. Ich hatte mein Auto gerade am Graben geparkt, da sah ich einen herrlichen Flügel in großer Höhe an einem Kran baumeln. Das arme Klavier versuchte verzweifelt, die ausgestreckten Arme der Möbelpacker im dritten Stock zu erreichen, die dafür sogar die Fenster ausgehängt hatten.«

Der Ober brachte das Gewünschte. Viktor stippte ein Kipferl in seinen Kaffee und steckte es dann ganz in den Mund.

»Ein Klavier mit Höhenangst.«

»In der Tat, liebe Celia«, sagte er mit vollem Mund. »Glaub mir, bis heute habe ich nicht gewusst, dass es so etwas gibt. Aber wie auch immer, auf einmal war ein gefährliches Knacken zu hören, ich ließ den Blick blitzschnell an der Fassade herabgleiten und sah eine alte Dame in einem dunkelblauen Kostüm. Ohne eine Sekunde zu zögern, rannte ich hin, packte sie beherzt, und wir landeten ein paar Meter weiter auf dem Boden. Nie werde ich den grässlichen Akkord vergessen, mit dem der Flügel sich unmittelbar hinter uns zu Tode stürzte ... «

»Ein Klavier mit Höhenangst *und* Todeswunsch also«, bemerkte Celia.

»Ja, ob du es glaubst oder nicht, so etwas gibt es. Und jetzt pass auf. In dem Moment, als ich der alten Dame aufhalf, die wundersamerweise unverletzt geblieben war, und ein hilfsbereiter Passant mir ihren Hut reichte, stürmte plötzlich ein Mann auf uns zu. Erst nachdem er mich umarmt und mir überschwänglich gedankt hatte, sah ich, wer es war.«

»Lass mich raten: der Kanzler?«

»Fast richtig. Es war Felix Weingartner.«

Erstaunt sah sie ihn an.

»Der Direktor der Staatsoper?«

»Weingartner und seine alte Mutter haben mich daraufhin zum Mittagessen bei Sacher eingeladen, und somit steckte ich in der Klemme.« Viktor tunkte ein zweites Kipferl in den Kaffee. »Selbstverständlich habe ich mich vor Sehnsucht nach dir verzehrt, aber dann siegte doch mein Verantwortungsgefühl über das Eigeninteresse. Ich habe mir gedacht, dass du dich gewiss für mich geschämt hättest, wenn ich die Einladung ausgeschlagen hätte und dafür rechtzeitig hier gewesen wäre.«

»Ja... nein... natürlich«, sagte Celia. Eine Zeit lang schwiegen sie und lauschten dem *Fantaisie-Impromptu*, das durch den Raum klang.

»Der Kaffee ist ja eher durchschnittlich, aber wie dieser Bursche Chopin spielt, Himmel noch mal, das macht einiges wett«, sagte Viktor schließlich. Über die kühle Marmortischplatte hinweg fasste er nach Celias Händen. Entzückende Finger, lang und schlank.

Er beugte sich vor und küsste die schwieligen Fingerspitzen ihrer linken Hand. »Geige, nicht wahr?«

»Cello! Das habe ich dir doch vorige Woche erzählt!«

Das Spiel ihrer Finger mit seinem Geschlecht war jedenfalls unvergesslich gewesen. »Du musst für mich spielen, versprich mir das.«

Sie lächelte. »Erst wenn du mir mehr von dir erzählt hast.

Ich habe absolut keine Ahnung, womit du dich so beschäftigst. Studierst du?«

»Ah, die Wissenschaft! Nein, die heutigen Akademiker wissen sehr viel von sehr wenig. Ich betrachte mich eher als eine Art umgekehrter Professor, der etwas weniger weiß, dafür aber von viel mehr.«

Nun lachte sie lauthals und neigte dabei den Kopf ein wenig nach hinten.

Dieser ranke Hals ... die Wölbungen unter der hochgeschlossenen Schluppenbluse, die sich in ihrem Atemrhythmus hoben und senkten ... Der Gedanke an ihre perfekt geformten weichen Brüste ließ urplötzlich Begierde in ihm aufflammen. Er bedauerte, dass dies bereits ihr drittes und damit ihr letztes Treffen war. Das Spiel der Liebe hatte unumstößliche Regeln, und auch diesmal würde er keine Ausnahme machen. Die eigenen Regeln brach er nie. Denn wem könnte man noch trauen, wenn man sich selbst betrog?

»Viktor?«

Er schrak zusammen.

»Du hörst überhaupt nicht zu!«

»Aber sicher höre ich zu, meine Liebe«, beschwichtigte er. »Es ist nur so, dass ich ständig an meinen lieben Großvater denken muss. Er hat heute Morgen im *Allgemeinen* Herzklappen aus Kupfer bekommen, eine völlig neuartige Operation. Ich finde erst Ruhe, wenn ich weiß, wie es dem alten Herrn geht. Am besten, ich erkundige mich telefonisch. Entschuldige mich bitte einen Augenblick.«

Viktor stand auf, ging zur Theke und drückte dem Mann dahinter ein paar Münzen in die Hand. Im Gang nahm er eine Zeitung, studierte in aller Ruhe die Lotterieergebnisse, stellte bedauernd fest, dass er nicht gewonnen hatte, rauchte seine Zigarre zu Ende und betrat dann wieder durch die Glastür den Salon.

»Und? Gute Neuigkeiten, hoffe ich?« Celia sah ihn besorgt an.

Der Pianist hatte sein schwarzes Jackett angezogen und den Flügel zugeklappt.

»Das Ergebnis lässt zu wünschen übrig«, sagte Viktor. »Mein Großvater hat hohes Fieber und schwitzt so sehr, dass die Ärzte zu seinem Bett rudern müssen. Es tut mir sehr leid, aber Doktor Herzkratzerl meint, ich müsse unverzüglich in die Spitalgasse kommen, wenn ich meinen Großvater noch einmal lebend sehen will.«

Enttäuschung zeichnete sich auf ihrem Gesicht ab.

»Aber es gibt auch eine gute Nachricht«, beeilte Viktor sich zu sagen, ging vor ihr in die Knie und zog etwas aus der Innentasche seines Jacketts. »Weingartner hat darauf bestanden, mir eine Belohnung zukommen zu lassen.«

Verdutzt betrachtete sie die Opernkarten in seiner Hand.

»Für heute Abend? Oh... wo wollen wir uns treffen?«

»Um sieben Uhr beim Pavillon.« Viktor erhob sich, nahm ihr Gesicht zwischen seine Hände und küsste sie auf den Mund. Dann holte er Hut und Mantel und eilte davon.

Celia lief ihm ein Stück nach. »Aber bei der Staatsoper gibt es doch gar keinen Pavillon!«, rief sie, in der Tür stehend.

Viktor hörte es nicht mehr. Mit hochgeschlagenem Kragen rannte er durch den strömenden Regen in Richtung Amerlingstraße, wo er das Auto abgestellt hatte.

Er war gerade um die Ecke gebogen, als er etwas Weiches unter dem Schuh spürte. Erschrocken trat er zurück. Vor ihm auf dem Trottoir lag ein Fellknäuel. Schnell schlüpfte er aus seinem Mantel und breitete ihn auf dem nassen Boden aus. Dann legte er das zitternde Tier behutsam darauf, schlug es in den warmen Wollstoff ein und steuerte, das Paket fest an sich gedrückt, im Eilschritt auf das Auto zu.

»Halt durch, Kleiner«, murmelte er, als er den Mantel samt Inhalt auf den Beifahrersitz legte. »Noch kurz etwas erledigen, dann geht es zum Onkel Doktor.«

Er ließ den Wagen an und fuhr in die Goldschlagstraße, wo Bubi klatschnass am Straßenrand stand.

»Mannomann, wo bleibst du denn? Ich warte hier schon über eine halbe Stunde, ich…«

»Vorsicht! Nicht auf den Mantel setzen!«, rief Viktor.

»Oh, verzeihen Sie, gnädiger Herr Bohavitschek, ich bin der Nähe Ihres Mantels natürlich nicht würdig«, sagte Bubi giftig.

»Sei kein Dummkopf. Da ist ein Hund oder etwas Ähnliches drin. Am besten, du nimmst ihn auf den Schoß.«

»Guten Abend allerseits.«

»Du bist zu spät«, erwiderte Martha.

»Aber liebstes Mamatschili, für ein gutes Essen ist es nie zu spät. Und das Risibisi unserer schönen Gretl würde ich mir niemals entgehen lassen.« Er zwinkerte dem Dienstmädchen zu.

»Ich bin auch zu spät«, sagte Bubi, »bitte demütig um Verzeihung.«

»Danke, Bubi«, sagte Anton. »Aber das ist lediglich die unausweichliche Folge der erstgenannten Ursache.«

»Wir haben einen Not leidenden Wiener mitgebracht«, sagte Viktor und zog mit dem Fuß einen Stuhl unter dem Tisch hervor. Er legte das Mantelpaket darauf und öffnete es vorsichtig.

Hedy stieß einen schrillen Schrei aus, und der Spitz neben ihr knurrte. »Ungeziefer ist das!«, rief sie und ermahnte sogleich ihren Sohn: »Nicht anfassen, Otto! Denk dran!«

»Onkel Ernst, könntest du dir unseren Wiener wohl einmal ansehen?«

Ernst stand auf und ging zu dem Stuhl, auf dem der kleine Mitbürger lag.

Er schaute ihm kurz ins Maul. »Das Hündchen ist gerade mal ein paar Wochen alt«, er befühlte die Rippen, »in einem frühen Stadium der Unterernährung«, er legte die Hand auf den kleinen Bauch, »und stark unterkühlt. Haut-an-Haut-Kontakt scheint mir ratsam.« Sein Blick traf den von Martha. »Aber trocken reiben und zum Aufwärmen vor den Ofen legen würde auch genügen.«

»Gretl, kümmerst du dich bitte um diesen... äh...« Sascha machte eine vage Handbewegung.

»Hund«, ergänzte Viktor.

»Genau«, sagte Sascha.

◆

Nach einer Vorlesung über Urheberrecht wollte ich gerade die Tür des Hauptgebäudes öffnen, da rief jemand meinen Namen.

»Geertje!«

Ich blickte mich um. Es war das babylonische Exil.

»Als ich letzte Woche gefragt habe, wie du heißt, warst du auf einmal weg«, sagte er und keuchte.

»Tut mir leid«, antwortete ich. »Mein Name passt nicht zu mir, finde ich.« Ich warf ihm einen Seitenblick zu. »Und du? Du heißt vermutlich nicht babylonisches Exil, oder?«

»Ich heiße Lex.«

»Lustiger Name für einen Jurastudenten.«

»Ja.« Er grinste. »Ich wollte auch nie Biologe werden.«

In der Mensa kamen wir mit unseren Tabletts nur langsam voran.

»Warum magst du deinen Namen nicht?«, fragte Lex.

*Weil er mich daran hindert, der Welt mein wahres Selbst zu zeigen.*

»Weiß nicht. Wenn ich sage, dass ich Geertje heiße, habe ich immer ein ungutes Gefühl. Das ist zwar mein Name, aber ich bin es nicht.«

»Hat der Name Geertje denn eine Bedeutung?«, fragte Frank, der sich zu uns gesellt hatte.

»Keine Ahnung, wahrscheinlich etwas Germanisches, ›gut mit dem Speer‹ oder so«, sagte ich.

Frank stieß Lex an. »Damit hätten wir Männer kein Problem.«

»Ich habe nur gefragt, weil ich gelernt habe, dass Namen im Judentum eine wichtige Rolle spielen«, sagte Lex, als wir alle zusammen am Tisch saßen. »Dass der Name eines Juden ihn über die Namen seiner Vorfahren mit der gesamten Geschichte des jüdischen Volks verbindet.«

»Wo lernt man so etwas?«

»Im Religionsunterricht. In der Sonntagsschule. In der Kirche. Bei Tisch. Überall sozusagen.« Er lachte leicht gequält. »Mein Vater ist Pfarrer.«

»Und was machst du als Protestant in dieser katholischen Hochburg unserer Universität?«, wollte Kitty wissen.

»Meinem Vater eins auswischen.« Lex grinste.

Ich dachte an Priester Knook und sah ihn auf einmal mit anderen Augen. »Was weißt du sonst noch über jüdische Namen?«, fragte ich.

»Zum Beispiel, dass sich im Namen die Möglichkeiten niederschlagen, die Gott für die betreffende Person vorgesehen hat.«

»Gott sei Dank glaube ich nicht an ihn«, meinte Frank. »Meiner Ansicht nach sind Namen nichts weiter als Lautfolgen, mit denen man die Leute anspricht.«

»Viel zu kurz gedacht«, sagte Yolanda und wischte sich mit ihrem lackierten Fingernagel ein paar Krümel aus dem Mundwinkel. »Namen dienen in erster Linie dazu, die Menschen als Individuen zu unterscheiden. Dein Name spiegelt deine Einmaligkeit.«

»Einmaligkeit? Wie soll das gehen?«, wandte Frank ein. »Es gibt x Leute, die genauso heißen wie ich oder du. Für Vornamen gilt kein Urheberrecht, und das Standesamt ist kein Markenamt.«

»O je!« Ich sprang auf. »Meine Seminararbeit! Ich muss sie dringend abgeben! Bin gleich wieder da.«

Die Dozentin für Geistiges Eigentum, eine Blondine mittleren Alters mit heiserer Altstimme, bat mich freundlich in ihr Büro. Dann entblößte sie ihren Bauch, auf dem zwischen zwei Speckrollen ein Kästchen befestigt war, und sagte: »Nur kurz die Insulinpumpe einstellen.«

Ich wandte den Blick ab, denn das schien mir zu intim, aber aus Angst, sie könnte meine Reaktion missverstehen, zwang ich mich doch hinzusehen. Routiniert führte sie die notwendigen medizinischen Handgriffe aus.

»So, fertig ist die Laube«, sagte sie. »Und Sie wollen etwas abgeben, ja?«

Ich überreichte ihr mein Elaborat, und sie suchte auf der Liste der Seminarteilnehmer nach meinem Namen.

»Geertje...« Sie sah mich streng an. »Warum heißen Sie Geertje?«

Sprachlos starrte ich sie an.

»Noch nie bin ich jemandem begegnet, dessen Name so schlecht passt«, stellte sie fest.

In der nachfolgenden Stille war nur das leise Surren der Klimaanlage zu hören. Mit einem Knopfdruck stellte die Dozentin sie ab. In diesem Büro, ihrem Mikrokosmos, herrschte sie wie ein Gott über Blutzucker, Innenraumklima und Vornamen.

Mein erster Gedanke entsprach ganz und gar dem mir von

der Familie vermittelten Schuldreflex: Diese aufdringliche Neugier hatte ich mit Sicherheit selbst verschuldet und somit verdient. Und zugleich sickerte mir tiefe Scham ins Blut, denn mir wurde klar, dass die Frau bei mir eine versteckte Seelenregung getroffen hatte, die offenbar mittlerweile durch die Poren meiner Haut nach außen drängte.

Sie seufzte.

Und mit einem Mal empfand ich es als tröstlich, dass selbst jemandem, der mich so gut wie gar nicht kannte, die Diskrepanz zwischen meinem Namen und meiner Person aufgefallen war. Konnte mein Gefühl, durch einen elterlichen Missgriff den falschen Namen bekommen zu haben, jetzt noch unbegründet sein?

»Nun denn, Geertje also«, sagte die Dozentin mit deutlichem Widerwillen und hakte meinen Namen ab.

»Vielen Dank«, sagte ich und meinte es aufrichtig.

Schon nach dem ersten Läuten nahm sie ab.

»Mam, es stimmt etwas nicht.«

»Na, das wird dann wohl seinen logischen Grund haben«, antwortete meine Mutter.

»Warum heiße ich Geertje?«

»Wie meinst du das?«

»Ich will wissen, warum du und Papa mich Geertje genannt habt.«

»Weil wir fanden, dass das ein schöner niederländischer Name ist.«

»Jetzt hör aber auf! Du weißt genau, was ich meine: Die meisten meiner Namensschwestern käuen wieder, bekommen Tierkrankheiten wie Maul- und Klauenseuche und haben eine Nummer hinter dem Namen: Geertje 1, Geertje 2, Geertje 3 …«

»Du bist nach deiner Großmutter benannt.«
»Quatsch. Großmutter heißt Trude, auf gut Wienerisch.«
»Aber die zwei Namen haben den gleichen Ursprung.«
»Eben nicht! Geertje ist ein westfriesischer Name. Du weißt schon: eine Gegend, aus der wir nicht stammen, wo wir niemanden kennen und noch nie waren.«
»Mir gefällt der Name.«
»Na toll. Für ein Mädchen aus Friesland mag er angehen…« Plötzlich kamen mir die Tränen. »Mam, mein Name und ich, wir passen nicht zusammen. Ich bin keine Geertje. Ich habe mich bemüht, aber aus mir wird nie eine Geertje.«
»Wie schade.« Es hörte sich nach ehrlicher Enttäuschung an. Ich holte tief Luft.
»Darum lasse ich meinen Namen ändern. Ganz offiziell beim Gericht. Und zwar in Judith.«
Schweigen.
»In Judith, Mam. Je-hu-dith: jüdische Frau. Ich bin keine Geertje, ich bin eine Judith.«
Ich meinte, sie am anderen Ende der Leitung schnaufen zu hören. Zweifellos stand ein schwerer ES-Anfall bevor.
»Hallo, Mam, bist du noch da?« Meine Stimme zitterte.
»Ja.« Es klang matt. »Aber sag das nicht deinen Großeltern.«

◆

Das Telefon im Salon klingelte.

»Viktor, ein Anruf für Sie«, meldete Maria.

»Alle Anrufe sind für Viktor«, bemerkte Laura, die mit einem Buch auf dem Sofa saß, und schnitt ihrem Bruder eine Grimasse. »Mädchen, Mädchen, Mädchen!«

Auf dem Weg zum Telefontischchen warf Viktor Maria einen betont harmlosen Blick zu.

»Guten Tag, hier Viktor Rosenbaum.«

(…)

»Helena! Natürlich… hast du nicht letzte Woche meiner Schwester Laura einen Brief für mich gegeben?«

(…)

»Ja, das verstehe ich, liebe Helena. Aber das Problem ist folgendes. Unser alter Nachbar heißt ebenfalls Viktor. Er hat Laura den Brief abgenommen und ihn mir vorgelesen. Ich habe noch gesagt, das Schreiben sei für mich, aber er hat darauf beharrt, dass es für ihn sei. Darum hat statt meiner Wenigkeit dieser Nachbar letzten Sonntag um zwei im Prückel auf dich gewartet.«

»Ich habe Viktor den Brief höchstpersönlich gegeben, Helena!«, schallte Lauras Stimme durch den Raum.

Viktor warf ihr einen Blick zu.

»Aha, du willst ein neues Treffen verabreden«, sagte er dann in die Sprechmuschel. »Sehr gern. Ich muss mal eben in meinen Terminkalender schauen, Moment...«

Er ging in die Küche, um Wasser für Wiener zu holen, und griff dann wieder zum Hörer.

»Helga, ach nein, Helena, wie ich sehe, habe ich heute Abend Zeit, weil etwas ausfällt.«

(...)

»Ach, da kannst du nicht? Am zweiten Weihnachtstag vielleicht?«

(...)

»Das dauert dir zu lange, hm, dann sagen wir erster Weihnachtstag.« Und er legte auf.

Viktor musterte seine Schwester nachdenklich und setzte dann eine zuckersüße Miene auf. »Liebste Laura, ich hätte große Lust, ins Theater zu gehen. Hast du heute Abend zufällig Zeit?«

Laura blickte von ihrem Buch auf. »Aber ja!«

»Sehr schön, dann kannst du auf den Hund aufpassen.«

◆

Als ich am Freitagabend bei meinen Großeltern klingelte und mein Vater mir öffnete, hatte ich gleich das Gefühl, dass etwas nicht stimmte.

»Hallo, Pap.« Ich sah ihn forschend an.

Gequälter Blick, eine ordentliche Portion unterdrückte Wut und ein Hauch Enttäuschung, stellte ich fest.

Rasch ging ich die möglichen Katastrophen durch. Meine Eltern hatten sich im Beisein der gesamten Familie gestritten. Meine Mutter hatte urplötzlich einen ES-Anfall bekommen. Oder, dachte ich mit Schrecken, meiner Großmutter war zum ersten Mal das Essen tatsächlich missraten, angebrannt vielleicht, jedenfalls ungenießbar.

»Ja ja...« Mein Vater seufzte und gab mir einen flüchtigen Kuss.

»Ist was passiert?«

»Nichts. Gar nichts. Alles in bester Ordnung.« Er verschluckte sich und hustete in sein Taschentuch. »Deine Schwester hat ihren neuen Freund mitgebracht.«

»*Einen* Freund, Pap, nicht ihren«, verbesserte Harmke, die gerade in die Diele kam.

Neben ihr erschien ein dürrer junger Mann in einer ausgebleichten Jeans und einem verschossenen T-Shirt. Um sein Gesicht, in dem die wässrigen Augen kaum auszumachen waren, hingen schulterlange fettige Haare.

»Hallo, Geertje«, sagte Harmke. »Das ist Gijs.«

»Verstehe«, sagte ich und erwiderte den schlaffen Händedruck. Ich verstand nicht nur, in Gedanken hörte ich bereits den ohrenbetäubenden Knall, mit dem die Welt dieses Jungen und unser Familienkodex kollidierten.

Ich schaute von Harmke zu Gijs und dann wieder zu ihr, die unbeschwert weiterplauderte, scheinbar ohne die Vorzeichen des sich anbahnenden Spektakelstücks wahrzunehmen. Aber ich kannte meine Schwester. Einiges an ihr deutete zumindest auf Wachsamkeit hin: ihr etwas zu lautes Lachen, die übertrieben witzigen Bemerkungen, die fahrigen Handbewegungen – wie von einer Lehrerin, die darauf gefasst ist, raufende Schüler trennen zu müssen.

Ich überlegte kurz, wem ich meine Loyalität angedeihen lassen sollte. Grundsätzlich, oder vielleicht eher aus Bewunderung und Neugier, war ich von vornherein aufseiten dessen, der die festgefügten Werte unserer Familie infrage stellte. Andererseits war da die Solidarität mit dem Familienclan, weniger aus Stolz, sondern aus der vertrauten Angst vor allzu heftigen Gemütsbewegungen der Meinen, die ich notfalls bis aufs Blut verteidigen würde.

Ich beschloss, erst einmal abzuwarten und das Geschehen vom Rand aus zu verfolgen, quasi als Zuschauerin einer vielversprechenden Premiere.

Und ich musste zugeben: Gijs hielt sich wacker.

Er setzte sich mit Harmke an den Esstisch, an dem mein Vater inzwischen mit Onkel Bruno einen Forschungsbericht des Wissenschaftlichen Rats für die Regierungspolitik besprach.

Damit ich nicht stillsitzen musste, half ich meiner Mutter beim Tischdecken.

»Wie steht es mit dir, Gijs, hast du dich auch der Wissenschaft verschrieben?« Onkel Bruno wollte den Freund meiner Schwester offenbar in das Gespräch einbeziehen.

Mit angehaltenem Atem zog ich die verschlissenen Stoffservietten mit Monogramm durch die versilberten Ringe.

»Nö«, gab Gijs zur Antwort, mit einer Stimme wie eine gelangweilte Oboe. »Ich hab's nicht so mit den wissenschaftlichen Wahrheiten.«

Harmkes Blick huschte nervös hin und her.

»Auch eine Einstellung«, sagte ich betont und nickte mit hochgezogenen Augenbrauen in die Runde.

Harmke sah mich dankbar an.

»So ist es«, stimmte Onkel Bruno zu, und um die Unterhaltung nicht versanden zu lassen, fügte er hinzu: »Was machst du stattdessen, Gijs? Eine Ausbildung? Oder arbeitest du schon?«

»Nö«, sagte Gijs. »Ich hab's nicht so mit dem Arbeiten. Scheint zwar der Gesundheit nicht zu schaden, aber ich gehe da lieber kein Risiko ein.« Er gab seltsame Kehllaute von sich, eine Art Lachen, vermutete ich.

Mein Vater kratzte sich verzweifelt die Schädelglatze.

»Gijs läuft nicht im Hamsterrad mit, er lebt von Sozialhilfe«, sagte Harmke. »Nicht wahr, Gijs?«

Mein Onkel sah meinen Vater mitfühlend an. Mit einem Mal ging mir auf, dass meine Eltern den ersten Akt dieses Stücks bereits auf der gemeinsamen Zugfahrt nach Nimwegen über sich hatten ergehen lassen müssen.

Aber mich stach der Hafer. »Womit verbringst du so deine Zeit, Gijs? Du hast doch bestimmt irgendwelche verborgenen Talente.« Ich gestattete mir ein Zwinkern.

»Ja, ich leide an einer psychischen Störung, die man Kreativität nennt.« Wieder dieses kehlige Japsen, diesmal vermischt mit Grunzlauten.

»Gijs ist Künstler«, erklärte Harmke.

Mein Vater stützte resigniert den Kopf in die Hände.

In dem Moment kam mein Großvater herein und gab Gijs die Hand. »Aha, ein Sportler. Welchen Sport betreiben Sie?« Er wies auf Gijs' Stoffturnschuhe.

»Keinen. Das sind meine normalen Schuhe, ich trage keine aus Leder.«

»Ach so.« Mein Großvater deutete eine höfliche Verbeugung an.

Ich hörte, dass Mama in der angrenzenden Küche tröstend auf meine Großmutter einredete. Dann ging die angelehnte Tür auf, und Großmutter trug einen Topf herein, um die heißen Griffe hatte sie ein Geschirrtuch gelegt. »Die Suppe ist missraten«, warnte sie. »Putzele, kannst du auftun? Ich bin heute ein bisschen faul.«

Großmutter wirkte müde. Vom langen Stehen am Küchenherd hatte sie feuerrote Wangen, und aus ihrer sonst immer perfekten Hochsteckfrisur hing in Schläfenhöhe eine Strähne. Viele Stunden hatte die Suppe, für die sie ein ganzes Huhn genommen und Möhren, Lauch, Sellerie, eine Peperoni und Zitronenschale dazugegeben hatte, vor sich hingeköchelt. Zwischendurch hatte Großmutter immer wieder den Schaum abgehoben und das Ganze dann durch ein Nesseltuch geseiht, um anschließend den Teig für die Spätzle zu kneten.

Meine Mutter füllte die tiefen Teller mit der dampfenden Hühnersuppe.

»Bekommt Gijs etwa nichts?«, fragte meine Großmutter entrüstet. Mit einer vertraulichen Geste legte sie die Hand auf dessen Unterarm und sagte, halb stolz, halb entschuldigend: »Es ist ein Rezept meiner Mutter.«

»Gijs isst, glaube ich, keine Hühnersuppe«, sagte meine Mutter.

Verwundert schaute meine Großmutter von ihr zu Gijs. »Sind Sie krank, junger Mann?«

»Nein, ich bin Veganer«, näselte Gijs.

Der Gesichtsausdruck meiner Großmutter hätte wohl manchen Kunstmaler fasziniert. Erst schaute sie schockiert drein und gleich darauf so versöhnlich, als hätte Gijs gerade zugegeben, im Gefängnis gesessen zu haben, und sie wäre zu dem Schluss gekommen, dass jeder im Leben eine zweite Chance verdient.

»Wissen Sie, wir essen auch kein Fleisch«, sagte mein Großvater zu Gijs. »Jedenfalls kein Schweinefleisch. Aber das schmeckt ja auch nicht, das heißt…«, seine Stimme nahm einen fast bedauernden Unterton an, »… eigentlich schon, sofern es gut zubereitet ist.«

»Ich bin nicht Vegetarier, sondern Veganer«, erläuterte Gijs. »Ich esse und benutze grundsätzlich nichts, was von Tieren stammt.«

»Ach so«, sagte mein Großvater.

Beim Hauptgang rückte meine Mutter die Schüssel mit der Rinderzunge beflissen aus Gijs' Gesichtsfeld und tat ihm eine große Portion Petersil-Erdäpfel auf. Großmutter hielt ihm die Platte mit gebratenen Paprikas und Auberginen hin. »Erbarmen

Sie sich«, sagte sie fast flehentlich. Diese Wendung hatte sie im Krieg in einem flämischen Kloster aufgeschnappt, in dem sie sich versteckt hielten, und benutzte sie seitdem als Aufforderung, sich bei Tisch zu bedienen.

»Nein, wirklich nicht.« Gijs machte eine abwehrende Gebärde.

»Aber Gemüse ist doch pflanzlich, oder?«, sagte meine Mutter.

»Schon, aber ich esse ausschließlich Gemüse von hier. Nur dort, wo man geboren ist, liefert der Boden genau die Mineralstoffe, die der Körper braucht.«

»Schön für Sie, dort leben zu können, wo Sie geboren sind«, sagte mein Onkel.

In der darauf folgenden Stille erklang das Fernorchester der bettelnden Haustiere. Mich überkam eine herausfordernde, schamlose Fröhlichkeit. »Hast du auch ein Haustier, Gijs?«, fragte ich.

»Nein, ich hab's nicht so mit Haustieren. Es ist traurig, dass die Menschen den Tieren ihre Freiheit nehmen, nur weil sie Gesellschaft haben wollen. Die reinste Ausbeutung ist das.«

Ich musste lachen.

»Pardon«, murmelte mein Vater, der unter dem Tisch mit Gijs' langen Stelzen in Berührung gekommen war.

Großmutter machte ein betretenes Gesicht. Menschen, die nicht aßen, schlugen ihr auf die Stimmung, insbesondere, wenn es um von ihr zubereitete Gerichte ging. Dann aber hellte sich ihre Miene auf. »Als Nachtisch gibt es selbst gebackenen Honigkuchen!«, verkündete sie. »Der schmeckt Ihnen bestimmt.«

Gijs schüttelte den Kopf. »Ich esse nur bienenfreie Produkte.«

»Wie bitte?«

»Wer Honig isst, bestiehlt die Bienen. Die reinste Ausbeutung ist das.«

Traurig betrachtete Großmutter die Schüsseln auf dem Tisch. Für uns bedeutete Nahrung weit mehr als Essen. Sie gehörte als fleischgewordene Identität zur Familiengeschichte und wurde als solche allabendlich um sieben von ihr zelebriert. Die Mahlzeiten, die sie auf den Tisch brachte, verkörperten den letzten Rest jüdischen Selbstbewusstseins, den die Rosenbaums ebenso stillschweigend wie hartnäckig in Ehren hielten. Wer ablehnte, was meine Großmutter gekocht oder gebacken hatte, lehnte sie als Person ab, verletzte sie in ihrem tiefsten Sein, ihren letzten Stolz.

Ich spürte, wie meine fröhliche Stimmung in Entrüstung umschlug. Meine Großmutter mochte ihre Eigenheiten haben und ihre Begeisterung für orchestriertes jiddisches Theater übertraf womöglich jene für Essen und Musik – aber sie war meine Großmutter, mein allerliebstes Großmütterchen, und diesem faden Stangenspargel vom Polder an Wissen und Bildung haushoch überlegen.

»Kennen Sie Gustav Mahler?«, fragte mein Großvater.

Gijs musste passen.

»Wir hören uns nach dem Essen seine Vierte Sinfonie an. Ein wundervolles Stück. Haben Sie vielleicht Lust…«

»Gijs und ich gehen nachher ein wenig spazieren«, fiel Harmke ihm ins Wort. »Nicht wahr, Gijs?«

Aber Gijs ging nicht darauf ein: Der Spargeltarzan wollte anscheinend partout Mahler hören.

Nachdenklich musterte ich ihn von der Seite. Hatte der Kerl denn ein Brett vor dem Kopf, oder legte er es bewusst auf eine Konfrontation an? An sich kann nicht viel passieren, dachte ich, die Vierte ist schließlich weder Mahlers längste Sinfonie noch besonders schwierig.

Abgesehen davon, dass Gijs, als im ersten Satz die Schellen erklangen, laut »Jingle Bells!« rief, kam es zu keinen Zwischenfällen, bis der letzte Satz mit dem Gesangspart über das himmlische Leben begann – der deutsche Text dazu lag auf meinem Schoß.

Erst als ich Harmkes panischen Blick auffing, wurde mir klar, dass die Situation ziemlich heikel war. Die Vorstellung vom Paradies aus dem neunzehnten Jahrhundert trug den heutigen Vorstellungen von Tierwohl ganz und gar nicht Rechnung: Bei dem himmlischen Fest liefen einem die gebratenen Hasen regelrecht auf den Teller, und unschuldige Lämmchen wurden singend getötet.

Zum Glück war es mit Gijs' Deutschkenntnissen nicht weit her. Ihm entging vollständig, dass das Horn das angstvolle Muhen des Ochsen vor dem Schlachten wiedergab. Und als die Sopranistin den köstlichen Fisch quasi in der Pfanne besang, gähnte er sogar lautstark.

»Na, wie hat Ihnen das Stück gefallen?«, fragte Großvater Gijs, als die letzten Töne verklungen waren.

»Ach, ich hab's nicht so mit Opern«, erwiderte Gijs. »Am liebsten höre ich Musik von da, wo ich geboren bin.«

»Ich auch«, sagte mein Großvater.

◆

»Auf die Gefahr hin, dass es anmaßend klingt«, sagte Richard Nepallek zu Anton, »aber ich hätte viel darum gegeben, Friedrich Nietzsche zu behandeln.«

Die beiden saßen im gut besuchten Salon im Obergeschoss des Café Landtmann, wo ein hagerer Herr unbestimmten Alters soeben einen Vortrag mit dem Titel ›Missbrauch und Missverständnisse, Nietzsches Übermenschen betreffend‹ gehalten hatte.

»Anmaßend wäre es nur, wenn du ›heilen‹ gesagt hättest. Behandeln kann man alles.«

»Mit dem Heilen verhält es sich in jedem Bereich der Medizin kompliziert, ganz besonders in der Psychoanalyse«, meinte Nepallek. »Darum geben wir Ärzte auch keine Garantien.«

»Vielleicht könntest du es trotzdem einmal bei meinem Ältesten versuchen«, sagte Anton mit einem Seufzer.

»Viktor? Was fehlt ihm denn?«

»Genau das ist die Frage.«

»Ich meine: Was für Symptome hat er?«

»Abgesehen von Betrügereien mit Lotterielosen und gefälschten Aktien, Glücksspiel und Pferdewetten, dem willkürlichen Aufnehmen und Abbrechen von Studiengängen, dem Besuchen und Verlassen junger Damen, als wären sie Kaffeehäuser, und einem unmoralischen Hang, alles zu seinen Gunsten auszulegen und dabei auch das Recht zu verdrehen, eigentlich nichts.«

»Dein Recht?«

»Unser aller Recht, jeglichen gesellschaftlichen Konsens! Viktor sieht die Dinge ausschließlich so, wie es ihm in den Kram passt, und er interpretiert die Regeln so, dass sie ihm zum Vorteil gereichen. Der Junge glaubt an nichts, er ist ganz im Bann seiner selbst. Und das alles mit einer Panade von Charme.«

Nepallek schwieg.

»Ach, Moment, ich tue ihm unrecht: Seine Ausbildung zum Schlosser oder, besser gesagt, Schlossknacker, die hat er fertig gemacht. Und damit hat die Misere so richtig begonnen. Seitdem kommt er überall illegal hinein.«

Noch immer sagte Nepallek nichts.

»Dein Schweigen nehme ich als Urteil«, sagte Anton.

»Ich sehe, du hast es nicht leicht mit deinem Sohn, Anton. Aber leider lässt sich die Trennlinie zwischen gesund und krank nicht so einfach ziehen. Für uns Ärzte ist in erster Linie ausschlaggebend, inwieweit der Patient selbst seinen psychischen Zustand als belastend empfindet. Das ist meist dann der Fall, wenn verdrängte Emotionen sich aus dem Unterbewusstsein ins Bewusstsein schleichen. Ausdruck findet das beispielsweise in Träumen oder in sexuellem Unvermögen.«

»Ein wenig sexuelles Unvermögen könnte bei Viktor nicht schaden, aber dass ihn Albträume plagen, steht fest. Martha und ich hören es manchmal nachts durch die Wand.«

»Das könnte ein Zugang sein. Der Traum ist ja der Königsweg zum Unterbewussten. Weißt du was? Schick ihn doch einmal zu mir. Ich werde sehen, was ich tun kann.«

Anton rief seinen Bruder herbei. »Ernst, darf ich dir einen geschätzten Kollegen und Freund Richard Nepallek vorstellen? Ich habe dir ja schon von ihm erzählt. Er wird Viktor diagnostizieren. Äh... entschuldigt mich bitte.«

»Nicht diagnostizieren: untersuchen«, wandte Nepallek mit einem Lächeln ein, während er Ernst die Hand schüttelte. »Sehr angenehm. Wie hat Ihnen der Vortrag gefallen?«

»Dem Vortragenden kann ich durchaus zustimmen. Es ist vielmehr Nietzsche selbst, dessen Meinung ich nicht teile.«

»Aber die These, dass es sich bei der Vorstellung vom Übermenschen um die Suche nach einem höheren eigenen Selbst handelt, vertreten Sie auch, oder?«

»Sicher. Und mir leuchtet auch Nietzsches ethisches Gebot ein: Man muss sich selbst überwinden und entwickeln, um die Menschheit auf ein höheres Niveau zu heben. Das klingt zwar nach einem nächsten Stadium der Menschheit, ich persönlich bin aber der Auffassung, wir sollten nicht nach einer verbesserten Version des modernen Menschen streben, sondern auf eine vorige zurückgreifen.«

»Sie meinen eine Rückkehr zum Recht des Stärkeren?«

»Sie verstehen mich falsch. Ich meine nicht, dass man in der Zeit zurückgehen sollte, sondern eine Rückkehr zu unseren reinen natürlichen Quellen: Intuition, Herz und Instinkt. Dann wären wir wieder imstande, Entscheidungen zu treffen, die nicht von Hintergedanken oder verborgenen Beweggründen getrübt sind. Der Mensch in seiner Urform hat die natürliche Neigung, seine Gruppe zu schützen und beisammenzuhalten und sich selbst nicht mehr zu nehmen, als er unbedingt braucht.«

»Sie reden vom einfachen Menschen... sprechen Sie sich

damit gegen die Wissenschaft aus? Nimmt sie uns die Sicht auf unser Urwissen?«

»In keiner Weise. Unser Drang nach gesellschaftlichem Erfolg, nach Macht und Einfluss, nach immer mehr finanziellem Gewinn und nach Zerstreuung – *das* entfremdet uns dem natürlichen Selbst, dem Selbst, das beispielsweise weiß, wann Gefahr droht und wann man auf der Hut sein muss, das uns Anzeichen nahenden Unheils nicht ignorieren lässt, indem wir uns oberflächlichen Freuden hingeben.«

»Sehr interessant«, bemerkte Nepallek. »Verzeihen Sie meine Neugier, aber sind Sie nicht ein Nachbar meines Kollegen Sigmund Freud?«

»Absolut nicht! Ich wohne ihm gegenüber, sehr schräg gegenüber, genau gesagt. Ich möchte es so ausdrücken: Wir teilen lediglich das Straßenpflaster. Aber das ist mit vielen anderen auch so, also hat es nichts zu bedeuten.« Ernst lächelte entschuldigend. »Werter Kollege, ich sage Ihnen ehrlich: Auch ich bin Arzt – Zahnarzt, um genau zu sein – und Naturwissenschaftler durch und durch. Ich sehe wenig Nutzen in der neuen Seelenkunde. Für mich ist und bleibt sie eine modische, ja fast schon religiöse Kurzweil für Leute mit viel Geld und viel Zeit. Mir ist auch klar, dass mein Bruder Probleme mit seinem Sohn hat, aber das heißt noch lange nicht, dass mein Neffe geisteskrank wäre. Ich betrachte ihn sogar als einen Ausbund an geistiger Gesundheit in einer verseuchten Zeit.«

Nepallek sah Ernst aufmerksam an. »Erzählen Sie mir mehr über ihn.«

Mit der Spitze seines Schuhs verschob Ernst einen Faden, der sich aus dem Webteppich gelöst hatte. Viktor, bei dem sich ein Lockenschopf, grüne Augen und ein kräftiger, gewandter

Körper mit verwegenem Mut, Zügellosigkeit und einem rätselhaften Charme vereinten...

Er verschränkte die Arme und räusperte sich. »Meine leider viel zu jung verstorbene Gattin und ich sind kinderlos geblieben, darum ist Viktor für mich wie ein Sohn. Ein faszinierender junger Mann. Jemand, der seiner Natur näher ist als, ich sage jetzt einmal: der moderne Mensch. Man merkt das an seinen Entscheidungen. An seiner ganz eigenen Logik. Daran, dass er sich von seinen Gefühlen leiten lässt, ohne sich um gesellschaftliche Konventionen zu kümmern. Das alles lässt ihn vielleicht etwas... hm... unpoliert erscheinen. Und übermütig. Das ja...«

»Selbstverständlich. Mut und Übermut verheißt ja schon sein Name«, sagte Nepallek.

»Wie meinen Sie das?«

»Nun: Viktor – der Sieger.«

»Verblüffend«, sagte Ernst. »Obwohl ich nicht glaube, dass Anton und Martha sich dieser Bedeutung bewusst waren, als sie ihren Erstgeborenen so nannten.«

»Natürlich nicht! Scheinbar willkürlichen Handlungen liegen tief verwurzelte unbewusste Motive zugrunde. So werden alle Entscheidungen, die wir treffen, von verborgenen psychologischen Kräften beeinflusst – das gilt auch für die Namenswahl. Mein geschätzter Kollege Stekel vertritt die Auffassung, dass Namen das Selbstbild und die Selbstakzeptanz bestimmen. Der Name kann zum Beispiel einen Auftrag enthalten oder als soziales Stimulans wirken, indem er bei anderen Erwartungen weckt, die sie einem unbewusst entgegenbringen. Man lebt im Grunde im Einklang mit seinem Namen.«

»*Nomen est omen?*«

»In der Tat. Der Name als prägende Kraft für das Leben. Bei

vielen meiner Patienten steht er sogar im Zentrum ihrer neurotischen Fantasien. Wer Reiner heißt, leidet auffällig oft an Kontaminationsangst, wer Reich heißt, ist aufs Ansammeln von Besitz erpicht, und ein Herr Frisch ist immerzu müde.«

»Aber das sind Familiennamen.«

»Vorname, Nachname oder beide in Kombination ... das ist je nach Fall unterschiedlich. Ich finde zum Beispiel Ihren Namen ziemlich aufschlussreich.«

»Tatsächlich?«

»Aber ja! Ernst Rosenbaum ... ist Ihnen noch nie aufgefallen, dass Ihr feierlich-gewichtiger Vorname und ihr verspielt-heiterer Nachname in einem Spannungsfeld stehen?«

»Darüber habe ich mir, offen gestanden, nie Gedanken gemacht«, erwiderte Ernst. »Auch wenn ich zugeben muss, dass ich meinen Nachnamen gern ausspreche, weil er für mich eine natürliche Ästhetik hat.«

»Und zu Recht! Die Künstler unter meinen Patienten sagen, ein wohlklingender Nachname sei für sie von unschätzbarem Wert. Wir wissen, dass Mahler froh darum war, Mahler zu heißen, dass Bach sich von seinem Namen zu einer Fuge hat inspirieren lassen und dass Schumann so unglücklich über seinen Allerweltsnamen war, dass er ein Stück zum Namen seines Geburtsorts komponiert hat. Und denken Sie an Johann Strauss – hätte er je etwas anderes erschaffen können als seine romantische blumige Musik?«

»Und wie verhält es sich mit den Vornamen?«

»Der Vorname spielt vor allem bei der Partnerwahl eine Rolle. Schließlich liebt man sich selbst im anderen! Maßgebend sind dabei die Vornamen der Eltern oder Geschwister. Darf ich so frei sein zu fragen, wie Ihre selige Gattin geheißen hat?«

»Lexi.«
»Und Ihre Frau Mutter?«
»Sascha.«
»*Quod erat demonstrandum*«, sagte Nepallek. »Sascha ist eine Abwandlung von Alexandra.«

◆

An einem milden Samstag im Februar fuhr ich spätnachmittags mit dem Rad zum ›Notaris‹, der Stammkneipe meines Freundeskreises. In meiner Tasche befand sich der Gerichtsbeschluss. *Buchstaben sind Symbole, und schon deshalb hat jeder Name sein eigenes Gewicht,* hatte ich in meinen Antrag geschrieben. *Das Wesen des jeweiligen Menschen kommt darin zum Ausdruck. Nicht umsonst nennen die Juden ihren Gott* ›HaSchem‹: *der Name. Es ist wichtig, dass der Name, den man trägt, zu einem passt, denn das Leben beginnt, sobald man laut damit angesprochen wird. Von dem Moment an ist ein Kurswechsel nur noch per Namensänderung möglich.*

An unserem angestammten Tisch saß Yolanda, vor sich eine Tasse Kaffee und ein Gläschen Likör, und las in einem Buch.

»Zeitreisen sind machbar«, begrüßte ich sie.

»Echt wahr? Das musst du mir beweisen.«

Ich zog den Umschlag aus meiner Tasche.

»Was ist da drin?«

»Meine neue Geburtsurkunde«, sagte ich. »Judith van den Berg.«

»Das verstehe ich nicht. Du bist doch als Geertje van den Berg geboren, oder?«

»Eigentlich nicht. Laut Gesetz gilt eine Namensänderung rückwirkend. Mit einer Handlung im Heute habe ich geändert, was vor achtzehneinhalb Jahren geschehen ist. Das nennt man juristische Fiktion: Ich habe schon immer Judith geheißen.«

»So ein Quatsch! Ich nenne das Geschichtsfälschung. Zeit ist ein unumkehrbarer Strom.«

»Stimmt, die Zeit kann man nicht zurückdrehen, aber manche ihrer Auswirkungen schon. Faktisch habe ich nie anders geheißen als Judith. Geertje existiert nicht mehr.« Ich sah Yolanda an. »Du freust dich gar nicht für mich, was?«

»Klar freue ich mich. Ich bin nur besorgt. Geertje hat doch dazu beigetragen, wer und was Judith heute ist und…« Sie suchte nach Worten. »Was ich sagen will: Du kannst deinen Namen noch so oft ändern, aber vor dir selbst kannst du nicht fliehen.«

»Vielleicht nicht. Aber wer seinen Namen ablegt, der wird etwas los, so wie eine Schlange ihre alte Haut abstreift, um neu geboren zu werden.«

»Aber eben das geht nicht! Du kannst Geertje nicht loswerden.«

»Ich will mich ja auch gar nicht selbst loswerden…« In meinen Augen brannten Tränen.

War es denn nicht möglich, das Ganze meiner besten Freundin zu erklären?

»Weißt du, es ist, als ob ich die Verpflichtung losgeworden bin, die mein Name mir auferlegt hat«, versuchte ich es erneut.

»Geertje ist doch nur ein Wort!«

»Nein, kein Wort, sondern ein Name. Ein Name ist viel mehr

als nur ein Wort, genau das ist das Problem. Ein Name steht für Erwartungen und steuert das Verhalten.«

»Entschuldige, meine Liebe, aber diese Freud'schen Phrasen sind überholt. Eine Namensänderung gibt dem Leben keine Wendung, schon gar nicht rückwirkend!«

Wir nippten an unseren Getränken, jede mit den eigenen Gedanken beschäftigt.

»In welcher Weise steuert der Name Judith dein Verhalten?«, fragte Yolanda schließlich.

»Er weist mir den Weg, den ich gehen will.«

Yolanda lachte los und schüttelte so energisch den Kopf, dass ihre braunen Locken wippten. »Kann passieren, dass ich mich am Anfang vertue«, warnte sie.

»Macht nichts«, sagte ich schnell. »Mir geht es im Grunde nicht darum, nicht mehr Geertje genannt zu werden. Sondern darum, dass ich mich selbst nicht mehr als Geertje sehe. Ich habe nie so recht gewusst, wer ich bin, aber mit Sicherheit bin ich keine Geertje.«

◆

»Wann?«, fragte Anton.

»Morgen.« Ernst hielt in der einen Hand eine Zigarre, mit der anderen strich er sich immer wieder über den Bart.

Im Café Central ging es an diesem Samstagnachmittag hoch her. Obwohl sich die Ventilatoren auf höchster Stufe drehten, war die Luft stickig, und das Spiel der Streicher auf dem Podest verlor sich im Stimmengewirr der Kaffeehausgäste.

»Du weißt, dass ich für Religion nicht viel übrig habe, Bruderherz«, fuhr Ernst fort, »wenn ich überhaupt an etwas glaube, dann an den wissenschaftlichen Fortschritt.«

»Aber warum?«

»Warum was?«

»Warum willst du dann zum Katholizismus übertreten?«

Irritiert betrachtete Ernst die verglühte Zigarrenspitze. »Du als selbstständiger Jurist bekommst vielleicht nicht zu spüren, dass es in diesem Land wichtig ist, die richtige Religionszugehörigkeit zu haben«, sagte er und zündete bedächtig seine Zigarre wieder an. »Aber halbwegs interessante Posten an der Universität sind nun einmal denen vorbehalten, die sich zur Staatsreligion bekennen.«

Durch das beschlagene Fenster blickte Anton an Ernst vorbei auf die verwaschenen Umrisse der Außenwelt. »Das ist lächerlich.«

»Aber so ist die Realität! Nur wenn ich mich taufen lasse, besteht eine Aussicht auf Kontinuität bei meiner wissenschaftlichen Laufbahn.«

»Vermittelt dir die fünftausendjährige Geschichte unseres Volks nicht ausreichend Kontinuität?«

»Ich bin nicht religiös, auch nicht zionistisch und sehe die Juden nicht als biologische Rasse. Ich weiß nur, dass meine Arbeit an der zahnärztlichen Fakultät mir alles bedeutet. Glaubst du etwa, es würde mich kümmern, unter der Flagge wessen Gottes ich meine Arbeit tue?«

Anton wandte den Blick ab. »Unseren Eltern wäre es nicht egal…«

»Unsinn«, sagte Ernst. »Vater hat das Judentum schon längst gegen seinen Glauben an den Kapitalismus eingetauscht und Mutter gegen ihre kulturellen Zerstreuungen!«

Anton starrte seinen Bruder an. »Ich sehe dir diese Anschuldigungen nach, weil ich weiß, dass du sie nicht ernst meinst. Und weil wir beide wissen, dass es nicht so ist!«

Ernst rührte in seinem kalt gewordenen Kaffee. Ein Bekannter ging an ihrem Tisch vorbei und grüßte freundlich. Nur Anton erwiderte den Gruß.

Ernst tastete unterdessen in seinen Taschen nach den Streichhölzern, denn seine Zigarre war wieder ausgegangen.

Die Spitze glühte rot auf.

»Vater und Mutter haben es versucht, aber ich habe meine Identität nie von jüdischen Traditionen abgeleitet. Anders als du. Deshalb fühle ich mich jetzt auch nicht verpflichtet, mich für die jüdische Sache zu opfern. Mir geht es darum, mich für meine Patienten einzusetzen. Und für die Wissenschaft. Kannst du das denn nicht verstehen?«

»Ich verstehe es sogar sehr gut. Aber zugleich bedaure ich es.«

»Sagt mein frommer Bruder, der nur zu Pessach und Jom Kippur in die Schul geht und sich gleich danach am Mittagessen gütlich tut«, spottete Ernst.

»Du weißt genau, dass ich es so nicht meine. Ich erwarte kein Heldentum von dir. Allenfalls etwas wie Treue.«

»Treue wozu? Viele sehen in mir schon jetzt keinen guten Juden, ebenso wenig wie ich je ein guter Katholik werde. Für die Juden bin ich ein Meschumed, für die Christen ein Marrano, für Hitler eine Gefahr für die deutsche Volksgesundheit, für Österreich eine Bedrohung der nationalen Einheit – ob ich mich nun mit Goethe oder Schiller beschäftige, mit dem Neuen Testament oder der Beichte, ich bin und bleibe für alle ein Verräter, ein Kollaborateur, ein Judas, ein Opportunist, einer, der sowohl die Wirtschaft wie auch die Arbeitsplätze kaputt macht, ja, ganz einfach ein JUDE.«

Eine bekannte Schauspielerin am Nebentisch warf hysterisch lachend den Kopf in den Nacken.

»Wie kannst du sicher sein, dass eine Bekehrung zum Katholizismus ausreicht? Die Taufe mag bewirken, dass du nicht mehr der jüdischen Glaubensgemeinschaft angehörst, aber sei darauf gefasst, dass man dich an der Universität trotzdem ausrangiert, weil in deinen Adern jüdisches Blut fließt«, sagte Anton.

»So weit kommt es nicht.«

»Und warum nicht?«

»Weil die Tatsache, dass ich als Jude geboren bin, in einem wissenschaftlichen Umfeld wie dem meinen nicht von Belang ist! Nicht einmal unter dem Mikroskop sieht man einen Unterschied zwischen jüdischem und nichtjüdischem Blut. Und weil es so etwas wie jüdisches Blut nicht gibt, brauche ich es auch nicht loszuwerden. Man kann lediglich von mir verlangen, dass ich dem jüdischen Glauben abschwöre. Genau das mache ich morgen. Und zwar freiwillig. Weil ich nämlich an nichts glaube.« Er warf seine Zigarre in den Aschenbecher. »Außerdem setze ich meine Hoffnung auf Theodor Innitzer. Der Mann hat es möglich gemacht, dass unzählige arme Juden studieren können, und bei den ersten antisemitischen Ausschreitungen hat er gedroht, die Universität umgehend zu schließen. Seit er 1928 Rektor wurde, lässt man jüdische Studenten und Dozenten jedenfalls in Ruhe.«

»Ich hoffe gern mit dir«, sagte Anton, dann sah er auf seine Taschenuhr und griff nach dem Gehstock. »Komm mit, ich lasse dich zu Hause absetzen.«

Sie erhoben sich, gingen zur Garderobe und grüßten im Vorbeigehen den Cellisten des Streichquartetts.

Den Türknauf in der Hand, blieb Anton stehen und drehte sich um. »Ich darf doch davon ausgehen, dass du unseren Eltern nichts von alldem gesagt hast?«

Ernst sah ihn an. »Vater und Mutter brauchen es nicht zu wissen«, sagte er kurz.

Anton nickte und öffnete die Tür.

Der Wind peitschte ihnen ins Gesicht.

◆

Es klopfte.

Ein Mädchen aus der Etage unter mir steckte den Kopf durch die Tür und sagte atemlos: »Telefon für dich!«

In dem großen Haus an der Oranjesingel mit seinen vierzehn Studentenzimmern hing im Flur des ersten Stocks neben der Toilette ein Telefon zur allgemeinen Nutzung.

Meine Mutter war am Apparat. Sie rief von einem Unterschlupf aus an.

»Geertje, ach nein, Judith, entschuldige, dass ich störe. Ich will dir nur sagen, dass Papa und ich uns trennen.«

Ich hob den Blick zur Decke. Die verfluchte Neonröhre flackerte schon, seit ich hier wohnte.

»Oh, okay«, sagte ich und fügte dann hinzu: »Ich habe übrigens auch eine Neuigkeit. Ich trete hier in Nimwegen der jüdischen Gemeinde bei.«

Mit zitternder Hand legte ich auf.

Manchmal wunderte ich mich mehr als jeder andere über mich selbst: wenn mein Mund das zum Ausdruck brachte, was mich tief im Herzen bewegte, noch ehe ich mir auch nur einen

Gedanken darüber gemacht hatte. Aber egal. Im Grunde hatte ich nur ausgesprochen, was wohl bereits feststand.

Die Idee, mich der jüdischen Gemeinde anzuschließen, erschien mir jedenfalls verlockend. Darum suchte ich sogleich im Telefonbuch nach der Nummer der Niederländischen Israelitischen Gemeinde und wählte.

Eine Frau meldete sich.

»Guten Tag, bin ich richtig bei der jüdischen Gemeinde?«

Einen Moment lang blieb es still.

»Warum fragen Sie?«, sagte die Frau dann.

Du lieber Himmel. »Weil ich vielleicht beitreten will.«

»Ach so. Sind Sie jüdisch?«

»Jüdisch ... hm ... wenn man meine Großeltern fragt, bin ich es nicht, und laut meinen Eltern nicht ganz. Aber ich fürchte schon. Das heißt: Ich glaube, dass ich es bin.«

»Es reicht nicht aus zu glauben, dass man jüdisch ist. Sie können nur Mitglied der NIG werden, wenn Sie es nachweisen können.«

Ich musste lachen. »Nachweisen?«

»Ja.«

Ich versuchte, meine Gedanken zu ordnen.

»Wollen Sie damit sagen, dass es nichtjüdische Leute gibt, die Mitglied bei Ihnen werden wollen?«

»Haben Sie eine Ahnung! Bestimmt drei pro Woche.«

»Wenn Harmke das hört, kriegt sie sich nicht mehr ein«, murmelte ich.

»Was haben Sie gesagt?«

»Nichts ... ich habe nur laut überlegt, wie ich nachweisen soll, dass ich jüdisch bin.«

»Sie sind jüdisch, wenn Ihre Mutter eine halachische Jüdin

ist. Dazu müssen Sie dem IPOR ein entsprechendes Dokument vorlegen.«

»Dem I-was?«

»Dem Interprovinzialen Oberrabbinat in Amsterdam. Sie haben doch sicherlich eine Fotokopie der Geburtsurkunde Ihrer Mutter?«

Diese Kopie hatte Mama mir zufällig einmal gezeigt: ein schlaffes Blatt Papier mit einem Kaffeefleck als Beweis ihrer Existenz.

»Ja, aber damit lässt sich nicht viel... äh... anfangen.«

»Wie meinen Sie das?«

»Meine Mutter wurde 1942 in Turnhout geboren, wo ihre Eltern im Versteck lebten. Damals konnte man jüdische Kinder ja nicht offiziell beim Standesamt anmelden. Das ist erst später gemacht worden, als Belgien befreit war – da war sie schon über zwei Jahre alt. Der zuständige Beamte hat ihren Namen neben den eines flämischen Jungen, der am gleichen Tag geboren wurde, ganz klein an den Rand geschrieben. Das war prägend für meine Mutter. Sie ist zwar rückwirkend geboren worden, aber nie wirklich zur Welt gekommen. Wahrscheinlich ist es wichtig, dass beides auf natürliche Weise zusammenfällt, sonst ist der entscheidende Moment vorbei. Bei ihrer Geburt durfte es meine Mutter nicht geben und später offenbar nur am Rande. Darum war es für sie nie selbstverständlich, Raum einzunehmen, sie kämpft täglich um ihre Existenzberechtigung. Dass mein Vater sie geheiratet hat, ist kein Zufall; er ist jemand, der anderen gern ihren Platz zuweist. Um sich dem zu entziehen, flüchtet meine Mutter sich in etwas, das ihr zur zweiten Natur geworden ist: Sie taucht unter. Bei uns zu Hause herrscht im Grunde dauernd Krieg, denn um seine Position zu untermauern, schüchtert mein Vater, den man nicht unterschätzen darf, sie ein, und jetzt hat sie endlich kapiert, dass sie sich nur dann Raum zum Leben verschaffen kann, wenn sie mit dem Untertauchen aufhört, erst vorhin hat sie gesagt, sie will sich von meinem Vater tr...«

Ich stockte und wischte mir mit dem Handrücken die Tränen vom Hals.

»Sie sind jüdisch«, stellte die Frau zufrieden fest.

»Tut mir leid, ich weiß auch nicht, warum ich Ihnen das alles erzähle...«

»Weil Sie es sonst niemandem erzählen können. Reichen Sie Ihren Antrag beim IPOR zusammen mit der kopierten Geburtsurkunde Ihrer Mutter ein, dann wird bestimmt alles gut. Was Ihre Aufnahme in die Gemeinde betrifft, meine ich.«

»In Ordnung, so mache ich es. Vielen Dank.«

»Moment noch... wie heißen Sie?«

»Ich heiße Judith. Bis vor Kurzem allerdings Geertje, das ist aber kein jüdischer Name. Und mit Nachnamen van den Berg, weil mein Vater ein katholischer Brabanter ist, von seinen Eltern ist nur die Mutter jüdisch. Übrigens bin ich erst neunzehn, Sie können also ruhig du sagen.«

Sie sagte es tatsächlich. »Judith, es ist nicht deine Schuld.«

Ich bekam Herzklopfen.

»Was... haben Sie gesagt?«

»Ich habe gesagt: Es ist nicht deine Schuld.«

Langsam glitt ich mit dem Rücken an der Wand zu Boden. Das Telefonkabel spannte sich.

»Aber so fühlt es sich an«, flüsterte ich.

»Es stimmt aber nicht. Nichts ist deine Schuld.«

Ein letztes Mal flackerte die Neonröhre, dann blieb sie aus.

»Hier Paulina van den B… nein: Rosenbaum.«

»Mam, ich bin's. Entschuldige, dass ich vorhin einfach aufgelegt habe.«

*Das verstehe ich schon, Schatz, es ist ja auch für euch nicht einfach.*

»Hast du das wirklich vor? Zur NIG gehen?«

»Ich denke schon.«

»Aber Liebes, was suchst du denn dort?«

*Eine neue Familie. Eine, die nicht zerbricht.*

»Ich will mich am Judentum orientieren.«

Sie seufzte tief. »Aber nicht dass du das auch noch vor dir herträgst!«

»Sag mal, Mam, hast du deine Geburtsurkunde noch?«

»Die müsste ich suchen. Warum?«

»Ich muss nachweisen, dass ich jüdisch bin.«

Erst Stille, dann ein Räuspern. »So etwas hätten meine Eltern sich vor fünfzig Jahren nicht träumen lassen.«

Ich musste kichern. »Tja, die Zeiten ändern sich.«

»Für uns ändern sie sich im Grunde nie.«

»Hm.«

»Meine Geburtsurkunde nützt dir im Übrigen nichts«, fuhr meine Mutter dann fort. »Darauf steht nämlich nicht, dass ich jüdisch bin. Nicht dass ich das wäre, jedenfalls nicht richtig, na ja, du verstehst schon, was ich meine.«

»Nein, ich verstehe es nicht. Aber ich kann es versuchen.«

Nach kurzem Nachdenken sagte sie: »Die Geburtsurkunde meiner Mutter müsste noch da sein. Sie ist von der IKG, der Israelitischen Kultusgemeinde in Wien, ausgestellt. Aus ihr geht hervor, dass sie jüdisch ist. Und weil sie auf meiner Geburtsurkunde als Mutter angegeben ist, steht wohl fest, dass ich jüdisch bin. Und auf deiner Urkunde wiederum bin ich als Mutter genannt. Das wäre dann der Nachweis, dass du jüdisch bist. Du müsstest einmal bei den Großeltern auf dem Speicher nach dem Dokument suchen.«

»Auf dem Speicher?«

»Ja, dort haben wir unser Familienarchiv.«

*Bei meinen Großeltern gab es also ein Familienarchiv.*

Warum mich das erstaunte, vermochte ich nicht zu sagen. Denn wie hätte es bei einer Familie mit so vielen Wissenschaftlern, denen am Konservieren von Quellen lag, anders sein können?

»Und wo genau auf dem Speicher?«, fragte ich.

»In dem großen Wäscheschrank, glaube ich.« Mit einem Mal klang ihre Stimme unwillig; wahrscheinlich tat es ihr bereits leid, mir davon erzählt zu haben.

»Ich werde das Papier schon finden«, sagte ich leichthin. »Danke, Mam.«

»Gern geschehen. Und Geertje, entschuldige, Judith ... ehe ich es vergesse ...«

»Schon klar. Ich sage den Großeltern nichts.«

Großmutter öffnete mir und umarmte mich so fest, als hätten wir uns seit Monaten nicht mehr gesehen. Strahlend schaute sie mich an. »Na, Schatz, was führt dich zu uns?«

Plötzlich wurde mir klar, dass ich mir gar nicht überlegt hatte, unter welchem Vorwand ich mich für eine Weile auf den Speicher zurückziehen konnte. Ein wenig dümmlich zuckte ich mit den Schultern und sagte: »Ich habe Hunger.«

Diese Mitteilung setzte meiner Großmutter so zu, dass sie bleich wurde. »Ach du lieber Gott! Hunger hat das Kind!«, rief sie. »Dann komm schnell rein!«

Sie eilte mir voran in die Küche und fragte über die Schulter hinweg: »Was willst du essen, Schatz?«

Mir war nach nichts Bestimmtem. »Gutnudi«, sagte ich aufs Geratewohl, und gleich darauf bereute ich es, weil das kein Essen war, das viel Arbeit machte. »Und ich habe meine Geldbörse verloren«, fügte ich darum rasch hinzu.

»Prima«, sagte sie.

Eine Geldbörse zu verlieren, selbst eine volle, war in unserer Familie längst nichts so Schlimmes wie Hunger zu haben.

»Schau doch auf dem Speicher nach, dort liegen noch welche herum.«

Zwischen alten Schränken, Koffern, Spiegeln, Lampen und Stühlen – vor sich hindösenden Requisiten einer anderen Zeit – entdeckte ich Pappschachteln voller alter Scheren, Geldbörsen, Brillenetuis, Taschentuchtäschchen und anderem Kleinkram. Ein Sammelsurium, wie es Leute aufbewahren, die aus Erfahrung wissen, dass aller Wohlstand vergänglich ist und das Glück sich jederzeit wenden kann.

Ich blickte mich suchend um. Ganz hinten stand, im Halbdunkel kaum zu erkennen, ein mächtiger Wäscheschrank. Ich knipste das Licht an, stieg über die anderen Sachen hinweg und öffnete nacheinander die drei Türen. Sämtliche Schrankbretter waren leer.

Sinnend stand ich davor, und plötzlich fiel mein Blick auf die Schubladen unten. Sie hatten keine Griffe, und in den Schlüssellöchern steckten keine Schlüssel. Ich ging in die Hocke, legte die Hände unter den Schrank und ruckelte. Die mittlere Schublade ging knarrend auf. Sie enthielt drei nummerierte Archivschachteln.

Vorsichtig nahm ich die mit der römischen Eins heraus und hielt sie schräg. Der Inhalt glitt auf den Boden. Österreichische Pässe, Kennkarten, frankierte und abgestempelte Behördenbriefe, Schulzeugnisse und Universitätsdiplome, Arbeitsbescheinigungen – Dokumente aus einer Zeit, in der es überlebenswichtig gewesen war, die richtigen Papiere zu haben.

Da hörte ich Großmutter rufen.

Hastig packte ich alles wieder in die Schachtel, legte sie in die Schublade zurück und nahm mir die mit II nummerierte vor. Mit fliegenden Fingern blätterte ich den Inhalt durch. Belgische Ausweispapiere, ein brauner mit einem P beschrifteter Umschlag ... und dann wurde ich zu meinem Erstaunen fündig: Ich hielt eine Abschrift der Gemeindeverwaltung von Turnhout aus dem Jahr 1944 in den Händen.

Erneut rief Großmutter. Ich faltete das Schriftstück rasch wieder zusammen, steckte es in die Hosentasche, räumte die übrigen Papiere ein und stand dann zufrieden vor dem Schrank. Ich hatte einen neuen Baum der Erkenntnis gefunden, der – wie früher die Voorburger Bibliothek – auf meinen nächsten Besuch wartete.

Unten im Wohnzimmer, wo Großmutter den Tisch für eine Person gedeckt hatte, blieb ich erschrocken stehen. Auf dem Teller lagen, außer den von mir bestellten Nudeln und einem Berg Brechbohnen, zwei gebratene Kalbsmedaillons, das einzige Fleischgericht, dessen Zubereitung meine Großmutter – Gott weiß, warum – absolut nicht beherrschte.

Harmke und mir hatte schon als Kindern vor Großmutters Kalbfleisch gegraust, weil die Bissen beim Kauen größer statt kleiner wurden und die zähen Fasern zwischen unseren

Milchzähnen hängen blieben. Wann immer bei den Großeltern Kalbsmedaillons auf den Tisch kamen, sahen wir unsere Mutter flehentlich an, worauf sie mit einem Blick reagierte, der warnte: Wagt es bloß nicht, euch über die gebratenen Schuhsohlen zu beklagen, damit jagt ihr eure Großmutter schnurstracks in den Tod. So erstickte sie unseren stummen Protest im Keim.

Und nun lagen sie vor mir, zwei verkümmerte Fleischstücke, jedes mit einer gegrillten Kirschtomate garniert. »Missraten, was?«, meinte Großmutter seufzend und nahm Platz.

»Aber nein, wunderbar!« Ich setzte mich ebenfalls und fing mit den Bohnen an.

In Gedanken kehrte ich zu Schachtel Nummer II zurück.

»Großmutter, als ihr in Belgien untergetaucht wart, hattest du da einen anderen Namen?« Ich schnitt das erste Kalbsmedaillon in kleine Stücke und schob sie diskret an den Tellerrand.

»O ja, wir hatten falsche Ausweise: Dein Großvater hat drei Jahre lang Frank Maes geheißen und ich Trude Maes-Janssens.«

»Hat dich das als Mensch verändert? Ich meine: Ändert sich die Identität irgendwie, wenn man einen anderen Namen annimmt?«

Großmutter dachte nach, den Blick zur Zimmerdecke erhoben. Blitzschnell beförderte ich die Fleischstückchen auf die Serviette neben meinem Teller und legte locker die Hand darüber.

»Der Name, den ich gezwungenermaßen annehmen musste, war natürlich dazu gedacht, meine Identität zu verschleiern, trotzdem habe ich mich entschieden, es so zu sehen, dass ich von da an zwei Namen hatte«, sagte Großmutter. »Für Juden ist das gar nichts Ungewöhnliches. Moses hatte sogar zehn Namen.«

»Hat die Namensänderung etwas am Lauf eures Lebens verändert?«

Mittlerweile war Großvater hereingekommen. »Und ob sie das hat«, sagte er und küsste mich auf die Stirn. »Andernfalls wäre uns wohl kein gutes Schicksal beschieden gewesen.« Kaum hatte er sich weggedreht, wischte ich mit einer raschen Bewegung das Fleisch vom Tisch.

Großvater hatte sich aufs Sofa gesetzt. »Wir haben unsere Namen übrigens schon vorher ändern müssen, im heißen Sommer 1938, nicht wahr, Trude, als die Männer Israel und die Frauen Sarah als zweiten Vornamen führen mussten.«

Ich hatte so große Angst, diesen selten offenherzigen Moment zu verderben, dass ich mich nicht zu rühren wagte. Unter dem Tisch hörte ich Wiener gierig schmatzen.

»Anfangs habe ich das als einen Makel empfunden«, sprach Großvater weiter, »bis Bubi mir sagte, das Jisrael ›Ringen mit Gott‹ bedeutet. Das hat mich nicht nur getröstet, sondern war auch fortan ein persönliches Merkmal: Nichts im Leben habe ich so oft gemacht, wie mit Gott ringen.«

Wir schauten beide zu Großmutter, als diese sich nervös räusperte. »Damals, als ich Sarah heißen musste, war ich unfruchtbar, so wie Sara aus der Thora, die anfangs noch Sarai hieß.« Ihr Gesicht hatte einen unergründlichen Ausdruck angenommen. »Erst als ich die Sarah wieder los war und Trude Maes-Janssens hieß, habe ich Putzi bekommen.«

Mit dem Handrücken schob ich das zweite Kalbsmedaillon als Ganzes über den Tellerrand, es fiel auf den Boden, wo Gustav es sich sofort schnappte und damit aus dem Zimmer rannte.

◆

Viktor klingelte an dem Haus in der Alser Straße, und ein Dienstmädchen öffnete. »Ja bitte, der Herr?«

»Herr stimmt«, antwortete Viktor, »und Sie sind eine junge Dame!«

Das Mädchen lachte verlegen.

Viktor küsste ihr galant die Hand. »Es ist mir ein Vergnügen.«

»Bitte nehmen Sie kurz Platz. Ich sage Doktor Nepallek, dass Sie da sind. Darf ich Ihnen den Mantel abnehmen?«

Viktor reichte ihr seinen Mantel und schaute sich um. Auf dem schimmernden Fischgrätparkett lag ein Teppich, und an der gegenüberliegenden Wand tickten zwei Uhren.

»Ah! Herr Rosenbaum, Sie sind es. Mein Name ist Nepallek, Nervenarzt.«

»Angenehm. Wie ich sehe, haben Sie zwei Uhren. Weil Sie befürchten, sich sonst zu verspäten?«

»Keineswegs.« Nepallek lächelte. »Ich habe ein Faible für Uhren, weil sie mir das Verstreichen der Zeit vor Augen führen. Nichts ist tröstlicher als der Gedanke daran, dass die Zeit vergeht. Kommen Sie bitte mit mir.«

Viktor folgte dem Arzt in sein Studierzimmer und ließ den

Blick durch den Raum gleiten. Ein Schreibtisch aus Eichenholz, dahinter ein großer Armsessel und vor der Regalwand voller Bücher eine Chaiselongue.

»Aufs Sofa?«, fragte er.

»Wenn es Ihnen recht ist.«

Vorsichtig nahm Viktor Platz.

Nepallek zog den Sessel heran und setzte sich ebenfalls.

»Herr Rosenbaum, Viktor, Sie wissen, warum Sie hier sind?«

»Nicht so ganz. Mir scheint es überdies wichtiger, dass *Sie* wissen, warum Sie hier sind.«

Nepallek musterte Viktor eingehend. Dann sagte er: »Ich bin hier, um psychische Beschwerden zu untersuchen und zu lindern. Und nun Sie.«

»Ich bin hier, um die Beschwerden meines Vaters zu lindern. Vermute ich.«

Wieder lächelte Nepallek. »Nun ja, es trifft zu, dass Ihr Vater mich gebeten hat zu untersuchen, ob bei Ihnen ein psychisches ... hm ... Leiden vorliegt.«

»Bei allem Respekt, Herr Doktor, ich leide in keiner Weise, das trifft viel eher auf meinen Vater zu. *Er* leidet, und zwar an mir.«

»Dennoch möchte ich gern ein paar Aspekte mit Ihnen durchgehen. Fangen wir einfach an. Wie ist es um Ihren Appetit bestellt?«

»Hervorragend, danke.«

»Schlaf?«

»Tief. Und am liebsten lange.«

Der Arzt notierte etwas auf seinem Block, wobei er abwechselnd durch seine Lesebrille und über deren Rand hinweg blickte.

»Abgespanntheit?«

»Durchaus. Es verlangt einem Übermenschliches ab, zu einer Familie zu gehören, in der man nur geduldet ist. Das raubt Energie.«

»Stimmung?«

»Auf A. Funktioniert gut, wie übrigens bei den meisten Orchestern.«

Nepallek legte den Schreibblock auf seinen Schoß. »Sie lieben Musik?«

»Eher Musikerinnen.«

Nun glitt der Stift wieder rasch über das Papier.

»Hören können Sie anscheinend gut. Wie verhält es sich mit dem Sehen?«

Viktor gähnte. »Schlecht, Herr Doktor. Sehen Sie die Fliege dort am Schrank? Die sehe ich von hier aus nicht.«

Nepallek schrieb ungerührt weiter.

»Welchen Beruf üben Sie aus, Viktor?«

»Offiziell bin ich Autor, aber die Bestseller, die ich schreibe, verkaufen sich schlecht. Daher würde ich eher sagen, ich bin mittelständischer Unternehmer ohne feste Niederlassung.«

Nepallek hob die Brauen und schaute über den Brillenrand.

»Religion?«

»Der IKG zugehörig, wenig engagiert, aber täglich aufs Neue entschlossen, ein frommes Gemeindeglied zu werden.«

»Und wie sieht es mit der Liebe aus?«

»Anstrengend. Zumindest, was die Übersicht über den Stand angeht.«

»Den Stand?«

»Ja. Das Maximum ist drei«, sagte Viktor. »Drei Treffen.«

»Pro Woche?«, fragte Nepallek.

»Pro Mädchen.«

Von draußen erklang lautes Glockengeläut. Viktor stand auf, steckte die Hände in die Hosentaschen und trat ans Fenster. Bei der Votivkirche rechts gegenüber hatten sich Menschen in Schwarz versammelt, offenbar zu einem Trauergottesdienst.

»Sagen Sie mir, was Sie sehen«, sagte Nepallek freundlich.

»Die ...« Viktor hielt die linke Wange so dicht an die Scheibe, dass diese von seinem Atem beschlug. »Die Rückseite der Votivkirche.« Er warf einen Blick zu Nepallek. »Hat das etwas zu bedeuten?«

»Für unser Metier ist alles bedeutungsvoll.«

Viktor nickte und schaute wieder hinaus, wo nun mehrere Männer, einen Sarg geschultert, langsam auf das Gotteshaus zuschritten.

»Träumen Sie öfter? Ängste, die man in Träumen erlebt, deuten meist auf versteckte Wünsche hin. Hinter jeder Angst steht ein Verlangen.«

Insgeheim verfluchte Viktor seinen Vater dafür, dass er sich wieder einmal in seine Angelegenheiten gemischt hatte. »Meinem Unterbewusstsein vertraue ich blind«, sagte er. »Es ist eher *Ihr* Bewusstsein, das mir Sorgen macht.«

»Ich bin an meine Schweigepflicht gebunden, falls Sie das meinen. Was hier im Raum gesprochen wird, betrachte ich als streng vertraulich. Es bleibt unter uns, darauf haben Sie mein Wort.«

Eine kleine Weile blieb es still. Dann drehte Viktor sich um. »Ein Traum ...«, sagte er.

»Einmalig?«

»Immer wieder der gleiche.«

»Erzählen Sie davon. Sich mir für zehn Minuten zu öffnen, kann Ihnen wohl kaum mehr Angst machen als der Traum selbst.«

Viktor lehnte sich ans Fenster und fuhr mit der Hand durch seine Haare. »Gut.«

Eine Stunde später ging Viktor mit Bubi die Straße entlang.
»Na, was hat der Seelenschlieferl gesagt?«, fragte Bubi.
»Er wollte mir einen Traum deuten.«
»Sehr gut«, meinte Bubi. »Der Talmud sagt: Ein ungedeuteter Traum ist wie ein ungelesener Brief.«
Viktor blieb stehen. »Er glaubt, ich würde unter Bindungsangst leiden.«
»Das könnte sein, es fällt dir ja schwer, dich auf eine Frau einzulassen.«
»Kompletter Unsinn, ich habe *viele* Frauen!«
Bubi zuckte mit den Schultern. »Genau das meine ich.«

◆

»Was?! Abgelehnt?«, rief meine Mutter.

»Scht!«, machte Harmke erschrocken. Sie, Mama und ich erledigten in der großelterlichen Küche den Abwasch und hatten bisher leise gesprochen. Sicherheitshalber spähte ich durch den Türspalt ins Wohnzimmer.

Großmutter war mit einer Patience beschäftigt und murmelte dabei vor sich hin.

Ich schloss die Tür, und wir setzten uns an den Küchentisch.

»Ich verstehe es auch nicht«, sagte ich kopfschüttelnd. »Seht mal, hier steht es.« Ich zog den Brief aus der Hosentasche.

*Die von Ihnen vorgelegten Dokumente sind nicht hinreichend verständlich und können daher nicht als Nachweis Ihrer halachischen Abstammung betrachtet werden. Bitte finden Sie sich am Sonntag, den 13. März 1994, um 14.00 Uhr zu einem Gespräch beim IPOR ein.*

»Wenn nicht einmal mehr die Rabbiner glauben, dass wir jüdisch sind, dann habt ihr doch alles richtig gemacht, Mam.« Harmke kicherte.

»Diese heutigen Rabbiner...«, sagte meine Mutter. Und dann, zu mir gewandt: »Ich begleite dich.«

Ich musste lachen. »Seit wann kennst du dich mit Rabbinern aus?«

»Wieso? Ich kenne mich sehr wohl mit Rabbinern aus. Sie sind weise, hochgebildete und gelehrte Männer mit Bart und sprechen Fremdsprachen. Sie haben kleine melancholische Zwinkeraugen, in denen sich die unendliche Freude und der unermessliche Kummer des jüdischen Volks spiegeln, was auch immer das sein mag, und… und…« Sie schnaufte. »Sie werden jedenfalls wissen, was ein offizielles Dokument der IKG ist, wenn sie eines sehen!«

Harmke prustete los.

»Was ist?« Mama lachte wider Willen mit.

»Meine eigene Mutter fühlt sich zurückgesetzt, weil ein Rabbiner nicht glaubt, dass sie jüdisch ist. Haha!«

Meine Mutter fegte ein paar nicht vorhandene Krümel vom Tisch. »Ich fühle mich dadurch nicht zurückgesetzt. Es regt mich nur auf, wenn jemand meint, bestimmen zu können, ob ich Jüdin bin oder nicht. Ob ich das sein will, bestimme immer noch ich selbst!«

»Aber du sagst doch, du wärst nur dann jüdisch, wenn andere das von dir behaupten oder wenn du in Gefahr bist.«

Meine Mutter seufzte ärgerlich. »Nagel mich doch nicht dauernd auf meine Worte fest!«

In Amsterdam nahmen Mama und ich die Straßenbahnlinie 5 und stiegen bei der Andrieskerk aus. In der Van der Boechorststraat fasste sie mich unter und begann zu summen. Es regnete nicht mehr, und durch die Wolkendecke lugten vorwitzig einige Sonnenstrahlen.

Ich versuchte, die Stimmung meiner Mutter einzuschätzen.

Rüstete sie sich für ein mögliches Scheitern bei ihrem rabbinisch-jüdischen Test? Oder – und dieser Gedanke schreckte mich – kündigte sich womöglich ein ES-Anfall an?

»Ist das ein Kampflied?«, fragte ich zum Scherz und sah sie von der Seite her an.

Sie lächelte kurz und summte dann weiter. Mit einem Mal kamen mir Zweifel, ob es ein Vorteil war, sie dabeizuhaben, wenn demnächst mein Jüdischsein auf den Prüfstand gestellt wurde. Hatte ich in ihr eine Ent- oder eine Belastungszeugin?

»Wir haben einen Termin bei Rabbiner Lustig«, sagte ich in die Sprechanlage, und die Sicherheitsschleuse öffnete sich.

Das IPOR war außen wie innen ein Siebzigerjahrebau. Funktionale Formen, schmucklose Wände und Stühle mit Rohrgestellen im Warteraum. Es war totenstill. Ich saß auf der Stuhlkante, und Mama summte schon eine ganze Weile nicht mehr.

»Denk dran: kein Händedruck«, sagte ich noch einmal zu ihr.

»Du brauchst mir nicht zu sagen, wie ich mich einem Rabbiner gegenüber zu verhalten habe.«

Ein fröhlich wirkender Mann in den Zwanzigern mit rotem Haar, rötlichem Vollbart und stattlichem Übergewicht kam die Treppe herab. »Guten Tag, mein Name ist Lustig, folgen Sie mir bitte nach oben?« Er sprach mit unverkennbar amerikanischem Akzent.

Verblüfft starrten meine Mutter und ich ihn an.

Mit seinem über dem Bauch spannenden weißen Hemd und der schwarzen Hose wirkte Lustig wie der leutselige Sohn eines irischen Kneipenwirts, mit dem man gern ein Guinness trinkt.

»Folgen Sie mir bitte nach oben?«, wiederholte er.

Sprachlos gingen wir hinter ihm die Treppe hinauf.

In seinem Büro fügte sich ein Computer nahtlos in das von unzähligen Ordnern und hohen Papierstapeln geprägte Bild. Wir wurden aufgefordert, uns auf die beiden Stühle neben seinem Schreibtisch zu setzen.

Ohne groß suchen zu müssen, fischte Lustig unsere Unterlagen aus dem Papierchaos. Er warf einen schnellen Blick darauf, dann räusperte er sich und sagte: »Paulina Auguste Jozef.« Er sah meine Mutter an. »Das sind Sie.«

»Ich heiße Paulina Auguste«, antwortete Mama. »Wenn Sie genau hinschauen, sehen Sie, dass neben mir ein Junge namens Jozef aufgeführt ist. Weil ich erst nach dem Krieg eingetragen werden konnte, stehen unsere Namen direkt nebeneinander.« Ihr warnender Tonfall schien dem Rabbiner gänzlich zu entgehen.

»Ah ja. Und Ihre Mutter heißt Gertrude Fish Shell?«

»Fischl«, korrigierte meine Mutter.

»Genau, Fish Shell ... und dieses Dokument stammt von der ... äh ... IKG?« Aus seinem Mund klang die Abkürzung nach einer Unterabteilung des russischen Geheimdiensts.

»Mir ist unbekannt, was das ist.« Lustig sah meine Mutter freundlich an.

»So«, sagte Mama, inzwischen ganz blass vor Ärger.

»Israelitische Kultusgemeinde ...« Lustig warf nochmals einen Blick auf das Papier. »Nein, das sagt mir nichts.«

»Sind Sie ganz sicher, Rabbiner zu sein?« Mamas jüdische Identität in Zweifel zu ziehen, war eine Sache, aber was die Geschichte ihrer Eltern betraf, verstand sie keinen Spaß. »Jeder Rabbiner in Europa kennt die IKG!«

»Ich bin ganz sicher, Rabbiner zu sein«, erwiderte Lustig. »Und ich stamme tatsächlich nicht aus Europa, ich komme aus Williamsburg, New York City.«

Er sprach es wie ›Siddy‹ aus.

»Hören Sie zu, Mijnheer Lustig. Ich bin hier, weil meine Tochter Mitglied in Ihrem ... äh ... Verein werden will. Mit Ausnahme meiner Eltern, meines Bruders und meiner Großmutter Ida Fischl hat niemand aus unserer Familie den Krieg überlebt. Vielleicht können Sie damit nicht viel anfangen, aber es ist eine Tatsache, dass nur meine Großmutter in einem anständigen jüdischen Grab liegt! Jahrelang wurden meine Familienangehörigen wider Willen als Juden abgestempelt. Juden sind schließlich nur dann Juden, wenn andere es behaupten. Erst ab dem Tag, an dem ich verfolgt werde, bin ich jüdisch – ob Ihnen und mir das nun passt oder nicht!«

»Was haben Sie gerade gesagt?«, fragte er freundlich.

Verlor dieser Mann denn nie die Fassung? Ich kannte keine Juden, die so entspannt waren.

»Ich habe mich doch wohl klar ausgedrückt, oder?«

»Nein. Was Ihre Großmutter Fish Shell angeht: Sie wurde also jüdisch begraben?«

»Meine Großmutter liegt auf dem jüdischen Friedhof von Nimwegen.«

Lustig tippte etwas in seinen Computer ein.

»Ah ja, hier steht es: Ida Esther Fischl, Grab Nummer F 3815.«

Er sah mich an. »Das ist alles, was ich brauche. Die jüdische Identität Ihrer Urgroßmutter wurde damals festgestellt. Ich werde Ihre Aufnahmeberechtigung bestätigen. Willkommen bei der NIK.«

Mama hatte sich auf ihrem Stuhl zurückgelehnt.

»Mevrouw Rosenbaum, kann ich Sie vielleicht auch überzeugen, Mitglied unserer Gemeinde zu werden?«, sagte Lustig zu ihr.

»Nicht solange eine lebende Seele, auch wenn es sich um einen Rabbiner handelt, per Knopfdruck in einem Computer nachsehen kann, wer als Jude registriert ist. Das letzte Mal, als die Verwaltung hierzulande in dieser Hinsicht so gut funktionierte, hat es Zehntausende das Leben gekostet.« Sie nahm ihre Tasche und lächelte matt. »Aber was rede ich da! Dieser Teil der europäischen Geschichte ist Ihnen vermutlich auch unbekannt.«

Eine Viertelstunde später standen wir schweigend an der Haltestelle. »Mam, wenn du dich immer nur bei Gefahr jüdisch fühlst...« Ich schluckte und sah sie von der Seite her an; sie wirkte ziemlich ruhig. »Ist das denn auch der Fall, wenn du fast unter ein Auto kommst oder bei Gewitter über offenes Gelände gehen musst?«

»Ja, auch dann«, kam es ohne Zögern. »Im ersten Fall, weil ich dann irgendwie das Gefühl habe, es würde mir recht geschehen, und im zweiten Fall, weil ich glaube, dass ich den Blitz anziehe.«

»Aber vorhin bei dem Rabbiner warst du doch nicht in Gefahr, oder?«

»Nicht ich«, murmelte sie, »nicht ich.«

◆

Großmama Sascha hatte die Kerzen auf dem Tisch angezündet und ging in den Salon hinüber. »Ah, du musst Trude sein!« Sie drückte Felix' Freundin die Hand. »Wie schön, dich endlich kennenzulernen. Und noch schöner, dass du am Schabbat mit uns isst.«

»Danke für die Einladung, Frau Rosenbaum«, antwortete Trude.

Es klingelte und Sascha lächelte. »Das wird mein Mann sein. Er geht jeden Freitagnachmittag in die Schul. Bei gutem Wetter jedenfalls. Kinder, kommt jetzt bitte zu Tisch! Laura, meine liebste Enkelin, du siehst bildschön aus. Otto, du setzt dich neben Großpapa…«, sie winkte David heran, der soeben den Raum betreten hatte, »… er hat dich die ganze Woche nicht zu Gesicht bekommen. David, das hier ist Trude, Felix' Verlobte.«

»Trude, nur zur Sicherheit«, flüsterte Anton, »sag meinen Eltern auf keinen Fall, dass du Felix bei den Jungsozialisten kennengelernt hast. Das würde sie krank machen.«

»Wie geht es Ihnen?« Hedy nickte Trude höflich zu. »Ein Glück, dass Palmers jetzt auch magnolienfarbene Strümpfe im Angebot hat.«

Erst beim Hauptgang tauchten auch Viktor und Bubi mit Wiener auf. »Guten Abend allerseits«, sagte Viktor. »Und auch gleich guten Appetit.«

»Sieh an, die drei Musketiere«, bemerkte Anton.

»Ihr seid zu spät«, sagte Martha.

»Stimmt, liebes Mamerl. Wir waren in der Schul«, sagte Viktor und dann, zu Anton gewandt: »Du kannst dich über mich als Sohn freuen: immer einer in Reichweite, der als schlechtes Beispiel herhalten kann.«

»Ich habe euch dort gar nicht gesehen«, sagte David erstaunt.

»Wir waren in der Währinger Schul«, erklärte Bubi.

»Wie? In Währing draußen?«, wunderte Sascha sich.

»Ist das nicht die Kille von Rabbiner Schwarz?«, fragte Martha.

»Jedenfalls die mit den schönen Mädchen«, sagte Bubi. »Wir wertschätzen die gesamte Schöpfung, aber diesen Teil besonders.«

»Viktor, halt bitte diese dreckige Flohschleuder fest, das Vieh macht meine Trixi ganz nervös.«

»Wiener ist vielleicht kein reinrassiger Hund, aber dreckig ganz bestimmt nicht«, sagte Bubi entrüstet.

»Er ist überhaupt kein Rassehund, du Dummkopf, sondern ein Straßenköter. Mein Gott, dass du auch ständig hier auftauchen musst!«

»Wie ich sehe, hast du den Eisschrank schon kennengelernt«, sagte Bubi leise zu Trude und setzte sich neben sie. »Hedy. Ernsts und Antons Schwester. Ihr Herz taut erst bei einer Temperatur von 24 Karat auf.«

»Wiener ist ein ausgesprochen gescheites Tier«, sagte Viktor mit vollem Mund. »Er bringt mir jeden Tag die Zeitung.«

»Was soll daran Besonderes sein?«, fragte Hedy abfällig.

»Dass ich noch nie eine Zeitung bezahlen musste.«

»Das wundert mich nicht, lieber Neffe.«

»Immer langsam, ansonsten komme ich für mich selbst auf.«

»Unsinn, du stiehlst, manipulierst und spielst dir zusammen, was du brauchst. Ein einziger Schlag auf den Kabinettschrank meines Bruders, und die Münzen rollen.«

»Aber ja, damit helfe ich ihm schließlich, nicht wahr, Vater? Geld ausgeben kann man nur zu Lebzeiten, nach dem Begräbnis erwartet einen kein Tresor.«

»Viktor, mit deinen Weisheiten erhellst du die tiefe Dunkelheit um uns«, sagte Anton. »Gegen deinen strahlenden Intellekt nimmt unserer sich geradezu lächerlich aus.«

»Ich habe übrigens Karten für *Wiener Blut*«, sagte Hedy. »Hat jemand von euch Lust, am Sonntag mit mir hinzugehen?«

»Ich kann nicht, weil ich da Kopfschmerzen habe«, sagte Ernst.

»Ich kann auch nicht, weil ich da die Zivilisation wiederaufbaue, die hier zertreten wird«, sagte Viktor.

◆

Die Nimwegener Synagoge befand sich in der mittelalterlichen Nonnenstraat, von der aus die Stadt zum Fluss hin abfiel. Nur mit Mühe fand ich das richtige Gebäude. Nichts an der Fassade verwies auf seinen Zweck, was natürlich gewollt war. Nervös biss ich eine Nagelecke ab und drückte dann auf die Klingel.

Hinter der Tür erklangen die Stimmen mehrerer Frauen, die sich offensichtlich nicht einig waren.

»Das wird das Mädchen sein!«

»Überlass sie mir, Betty.«

»Nein, du führst sonst immer die Leute herum, ich will auch mal.«

»Rivka weiß mehr über die Synagoge als ihr beide zusammen.«

»Mag sein, aber ich kenne das Mädchen schon vom Telefonieren, also ist es das Beste, wenn ich... geht jetzt...«

Eine kleine dunkelhaarige Frau von etwa siebzig Jahren öffnete die Tür. »Judith van den Berg! Wie schön!«, begrüßte sie mich charmant. »Ich heiße Hannie. Willkommen. Tritt ein. Wirklich schön, dass du da bist. Hier kannst du deinen Mantel aufhängen. Ach, du trägst ja gar keinen. Möchtest du Kaffee? Oder lieber Tee? Wasser? Cola? Oder sonst irgendetwas? Einen

Bastogne-Keks vielleicht? Achte nicht auf das Durcheinander. Komm, ich zeige dir alles.«

Ich stand in einer geräumigen Diele mit einem kupfernen Kronleuchter. Neben jeder der Türen, die zu anderen Räumen führten, hing ein länglicher Behälter, wie ich ihn von der Haustür unserer Nachbarn, der Familie Sapir, kannte.

»Unsere Schul ist gerade komplett renoviert worden. Darauf sind wir sehr stolz. Aber es ist noch nicht alles ganz fertig.«

Mein Blick fiel auf den Stuck über der Eingangstür, ein Teil davon fehlte, und ich nickte verständnisvoll.

Hannie bemerkte es und lachte. »Das meine ich nicht«, sagte sie und legte mir vertraulich die Hand auf die Schulter, wobei sie sich auf die Zehenspitzen stellen musste. »Wir Juden lassen in jedem neuen Gebäude ein Stück unfertig. Zur täglichen Erinnerung daran, dass immer etwas fehlen wird, solange der zerstörte Tempel nicht wiederaufgebaut ist. Bist du zum ersten Mal in einer Synagoge?«

»Zum ersten Mal als Nichttouristin.«

Ich kam mir mehr denn je wie eine Touristin vor.

Als Erstes führte Hannie mich in die Küche und stellte mich den Frauen vor, die dort emsig beschäftigt waren. Man sah, dass die Küche ein viel genutzter Raum war – sie hatte zu beiden Seiten je eine Anrichte, einen Kühlschrank, einen Kochherd, ein Spülbecken und jede Menge Schränkchen.

»Wir backen für Samstag«, sagte Rivka. Sie nahm für einen Moment die Hände aus der großen gläsernen Teigschüssel unterhalb ihres Busens und machte eine Geste, dass sie mir leider nicht die Hand geben konnte. Ihr reichlich faltiges Gesicht kontrastierte mit dem unnatürlich dunkelblonden wohlfrisierten Haar.

»Ja, am Schabbes gibt es bei uns immer Kaffee und Kuchen«, ergänzte Betty. Sie nahm meine ausgestreckte Hand in die ihren, die sich schwielig anfühlten, und strahlte mich an: »Kommst du dann auch?«

»Wenn es damit überhaupt etwas wird«, sagte Rivka. »Wir wissen ja nicht, ob ein Minjan zustande kommt.«

»Ein Min-was?«

Rivka hörte auf, die Teigmasse zu kneten, und sah mich an. »Wir müssen zu zehnt sein, bedeutet das.«

»Ich komme auf jeden Fall«, versprach ich, »vielleicht klappt es dann.«

Befremdet musterte sie mich. »Es geht darum, dass genügend *Männer* da sind«, erklärte sie.

Hannie kam mit einer Rolle Alufolie in die Küche. »Du redest vom Minjan? Diesmal kriegen wir das bestimmt hin. Eric aus Tilburg kommt, außerdem Fred aus Amsterdam und Jaap aus Hengelo... das wird schon.«

»Sag mal«, wandte Rivka sich an Hannie und deutete mit einem Kopfnicken auf mich. »Ist sie überhaupt anständig jüdisch erzogen worden?«

»Natürlich nicht«, antwortete Hannie. »Wie hätte ihre Mutter ihr vermitteln sollen, was ihr selbst vorenthalten worden ist?«

III

An einem bitterkalten Montag betrat Viktor das teure Herrenartikelgeschäft Schnoeserl in der Himmelpfortgasse. In den Mahagonivitrinen und den Wandregalen befanden sich, nach Form oder Farbe geordnet, erlesene Manschettenknöpfe, Reversnadeln, Krawatten, Fliegen, Socken und Einsteck- sowie Taschentücher. An der Vorderseite der Ladentheke hing in Bakelitklemmen eine Auswahl an Spazierstöcken und Schirmen, und dahinter stand der lange Herr Schnoeserl höchstpersönlich, der gemeinhin Schnabl genannt wurde, weil seine niedrige Stirn und das stark fliehende Kinn seine spitze Nase wie einen Schnabel hervortreten ließen.

»Guten Mo...« Schnabl zog eine goldene Taschenuhr aus seiner Weste und hielt sie ein Stück von sich ab. »Nein, guten Tag inzwischen.« Er nickte Viktor zu. »Womit kann ich dienen?«

Ein Raubvogel, dachte Viktor und verfolgte staunend, wie die Uhr blitzschnell wieder in der Westentasche verschwand.

»Guten Tag«, sagte er dann. »Ich hätte gern ein Paar Handschuhe.«

»So so, der Herr ist bei dieser klirrenden Kälte ohne Handschuhe unterwegs.« Schnabl musterte Viktor mit seinen lebhaften Knopfaugen. Er nahm eine der Schachteln, die mit klangvollen Namen italienischer Modemarken beschriftet waren, vom obersten Regalbrett, stellte sie vor sich hin und legte mehrere Handschuhpaare auf die dunkelrot bezogene Theke.

Viktor strich über das weiche Kalbsleder und schaute dann schräg nach oben, zur Deckenlampe. »So so, der Herr kommt im Februar ohne Licht aus.«

»Eine Stromstörung«, erwiderte Schnabl, ohne eine Miene zu verziehen. »Im Übrigen sehe ich auch ohne Licht hervorragend.«

»Das glaube ich gern«, sagte Viktor. Nach einem raschen Blick auf seine Schuhe wollte er nach einem Paar passender cognacfarbener Handschuhe greifen, doch Schnabl legte eilig die Hände darüber.

»Ich darf den Herrn darauf aufmerksam machen, dass wir nicht auf Rechnung liefern.«

Ganz langsam und Schnabl dabei genau im Auge behaltend, legte Viktor mit der rechten Hand einen Hundertschillingschein auf die Theke und zog mit der linken die Beute unter den Raubvogelklauen hervor. Dann tippte er an seinen Stetson und verließ das Geschäft.

»Komm«, sagte er zu Wiener, der brav neben der Ladentür gewartet hatte. Er zog sich die schmiegsamen Lederhandschuhe über. »Auf zu den Vögelchen.«

Mit eiligen Schritten ging Viktor die Himmelpfortgasse entlang in Richtung Seilerstätte. Er war mit zwei bildschönen blonden Schwestern, die eine Sängerin und die andere Schauspielerin, zum Mittagessen im Café Schwarzenberg verabredet. Unter dem Rock der einen – Hella, oder doch Ada? – vermutete sein geübtes Auge ein herrlich rundes Hinterteil. Die Schwester dagegen, deren Name ihm partout nicht mehr einfallen wollte, war sehr zierlich gebaut, hatte aber ein geheimnisvolles Lächeln. Die Aussicht, beide Verheißungen zu kombinieren, hatte ihm bereits zwei schlaflose Nächte voller Vorfreude beschert.

Trotz seines Hemds aus aufgerauter Oxford-Baumwolle mit Doppelmanschetten, seiner Weste aus zweifach gezwirnter schottischer Lammwolle und dem dicht gewebten Tweed seines Anzugs unter dem Mantel schauderte Viktor im kalten Wind. Er bog in die Schwarzenbergstraße ein und warf einen Blick auf die elektrische Uhr an der Ecke: erst Viertel vor zwölf. Plötzlich verlangsamte er seine Schritte und spähte zum Kärntner Ring. Dort stimmte etwas nicht – aber was? Eine Menschentraube hatte sich gebildet, und mitten auf der Kreuzung standen zwei leere Trambahnen.

»Entschuldigen Sie bitte«, wandte Viktor sich an einen entgegenkommenden Mann. »Wissen Sie vielleicht, was da vorn los ist?«

»Wie es scheint, hat das rote Gesindel hierzulande, das sich Sozialdemokraten nennt, die bolschewistische Revolution ausgerufen«, entgegnete der Mann und verschränkte die Hände auf dem Rücken. »Und wie es sich für waschechte Faulpelze geziemt, fangen sie das auf typisch wienerische Art an: mit einer Arbeitsniederlegung. Das Elektrizitätswerk und die Gasfabrik werden bereits bestreikt.«

Möglicherweise fühlte der Mann sich als Überbringer schlechter Nachrichten schuldig, denn er fügte tröstend hinzu: »Aber das wird schon wieder, noch vor heute Abend hat unser Dollfuß die Aufrührer vom Republikanischen Schutzbund Mores gelehrt, und Sie, junger Mann, können wieder ins Theater.« Er grüßte mit der Hand am Hut und setzte seinen Weg fort.

Viktor ging an der Uhr vorbei, die nach wie vor 11 Uhr 46 anzeigte. Auf dem Trottoir vor dem Café Schwarzenberg stand ein Zeitungsjunge und rief die Schlagzeilen einer Sondernummer aus. »Gib mir eine«, sagte Viktor zu ihm. »Und weißt du, ob es schon zu Kämpfen gekommen ist?«

»Ja, in Linz, und ein Kollege hat vorhin gesagt, dass welche vom Schutzbund auf dem Weg zum Karl-Marx-Hof in Döbling sind.«

Viktor bedankte sich und öffnete die Tür des Kaffeehauses.

Drinnen war es gesteckt voll; man merkte kaum, dass die Heizung ausgefallen war. Auf den Tischen brannten Kerzen, die schummriges Licht verbreiteten. Kaffee gab es auch, das Wasser dafür wurde in der Küche in Kesseln erhitzt.

»Da sieht man's wieder«, sagte Viktor, nachdem er die beiden jungen Damen mit einem Wangenkuss begrüßt hatte. »Regime verwelken, Ideale vergehen, doch das Wiener Kaffeehaus bleibt immer bestehen.«

Eine Stunde später hatte er wie die anderen Gäste an den Fenstertischen seinen Stuhl gedreht und mit der Serviette ein Guckloch auf der beschlagenen Scheibe freigewischt. Gerade waren die letzten Trambahnwagen abgekuppelt worden, und nun ließ man sie nacheinander von Pferden ins Depot ziehen. Inzwischen waren nicht nur stahlbehelmte Polizisten zu sehen, die mit ihren Gewehren mit aufgepflanzten Bajonetten patrouillierten, sondern auch Paramilitärs in verschiedenfarbigen Uniformen mit Armbinden und Lampassen.

»Man könnte glatt meinen, die führen eine Operette auf.« Eine der Schwestern kicherte nervös.

Ein Kellner tippte Viktor auf die Schulter. »Ich soll Ihnen das hier geben.« Und er reichte ihm einen Zettel.

Viktor überflog die Zeilen und blickte sich rasch um: Die meisten Gäste schickten sich an, das Café zu verlassen. Er hielt den Zettel in die Kerzenflamme und legte ihn in den Aschenbecher, wo er verbrannte. »So, ihr Hübschen. Mir scheint, es ist an der Zeit, nach Hause zu gehen«, sagte er zu den beiden Blondinen.

Es kostete ihn enorm viel Mühe, aber schließlich gelang es ihm, einen Kutscher zu finden, der bereit war, die zwei nach Hause zu fahren – allerdings gegen einen exorbitanten Betrag.

Dann eilte Viktor wieder in das Café.

»Wir haben geschlossen«, beschied ihm ein Ober.

»Ich will nur rasch telefonieren«, sagte Viktor.

»Geht nicht.«

Seufzend zückte Viktor seine Brieftasche. Musste man in dieser verfluchten Stadt denn für jeden kleinen Gefallen etwas berappen?

Der Ober schüttelte den Kopf. »Die Telefone in ganz Wien funktionieren schon seit Stunden nicht mehr.«

In raschem Tempo ging Viktor durch die Schwarzenbergstraße zurück und dann quer durch die Stadt in Richtung Herrengasse. Wiener hielt sich dicht neben ihm und beäugte misstrauisch die marschierenden Soldaten und die Panzerwagen auf dem Michaelerplatz.

In Höhe der Kreuzung mit dem Schottenring hatte man eine Straßensperre mit Kontrollstelle errichtet. Der mit einem Maschinengewehr bewaffnete Soldat sah in Viktor und Wiener offenbar keine gefährlichen Revolutionäre. Ohne eine Frage zu stellen, öffnete er die Absperrung einen Spalt und ließ sie mit den Worten »Aber zurück geht's nicht mehr!« passieren.

Viktor ging an seinem Elternhaus vorbei bis zur Berggasse, obwohl er wusste, dass das Haus seines Onkels Ernst von dort aus nicht sichtbar war. Weit und breit war kein Mensch zu sehen, nur eine Frau mit zwei schweren Taschen kämpfte gebückt gegen den eisigen Wind an.

Viktor kehrte um und strebte mit Wiener im Eilschritt auf sein Elternhaus zu, blickte sich nach allen Seiten um, schlüpfte dann durch die Haustür – und wäre um ein Haar mit seinem Bruder zusammengeprallt.

»Viktor, endlich bist du da!«, sagte Felix erleichtert.

»Onkel Ernst?«, stieß Viktor hervor.

»Ist in der Wohnung. Aber in dem Auto da hinten«, Felix wies hinter sich zum Innenhof, »da sitzt ein gewisser Franz und wartet schon ewig auf dich.« Sein Tonfall war leicht vorwurfsvoll.

»Passt hervorragend«, sagte Viktor. »Mit dem hatte ich bereits gerechnet.«

»Was will er von dir?«

Viktor sah seinen Bruder kurz an. Dann sagte er: »Ich habe etwas für ihn aufbewahrt, das will er jetzt holen.« Er legte den Arm um Felix' Schultern und ging mit ihm über den Hof zum Stall.

»Aufbewahrt? Wieso das?«

Viktor gab keine Antwort. Er öffnete die Tür zur Sattelkammer, nahm die Laterne vom Haken, zündete sie an und gab sie Felix. »Sei so gut und leuchte mir.«

Er kniete sich vor der hinteren Wand auf den Boden, griff nach einem Nageleisen und machte sich daran, ein Bodenbrett aufzustemmen.

»Was hast du vor?«, fragte Felix.

Viktor hob das Brett heraus und lockerte dann ein zweites. Er blickte zu Felix empor und grinste. »Komm näher, sonst sehe ich nichts.«

Felix trat ein paar Schritte vor und hielt die Laterne über den Hohlraum. Viktor fasste hinein und förderte keuchend zwei sperrige Ledertaschen mit Gurten zutage. Er stellte sie neben sich ab, dann nagelte er die Bretter wieder fest.

»Viktor, was hat das zu bedeuten? Was ist da drin?« Ohne auf Antwort zu warten, ging Felix in die Hocke und löste kurzerhand den Gurt einer der Taschen. Sekundenlang starrte er hinein, dann sah er Viktor fassungslos an: »Bist du komplett wahnsinnig geworden!?« Seine Stimme überschlug sich.

Viktor, der sich aufgerichtet hatte, warf einen raschen Blick durchs Fenster. »Aus irgendeinem Grund scheint mir jetzt nicht der rechte Moment zum Schreien zu sein«, sagte er und klopfte sich den Staub von den Hosenbeinen.

»Spar dir deine Belehrungen!«, zischte Felix. »Wenn ich schreien will, weil mein Bruder auf unserem Grundstück heimlich Waffen und Munition aufbewahrt, dann schreie ich, verdammt noch mal!«

»Ganz ruhig, Bruderherz, hilf mir lieber tragen.«

»Ich denke gar nicht dran!« Felix blockierte mit ausgebreiteten Armen die Tür.

Viktor seufzte. »Nun reg dich nicht so auf, Mann, das sind doch bloß Spielsachen von unseren Sozi-Freunden.« Er grinste Felix an. »Von *deinen* Freunden, um genau zu sein.«

»Meinen Freunden?! Ich war achtzehn, als ich bei denen mitgemacht habe. Erst achtzehn, Viktor, aber trotzdem nicht so blöd, dass ich meine Familie um meiner Ideale willen in Gefahr gebracht hätte!«

»Ideale? Du bist wohl nicht bei Trost. Mir geht es einzig ums Geschäft.«

Felix ließ die Arme sinken. »Einzig ums Geschäft, klar! Mein Bruder beliefert eine Gruppe Aufständischer mit Waffen – *business as usual*.«

»Hör zu, Felix, die Philosophiestudenten haben's vielleicht nicht so mit der Realität, aber mach dir klar, dass gerade etliche sozialdemokratische Parlamentsmitglieder ins Gefängnis gesteckt werden, dass unser Bürgermeister heute mit militärischer Gewalt aus dem Rathaus geholt worden ist und motorisierte Regimenter aus den Wiener Kasernen mit Minenwerfern in die Arbeiterquartiere Margareten und Meid…« Viktor brach ab.

»Was ist?« Felix sah, dass sein Bruder blass geworden war. »Viktor, ich verstehe nicht, was ist los mit dir?«

»Mit mir nichts. Bubi…«

»Wie meinst du das? Ist Bubi etwa…?«

Viktor nickte kaum merklich. »Ja, in Meidling.«

»Warum?« Felix sah Viktor an. »Du lieber Himmel. Ein Mädchen.«

Wie auf Kommando lud jeder sich eine Tasche auf, und sie eilten damit zu dem Auto, an dem Franz lehnte. Nachdem dieser rasch den Inhalt kontrolliert hatte, stellten sie die Taschen vor die Rückbank auf den Boden. Franz klopfte Viktor auf die Schulter, drückte ihm ein Bündel Scheine in die Hand und setzte sich ans Steuer.

Viktor hielt ihm durch das heruntergekurbelte Fenster einen Geldschein hin. »Lieber Franz, unser Bruder hält sich momentan in Meidling auf. Für Felix und mich keine schöne Vorstellung.«

Franz fasste sich kurz: »Wo genau?«

»Bei einer Familie Goldstein in der Eichenstraße.«

»Keine Chance.« Franz ließ den Motor an. »Ab acht schießen die faschistischen Arschlöcher auf alles, was sich bewegt.«

Viktor holte einen zweiten Geldschein hervor. »Bist du sicher?«

Franz sah ihn an, seufzte und nahm das Geld. »Aber ohne Garantie«, sagte er.

Felix und Viktor gingen über den Hof zum Haus. »Wir heiraten«, sagte Felix plötzlich.

»Bruderherz, du weißt, ich liebe dich innig, aber eine Ehe zwischen uns wäre ungesetzlich.« Viktor grinste, dann umarmte er Felix: »Du bist ein Glückspilz!«

»Sag bitte noch nichts zu den Eltern«, bat dieser. »Ich habe Trude erst heute einen Antrag gemacht.«

Schweigend saß die Familie bei Kerzenlicht im Salon der Wohnung in der Währinger Straße. Schon vor einer halben Stunde hatte das Dienstmädchen gemeldet, das Abendessen sei fertig, aber niemand machte Anstalten, ins Esszimmer hinüberzugehen.

»Wir sollten Radio hören«, sagte Anton schließlich in die Stille hinein.

»Wie denn, wenn kein Strom da ist?«, fragte Laura.

Im selben Moment gingen die Lichter an, und Laura rannte an eines der Fenster zur Straße hin. »Sieht aus, als hätte der ganze Block wieder Licht, jedenfalls fürs Erste.«

Anton schaltete das Radio an und suchte den staatlichen Sender.

»... *proletarischer Militarismus! Eine Bande linksradikaler Revolutionäre ist darauf aus, unsere Nation zugrunde zu richten. Selbstverständlich haben die Wehren der Vaterländischen*

*Front, die Polizei und das Heer die Lage im Griff, und Österreich wird die Gelegenheit nutzen, sich ein für alle Mal der sozialdemokratischen Marxisten zu entledigen.«*

»Aha, das M-Wort ist gefallen«, sagte Ernst. »Passt nur auf: Innerhalb weniger Tage fällt das J-Wort, und keiner unterscheidet mehr zwischen Marxisten und Juden. Karl Marx war schließlich Jude.«

»Wie kann das sein?«, sagte Felix. »Bei unseren sozialistischen Versammlungen hieß es noch, die Juden seien hemmungslose Kapitalisten und für die Unterdrückung der Arbeiterklasse verantwortlich, und sie müssten nötigenfalls mit Waffengewalt bekämpft werden.«

»Sei froh, dass es in unserem Land wenigstens noch *eine* Partei gibt, die für soziale Gerechtigkeit, Freiheit und Gleichberechtigung der Juden eintritt und die faschistische Gewalt der Regierung Dollfuß ächtet«, sagte Anton.

»Still jetzt!«, sagte Martha.

»*... ist die Wiener Innenstadt entlang der Linie Donaukanal – Radetzkybrücke – Wienfluss – Lothringerstraße – Friedrichstraße – Getreidemarkt – Mariahilfer Straße – Lenaugasse – Allgemeines Krankenhaus – Beethovengasse – Währinger Straße – Berggasse – Wasagasse – Türkenstraße – Donaukanal in beide Richtungen komplett abgeriegelt und kann nur an acht schwer bewachten Kontrollstellen passiert werden.*«

»Weiß jemand von euch, ob Otto sicher nach Hause gekommen ist?«, fragte Viktor plötzlich.

»Ich denke schon«, sagte Laura. »Wir sind heute bereits in der zweiten Stunde nach Hause geschickt worden, weil es in den Klassenzimmern eisig kalt war.«

»Wie kannst du so etwas sagen?«, fragte Ernst.

»Na hör mal, wie soll man denn bei der Kälte schreiben!«, entrüstete sich Laura.

»Nein, Liebes, ich meine doch die Art und Weise, wie dein Vater die Sozis als Helden hinstellt.« Und zu Anton gewandt, fuhr er fort: »Hast du vielleicht Gedächtnisschwund? Noch letzte Woche haben die Sozialdemokraten den Nazis ihre Loyalität zugesichert für den Fall, dass sie Dollfuß aus dem Weg räumen.«

»Nun seid endlich still!«, sagte Martha.

»*... haben sich hauptsächlich in den Sozialwohnblocks der Bezirke Favoriten, Simmering, Meidling und Döbling verschanzt, wo es zu Kämpfen zwischen den Aufrührern und der Polizei...*«

»Ach du je!«, rief Laura aus. »Viktor, hast du nicht heute Morgen gesagt, Bubi sei im zwölften Bezirk?«

Viktor gab keine Antwort.

»*... weisen darauf hin, dass für Zivilisten bis auf Weiteres ein Versammlungsverbot gilt, ebenso ist es verboten, sich zwischen acht Uhr abends und sieben Uhr morgens auf der Straße aufzuhalten.*«

Aller Blicke richteten sich auf die Wanduhr. Es war zehn nach sieben.

»Ich muss los!« Viktor stand auf.

»Wie bitte?«, fragte Martha.

»Ich gehe mit«, sagte Felix.

Viktor lächelte. »Diesmal nicht.« Er tätschelte Wiener kurz. »Und du auch nicht, mein Freund. Guten Abend allerseits.« Nach diesen Worten verließ er den Salon.

»Sag mal, was ist eigentlich los?« Anton sah Felix an, der bis in die Haarwurzeln rot wurde.

»Viktor hat eine ... äh ... einen Termin mit dem Republikanischen Schutzbund.«

Anton blinzelte und ließ sich dann auf dem Stuhl zurücksinken. »Mein ältester Sohn, der in seinem ganzen Leben noch keinen Tag gearbeitet hat, trifft sich beim Ausbruch einer Revolution mit den Befreiern der Arbeiterklasse. Und das unter Lebensgefahr!« Er starrte Ernst an. »Ich gebe es auf.«

»Um was geht es da genau, Felix?« Martha stand der Schreck ins Gesicht geschrieben.

Felix schluckte hörbar. »Einer vom Schutzbund holt Bubi bei seiner Freundin in Meidling ab und bringt ihn um halb acht zur Rückseite des *Allgemeinen*. Dort will Viktor auf ihn warten.«

Das flackernde Kerzenlicht hinter den Fenstern der Häuser verlieh der menschenleeren Straße etwas Gespenstisches. Linkerhand lagen in einiger Entfernung heruntergerissene Leitungen der Straßenbeleuchtung auf dem Asphalt, rechterhand, an der Ring-Kreuzung, standen bewaffnete Soldaten. Viktor bog sicherheitshalber links ab und durchquerte den stockdunklen Bürgerpark.

In der Spitalgasse waren die Trambahnschienen mit Raureif überzogen, und die Straßenuhr zeigte noch immer 11 Uhr 46 an. Wie lange hatte er bis hier gebraucht? Fünf Minuten? Zehn? Eine Viertelstunde?

Viktor beschloss, in Höhe der Nadlergasse Posten zu beziehen, damit er nach Norden wie nach Süden Ausschau halten konnte. Ein Stück entfernt erspähte er mehrere Uniformierte, konnte aber in der Dunkelheit nicht erkennen, welcher Gruppierung sie angehörten. Waren sie von der Vaterländischen Front? Nazis? Oder hatten sich womöglich Schutzbund-Leute der hermetisch abgeriegelten Innenstadt so weit genähert? Er stellte sich dicht an eine Hausmauer und behielt sie im Auge.

Seit der Wind sich gelegt hatte, wirkte die Szenerie wie eingefroren.

Viktors Gedanken wanderten zu Bubi. Ob Franz und seine Kameraden ihn gefunden hatten? Und falls ja, würden sie ihn sicher aus Meidling herausschleusen können? Und vor allem rechtzeitig? Mit einem Mal wurde ihm mulmig zumute. Was, wenn er sich den Straßennamen nicht richtig gemerkt hatte? Oder den Nachnamen des Mädchens? Wie viele Goldsteins mochten in der Eichenstraße entlang der Bahnlinie wohnen? Sein Herzschlag beschleunigte sich, und er hielt unruhig Ausschau.

Viktor wartete und wartete. Nichts tat sich. Keine Kirchenglocke läutete, keine Uhr schlug. Die Zeit schien sich zu dehnen und gleichzeitig zu schrumpfen. Noch nie hatte er sich so sehr nach einer Uhr als Anhaltspunkt gesehnt. Warum er es immer abgelehnt hatte, eine Taschenuhr zu tragen, war ihm ein Rätsel, und er verfluchte seine eigene Sturheit.

Plötzlich fiel ihm die Alserkirche ein. An deren Fassade gab es eine Uhr, und sie lief vielleicht nicht mit Strom. Wenn er sich beeilte, könnte er den Weg hin und zurück in fünf Minuten schaffen. Dass er darauf nicht eher gekommen war! Ohne zu zögern rannte er los, Richtung Alser Straße. Das Blut pochte in seinen Schläfen, die Kälte ließ seine Lippen rau werden. An der Kreuzung blieb er keuchend stehen und versuchte, im Halbdunkel die Uhr abzulesen. Sein Herz setzte ein paar Schläge aus: sechs nach halb acht!

Im Nu hatte er sich umgedreht und lief, von Panik erfüllt, zurück, während ihm die unterschiedlichsten Szenarien durch den Sinn zuckten. Die Schutzis verspäteten sich. Sie waren da gewesen, hatten ihn aber nicht an der vereinbarten Stelle angetroffen und waren mit Bubi weitergefahren. Oder sie hatten Bubi abgesetzt, und er war festgenommen oder womöglich erschossen worden.

Viktor war bereits wieder in der Spitalgasse, da kamen ihm, deutlich sichtbar im Scheinwerferlicht der Begleitfahrzeuge, uniformierte Soldaten mit Stahlhelmen entgegen. Mitten auf dem Trottoir blieb er stehen. Jetzt war es endgültig zu spät – keine Chance mehr für Bubi. Vor Verzweiflung wurde ihm schwindlig und übel.

Plötzlich scherte ein fensterloser Militärwagen aus und hielt unmittelbar neben ihm am Straßenrand. Ein Soldat beugte sich heraus und rief ihm über das Motortuckern hinweg zu: »Wir haben einen echten Dollfuß aufgegriffen. Ein Hinkebein. Er behauptet, Sie seien sein Bruder.«

Viktor brachte zunächst kein Wort hervor, als er den grinsenden Bubi auf der Rückbank sah. Dann räusperte er sich und sagte heiser: »Ich entschuldige mich in aller Form für meinen Bruder. Man kann den Bengel aber auch keinen Moment aus den Augen lassen. Unsere Eltern wissen sich keinen Rat mehr mit ihm.«

Der Soldat forderte Viktor mit einem Kopfnicken auf einzusteigen.

Viktor ließ sich neben Bubi plumpsen, versetzte ihm einen Rippenstoß und sagte in einem Ton, als wäre der Soldat am Steuer ein Mietkutscher: »Zur Währinger Straße 3. Vielen Dank.«

◆

An dem bewussten Samstag saß ich morgens um zehn auf einer Holzbank der Frauenempore der kleinen Nimwegener Synagoge, unmittelbar über mir die Decke. Eine Frau rechts hinter mir murmelte vor sich hin, war mit Gott oder sich selbst im Gespräch. Sie hatte ihren Mantel anbehalten und häkelte an einer Kippa. Links von mir, auf der vordersten Bank, hielten dunkelhaarige Mütter ihre Kinder auf dem Schoß und redeten mit schrillen Stimmen in einer fremden Sprache auf sie ein. Ich beugte mich ein wenig vor, um durch die Stäbe der Balustrade nach unten zu schauen. Es hatten sich tatsächlich zehn Männer eingefunden; sie standen, in ihre Gebetsmäntel gehüllt, dicht beieinander und wiegten den Oberkörper. Ein weiterer Mann auf einem Podest in der Mitte, offenbar der Kantor, trug einen seltsam anmutenden Gesang vor. Davor spielten mehrere Kinder auf dem Boden mit kleinen Autos und Puppenwagen. Hin und wieder nahm einer der Männer ein Kind auf den Arm, um es zu drücken oder ihm eine Süßigkeit in den Mund zu stecken.

Später saßen alle im Untergeschoss um den Tisch. Weil es sich zumeist um Israelis handelte, also um die jüdischsten aller

Juden, so dachte ich respektvoll, unterhielt man sich lautstark auf Ivrit; alle Anwesenden schienen diese Sprache fließend zu beherrschen. Zum ersten Mal in meinem Leben befand ich mich unter Juden, unter jüdischen Juden, und doch fühlte ich mich verlorener denn je.

Um mir meine Unsicherheit nicht anmerken zu lassen, sammelte ich die benutzten Tassen und Teller ein, stellte sie auf ein großes Tablett und schickte mich an, damit zur Treppe zu gehen. Hannie warf mir einen dankbaren Blick zu. »Mach dir nichts draus, dass Hebräisch gesprochen wird, Judith«, sagte sie mit einem Augenzwinkern. »Ob Juden ihre Namen nun von rechts nach links oder von links nach rechts schreiben – ihre Seele befindet sich immer in der Mitte.«

Ich sah mich in der Küche nach Utensilien für den Abwasch um. In einem Schränkchen fand ich eine große rote Plastikschüssel. Ich ließ heißes Wasser hineinlaufen, gab einen Schuss Spülmittel dazu und nahm die blaue Abwaschbürste vom Wandhaken. Dann wischte ich die Arbeitsplatte ab, breitete ein Geschirrtuch darüber, stellte das Abtropfgitter darauf und fing an zu spülen.

Ich war gerade fertig, da hörte ich Schritte auf der Treppe.

Rivka tauchte als Erste in der Küche auf – und stieß einen Entsetzensschrei aus.

Im Nu war der Raum voller Menschen, und ich wurde mit sanfter Hand Richtung Tür geschoben. Hannie setzte einen riesigen Kessel Wasser auf, und Betty gab das Geschirr und Besteck hinein, das ich soeben gespült hatte. Rivka beförderte mit spitzen Fingern die Spülschüssel, die Bürste und das Abtropfgitter in den großen Abfalleimer und begann, wie besessen die

Arbeitsplatte zu schrubben. Sind die alle verrückt geworden?, dachte ich amüsiert, denn die konfuse Hektik kam mir bekannt vor, und zum ersten Mal an diesem Tag fühlte ich mich heimisch unter meinen jüdischen Glaubensgenossen.

Ich spähte durch die Glastür auf den Balkon, wo Eric, einer der Minjan-Männer, in einem Feuerkorb einen Metallstab erhitzte. Unten auf der Straße waren jede Menge Einkaufsbummler zu sehen, die nichts von dem Drama ein paar Meter über ihren Köpfen ahnten.

In der Küche blubberte inzwischen das kochende Wasser über den Rand des Kessels. Betty hob den Deckel ab, aber Rivka nahm ihn ihr weg und legte ihn wieder auf. »Nicht, Betty! Meine Mutter, olewescholem, würde sich in ihrem Massengrab umdrehen. Es muss *drei Mal* überkochen!«

»Bei uns zu Hause hat ein Mal gereicht.«

»Deine Mutter war eben nicht besonders fromm.«

»Aber mein Vater wohl! Der hat seine Tachrichim unter dem Bett aufbewahrt.«

»Es geht jetzt nicht um deinen Vater, Betty, sondern um deine Mutter, und die war *nicht* fromm, allenfalls angefrömmelt, das weiß doch jeder!«

Als das Wasser drei Mal übergekocht war, rief Eric: »Vorsicht!« Den rot glühenden Stab wie eine Waffe vor sich haltend, lief er vom Balkon in die Küche. »Aus dem Weg! Alle!«

Es zischte und spritzte, als der Stab in den Kessel fiel, und jemand rief: »Fenster auf! Sonst springt der Rauchmelder an!«

Draußen im Flur ging die Toilettentür auf. Ein alter Mann mit hängender Unterlippe kam heraus. Er war mir schon von der Empore aus aufgefallen, weil er so hingebungsvoll gebetet hatte. »Ich kann kein offenes Feuer ertragen«, sagte er vor sich hin. »Dann gehe ich immer aufs Klosett.«

So plötzlich, wie die Aufregung entstanden war, so schnell legte sie sich wieder. Die Israelis verabschiedeten sich wortreich, und mit einem Mal waren auch alle Minjan-Männer verschwunden. Sie mussten, wie ich erfuhr, um halb zwei zu einer Lewaje in Almelo sein, weil der Verstorbene sonst wegen Mangels an jüdischen Männern heute nicht mehr beigesetzt werden könnte.

Ich ging Hannie beim Aufräumen im Untergeschoss zur Hand. Nach einer Weile fasste ich mir ein Herz und fragte: »Was hatte das vorhin in der Küche zu bedeuten?«

Hannie stützte sich auf den Besenstiel. »Das merkst du dir am besten gleich: Was mit Milchigem in Berührung gekommen ist, wird mit der blauen Spülbürste in der blauen Schüssel abgewaschen und mit einem blauen Geschirrtuch abgetrocknet. Und für das, was mit Fleischigem in Berührung gekommen ist, sind die roten Sachen gedacht. So bleibt alles koscher.«

»Und was hatte es mit der glutheißen Stange auf sich?«, fragte Harmke. Es war schon spät, aber mild für die Jahreszeit, und wir saßen nebeneinander auf dem Zaun vor dem Haus meiner Großeltern.

»Der war nötig, um das Ganze zu kaschern.« Ich hatte meiner Schwester in aller Ausführlichkeit von meinem Erlebnis vor einer Woche erzählt und ging ganz in meiner neuen Rolle als Expertin in Sachen Judentum auf.

»Und das da?« Harmke deutete auf die großen Plastiktaschen an meinem Fahrradlenker.

»Ach je! Fast vergessen! Ich habe für die NIG neue Töpfe

gekauft und Hannie versprochen, sie heute noch in der Waal zu towelen. Sie ist vor ein paar Tagen am Fuß operiert worden und kann es nicht selbst machen.«

»Toweln? Was soll das sein?«

Ich tastete in meiner Hosentasche nach dem Fahrradschlüssel. »Neue Küchenutensilien müssen vor der Benutzung erst ... äh ... brauchbar gemacht werden. Brauchbar für Juden.«

»Wie jetzt? Für normale Menschen sind die Töpfe von Blokker sauber genug, aber für Juden müssen sie erst in die schwermetallverseuchte Waal getaucht werden?«

»Red keinen Quatsch, Harmke, das hat nichts mit Desinfektion zu tun. Es geht um das Ritual. Man taucht die Gegenstände in ein fließendes Naturgewässer und sagt dabei *Baruch ata adonai, eloheinu melech ha'olam, ascher kidschanu bemizvotav, vezivanu 'al tewilat kelim.*«

»Aha, und was heißt das?«, sagte Harmke.

»Das ist doch wohl egal.«

»Was du nicht sagst! Dann geh nachher schön deine Töpfe im Fluss taufen und brabbel dazu was Unverständliches – ich jedenfalls liege dann im Bett.«

»Dass es schon spät ist, passt übrigens gut. Hannie sagt, man macht das am besten im Dunkeln, sonst halten die Leute einen für meschugge.« Ich rutschte vom Zaun und schloss mein Rad auf.

»Dafür halte ich dich jetzt schon.«

Ich fuhr die Barbarossastraat entlang in Richtung Waal. Am Fuß der Brücke saß im fahlen Licht einer Laterne ein knutschendes Pärchen auf einer Bank. Hier würde ich meinen Plan wohl kaum diskret durchführen können.

Auf einmal fiel mir ein, dass es am Ende des Kais, nicht weit vom Veemarkt, eine Treppe gab, die in den Fluss führte. Ich stieg wieder auf mein Rad und fuhr in die samtschwarze Dunkelheit hinein. Die beleuchtete Uhr am Turm der Stevenskerk in der Ferne zeigte halb zwölf an.

Im schwachen Schein der Fahrradlampe konnte ich nur ein paar Meter des holprigen Pflasters vor mir sehen, und außer meinen Atemzügen und dem leisen Klappern der Töpfe in den Taschen war nichts zu hören. Als ich endlich den Umriss der Stadtmauer am Kaiende sah, hielt ich an. Mit den beiden Taschen bepackt, näherte ich mich Schritt um Schritt dem schwappenden Wasser.

Ich sah den Fluss schwarz glitzern – hier musste die Treppe sein... ich tastete nach dem Geländer.

Die eine Hand fest darum geschlossen und in der anderen einen Topf haltend, machte ich mich vorsichtig an den Abstieg. Drei der glitschigen Stufen hatte ich geschafft, da fiel plötzlich ein Lichtkegel auf mich.

Mir entfuhr ein leiser Schrei. Vor Schreck ließ ich den Topf fallen und klammerte mich mit beiden Händen an das Geländer.

»Junge Frau, tun Sie das nicht! Bitte!«, rief ein Mann eindringlich. »Jesus liebt Sie!«

Im Licht seiner Taschenlampe sah ich den Topf im Wasser davontreiben. Ein Mal noch drehte er sich um die eigene Achse, dann kippte er und versank in den Fluten.

◆

»Ich bin mächtig gespannt auf mein Geschenk!« Bubi sah Viktor lachend an.

Es war ein herrlicher Frühlingstag, und sie gingen mit Wiener die Heßgasse entlang.

Viktor blieb abrupt stehen. »O nein!«

»Ich wusste, dass du es vergisst«, sagte Bubi.

»Lieber Himmel! Es ist Pessach, also kann ich nicht…«

»Kein Problem, die Geschäfte haben bis sechs auf«, sagte Bubi.

»… um sieben beim Burgtheater sein«, fuhr Viktor fort.

»Was redest du da?«

»Ich bin verabredet. Mit… äh… wie heißt sie doch gleich? Dingsda… Wir wollten uns heute Abend *Die Tragödie des Menschen* ansehen. Aber ich habe überhaupt keine Zeit für eine Tragödie.«

»Stimmt. Um sieben sind wir zum Seder bei deinen alten Herrschaften.« Bubi war ebenfalls stehen geblieben, ging nun aber weiter. »Und im Übrigen heißt sie Anna!«, rief er patzig über die Schulter.

Mit zwei Schritten war Viktor neben ihm. »Sag mal, was hast du denn auf einmal?«

»Geburtstag habe ich!«

»Jitschak Emanuel Cheinik, jetzt redest du aber Unsinn. Du bist am 16. April geboren, und heute haben wir den 31. März.«

»Du Talmud-Kenner!« Bubi seufzte. »Wie mein biblischer Namensvetter Jitschak – oder Isaak, wie manche ihn nennen – bin ich am fünfzehnten Tag des Monats Nissan geboren, nur ein paar Tausend Jahre später.«

»Gleich zwei Geburtstage! Wir Juden haben es doch gut getroffen.«

»Die Rabbiner sagen, dass Jitschak an Pessach geboren wurde, und zwar um zwölf Uhr, als die Sonne ihren höchsten Stand am Himmel hatte. In dem Moment kam ein Geist der Gerechtigkeit über die Welt; die Blinden konnten wieder sehen, die Tauben hören und die Lahmen gehen. Das mit dem Gehen hat bei mir nie so recht geklappt, aber ich bin ja auch erst nachmittags um halb fünf geboren.«

»Man kann nie wissen, der Ewige vollbringt noch immer Wunder.«

»Das stimmt, die Allmacht des Ewigen übertrifft alles. Aber er kann nicht verhindern, dass unter den Menschen Uneinigkeit herrscht. Das ist sein Schwachpunkt.«

»Ich sehe es«, sagte Viktor.

Sie blieben stehen.

In einiger Entfernung hatten mehrere große Burschen in kurzen schwarzen Hosen und braunen Hemden drei Kleinere mit Instrumentenkoffern an eine Hauswand gedrängt.

»Nicht, Viktor!«, sagte Bubi warnend.

»Halt Wiener bitte einen Augenblick fest.«

»Lass das!«, protestierte Bubi, aber Viktor war bereits losgegangen.

»Einen schönen guten Tag«, sagte er zu den Jungen, die etwa sechzehn Jahre alt sein mochten. Dem größten und stämmigsten von ihnen, offenbar der Rädelsführer, saß die Mütze schief auf dem Kopf.

»Darf ich euch darauf hinweisen, dass die Uniform der Hitlerjugend nicht nur verboten, sondern auch alles andere als kleidsam ist? Selbst ihr müsstet doch merken, dass die albernen weißen Kniestrümpfe nicht zur Farbe des Hemds passen, das...« – er musterte den Dicken leicht abfällig – »vor allem *deiner* Statur nicht schmeichelt.«

Die kleinen Augen über den Pausbacken flackerten. »Mach, dass du weiterkommst, Alter!«, zischte er. »Kümmer dich um deinen eigenen Kram!« Er drehte sich weg, machte ein paar Schritte auf die drei vor der Hauswand zu und baute sich vor dem Schmächtigsten auf. »Du dreckiger Saujude!«

Vor Schreck ließ der Kleine den schweren rechteckigen Koffer fallen.

Viktor sah nicht, wie der Dicke den Koffer mit dem Fuß beiseiteschob wie einen toten Hund. Er sah auch nicht, dass der Bursche die Fäuste ballte. Und dass er tückisch grinste, als er sich zu dem Kleinen hinabbeugte und sein Gesicht dicht vor dessen Brillengläser brachte. Denn Viktor hatte urplötzlich den Dreizehnjährigen mit seinen dünnen Haaren und den feinen Gesichtszügen erkannt.

Als wäre ein Startschuss gefallen, begannen die Großen auf das Kind einzuschlagen, alle zugleich.

»He!!!«, brüllte Viktor. Mit wenigen Schritten war er bei dem Rädelsführer und packte ihn mit beiden Händen am Arm. Seine Helfershelfer wichen verdutzt zurück. »Tut mir leid, dass ich dich unterbreche«, sagte Viktor mit vor Wut zitternder Stimme.

Er ließ den Burschen wieder los, strich sorgfältig dessen Hemdsärmel glatt, warf einen kurzen Blick auf Otto und holte dann unverhofft aus.

Ein Knacken verriet, dass der Fausthieb gesessen hatte. Der Dicke jaulte auf wie eine gequälte Katze und taumelte rückwärts. Blut schoss ihm aus der Nase, und er spuckte etwas aus. Seine Kumpane ließen ihn im Stich, indem sie Fersengeld gaben.

»Einen schönen Tag noch«, sagte Viktor und befühlte seine schmerzenden Fingerknöchel. »Und Glückwunsch schon mal zu den neuen Zähnen.«

»… ja, und dann hat Viktor den Größten der Arschgeigen gepackt, ihn mit einer Hand herumgeschleudert und mit ihm die anderen Kerle niedergemäht«, schloss Bubi zum dritten Mal seine Geschichte.

»Alles in Ordnung, mein Schatz?«, fragte Sascha Otto, der eine von Ernst verfertigte Quarkkompresse an seine Wange drückte. Sie stellte den Sederteller mitten auf den gedeckten Tisch, setzte sich und reichte ihrem Mann, der am Kopfende saß, den Korkenzieher.

Otto lächelte seine Großmutter an und murmelte, zu Bubi gewandt: »Hoffentlich kann ich kauen.«

»Matze braucht man nicht zu kauen.« Bubi grinste.

»Morgen erstatten wir Anzeige«, versprach Anton.

»Mutter, hast du Hedy schon erreicht und ihr gesagt, was passiert ist?«, fragte Martha.

»Ist nicht nötig«, lispelte Otto, »Mama regt sich sonst nur auf, und es ist ja gut ausgegangen.«

»Jetzt verstehe ich«, sagte Bubi zu Trude. »Der Eisschrank

macht wohl gerade eine Spinatsaftkur in Tobelbad. Ich habe mich schon gefragt, warum es heute so gemütlich ist.«

»Warum haben die Leute alle etwas gegen uns Juden?«, wollte Otto wissen.

Eine unbehagliche Stille trat ein.

»Nicht alle haben etwas gegen uns«, meinte Sascha schließlich.

»Weil das jüdische Volk der auserwählte Sündenbock ist«, sagte Bubi.

»Man könnte es eine Tradition nennen«, sagte Ernst.

»Weil man Angst vor uns hat«, sagte Martha leise.

»Weil wir dreckige Kommunisten sind«, sagte Felix, »oder dreckige Kapitalisten, je nachdem, wie es gerade passt.«

»Otto, Antisemitismus ist nichts weiter als Antiintellektualismus, da muss man drüberstehen«, sagte Anton.

»Letztendlich ist es nur Neid«, sagte David und kniff Otto in die unverletzte Wange.

»Großpapa«, sagte Laura, »kannst du bitte wieder so schnell sprechen wie letztes Jahr? Ich komme um vor Hunger.«

»Gern, mein Mädchen, sehr gern. Gelobt seist du, G-tt, unser G-tt, König der Welt, der du die Frucht des Weinstocks erschaffen hast«, sagte David und entkorkte dabei die erste Flasche, »und das Licht, die Frucht der Erde und noch mehr solcherart Dinge«, ergänzte er schnell.

»Nein danke, David, ich nehme lieber Holundersaft«, sagte Sascha, als er ihr einschenken wollte. »Mich plagen wieder diese Wasseransammlungen.«

»Viktor, mit starker Hand und eindrucksvollem Handeln hast du uns heute aus der Heßgasse geführt«, nuschelte Otto beim Nachtisch mit schwerer Zunge. Als Bar Mizwa hatte er beim

Sedermahl zum ersten Mal Wein bekommen. »Kannst du das ab jetzt bitte immer nach der Musikstunde machen?«

»Lieber Junge, ich verstehe ja, dass du Viktor bewunderst«, sagte Anton mit belehrendem Tonfall, »wir müssen die Menschen jedoch so behandeln, wie wir das für uns selbst erwarten, und...«

»Aber wenn das nicht geht – und das ist öfter der Fall, als man denkt –, muss man die Menschen so behandeln, wie sie es mit *anderen* tun«, warf Viktor ein.

Anton tat, als hätte er nicht bemerkt, dass Marthas Hand beschwichtigend auf seiner lag, und fuhr unbeirrt fort: »... und wir müssen die Meinung anderer respektieren, selbst wenn sie noch so falsch ist.«

»Aber Onkel Anton, der Ewige hat die Ägypter doch auch nicht geschont, als der Pharao das jüdische Volk nicht ziehen lassen wollte«, sagte Otto.

»Das stimmt. Die schweren Strafen sind Ihm vorbehalten. Die geringeren verhängen hier auf Erden die Richter, damit es zivilisiert zugeht.«

»Ist dir so etwas zum ersten Mal passiert, Otto?«, fragte Viktor.

Otto schüttelte den Kopf und wollte etwas sagen, aber Laura kam ihm zuvor: »Dass jüdische Schüler auf dem Nachhauseweg schikaniert werden, kommt immer öfter vor. Sie werden beschimpft und zusammengeschlagen. Ich höre das fast jeden Tag in der Schule. Ein paar Eltern haben mit dem Rektor darüber gesprochen, aber der stellt sich auf den Standpunkt, es würde ihn nichts angehen, was außerhalb des Schulgeländes passiert.«

»Erstatten die Eltern denn nicht Anzeige?«, fragte Anton.

»Fragt sich, gegen wen«, sagte Viktor.

Laura nickte. »Es traut sich auch niemand, die Vorfälle zu bezeugen.«

»Man müsste das Ganze präventiv angehen«, sagte Viktor.

»Strafverfolgung hat durchaus präventive Wirkung«, meinte Anton.

»Bei allem Respekt, Vater«, sagte Viktor, »aber Anzeige erstatten kann man erst, *nachdem* etwas passiert ist. Mir geht es darum zu verhindern, dass solche Dinge überhaupt geschehen.«

»Das beruhigt mich nicht«, sagte Anton zu Martha.

»Mein Vater ist im Januar auf dem Weg von der Schul nach Hause schwer misshandelt worden«, sagte Trude plötzlich.

Alle sahen sie an.

»Er kann meiner Mutter noch immer nicht im Geschäft helfen«, fuhr sie fort. »Und neulich ist die Ladenfront beschädigt und das Schaufenster beschmiert worden. Die Polizei kann angeblich nichts dagegen unternehmen.«

Felix legte den Arm um Trude und reichte ihr sein Taschentuch.

»Was stand auf der Scheibe?«, fragte Laura mit starrer Miene.

Trude sah sie direkt an. »Tod den Drecksjuden.«

Sascha zog scharf die Luft ein.

Bis auf Wieners Schmatzen war es still. Sekundenlang sahen Viktor und Bubi einander an. Dann nickte Viktor. »Trude, Bubi und ich kommen morgen früh um neun in euren Laden, um deine Mutter kennenzulernen. Vielleicht können wir einander irgendwie helfen.«

»Eigentlich sollte heute ein Freudentag sein...« Felix verzog bedauernd das Gesicht.

Bubi trat Viktor unter dem Tisch ans Schienbein. *Mein Geburtstag*, formten seine Lippen.

»... aber egal. Liebe Familie: Trude und ich werden heiraten.«

◆

Ein Anruf für mich. Es war Hannie von der koscheren Küche.

»Judith, es ist Pessach!«, sagte sie. Es klang nach einer Aufforderung.

Was hatte ich damals in der Voorburger Bibliothek über Pessach gelesen? Ich grub in den Windungen meines Gehirns.

Befreiung des jüdischen Volks aus der ägyptischen Sklaverei. Moses. Exodus. Keine Hefe erlaubt. Kein gesäuertes Brot, Matze...

»Du bist doch sicherlich am Mittwoch beim Seder dabei, oder?«

Wovon redete sie?

»Selbstverständlich«, sagte ich.

»Sehr gut. Mal schauen... ich mache einen Kartoffelsalat, Channah brät Lammkeulen, Fred kümmert sich um alles für den Sederteller, Betty sorgt für den Nachtisch...«

Jetzt verstand ich. »Soll ich Suppe mit Matzeknödeln machen?«

Wenn jemand sich auf köstliche Matzeknödelsuppe verstand, dann meine Großmutter.

»Fein«, sagte Hannie, »und darf ich dich um einen Gefallen

bitten? Ich kann mit meinem Fuß noch immer nicht fahren. Würdest du am Mittwoch Mevrouw Grunmeyer in Dukenburg abholen? Du kannst mein Auto nehmen.«

Gleich nach dem Telefongespräch stieg ich aufs Rad und fuhr zu meinen Großeltern.
»Ach, alles ist missraten«, begrüßte meine Großmutter mich an der Tür.
»Klar.« Ich gab ihr einen Kuss.
Drinnen roch es nach frisch gebackenem Brot und Hühnersuppe. Großmutter schnitt eine dicke Scheibe für mich ab und setzte mir eine Tasse Suppe vor.
Ich breitete die Serviette über meinen Schoß.
»Magst du nicht essen?«, fragte sie misstrauisch, als ich nicht sofort zum Löffel griff.
»Doch, aber die Suppe ist heiß, ich warte noch ein bisschen. Wo ist Großvater?«
Sie schlug eine Art Dreivierteltakt in Bauchnabelhöhe. »Er hat unterirdische Probleme.« Das war unser Familienjargon für Durchfall.
»Und du? Isst du nicht mit?«
»Na gut, ein kleines bisschen«, gab sie nach und holte noch eine Suppentasse für sich.
Die frühe Abenddämmerung ließ die ohnehin verblichenen Möbel einheitlich grau erscheinen, sodass ich mich in einem Schwarz-Weiß-Film über eine untergegangene Kultur wähnte.
»Großmutter, ich habe eine Bitte. Ich möchte gern selbst einmal Suppe mit Matzeknödeln machen. Und deine schmeckt immer so gut. Kann ich das Rezept bekommen?«
»Aber ja, Schatz. Ich schreibe es dir gleich auf.«

Sie griff nach ihrer Lesebrille, die deutliche Spuren von ihrer Kocherei trug.

»Gib mir die Brille, ich putze sie für dich«, sagte ich.

Zögernd reichte sie mir die Brille. Vielleicht bot die fettige Schicht auf den Gläsern ihr ja eine willkommene Möglichkeit, die Welt gefiltert wahrzunehmen.

›Knaidlach‹ kritzelte sie kurz danach auf einen winzigen Zettel. Sie unterstrich das Wort und notierte dann nacheinander die Zutaten.

»Es ist wichtig, dass du als Erstes das Eiweiß schlägst«, sagte sie, »und dass du gutes Hühnerfett nimmst. Die Knödel musst du in reichlich Wasser kochen, bevor du sie in die Brühe gibst, sonst hast du am Ende nicht genug Suppe. Und nicht vergessen...« Ihre grauen Augen zwinkerten schelmisch, und sie zog mich am Arm zu sich heran. »... das Familiengeheimnis für die besten Knaidlach von Wien: ein Schuss Wodka.«

Ich trug das benutzte Geschirr in die Küche und klopfte dann an die Tür von Großvaters Arbeitszimmer.

Er saß mit dem Rücken zu mir an seinem Schreibtisch.

»Großvater, tut mir leid, wenn ich störe, aber hast du vielleicht einen Stadtplan von Nimwegen? Ich muss am Mittwoch nach Dukenburg.«

Als er sich zu mir umwandte, erschrak ich über seine Miene.

»Was hast du? Ist das etwa ein ungutes Viertel?« Snobismus war meinen Großeltern normalerweise fremd.

»Nicht ungut«, sagte er, »aber anonym. In Dukenburg haben die Straßen keine Namen, sondern Nummern.«

»Oh, und das ist...?«

»... eine fragwürdige Sache. Totalitäre Systeme reduzieren

Namen auf Nummern. Wo immer auf der Welt Namen durch Nummern ersetzt werden, heißt es wachsam sein. Anonymität und Kollektivismus sind eine sehr gefährliche Kombination.« Er nahm den Stadtplan aus seiner Schreibtischschublade und gab ihn mir. »Sogar in Dukenburg.«

Ich fuhr in Hannies Citroën durch Dukenburg am Stadtrand von Nimwegen und warf einen schrägen Blick auf den Beifahrersitz, wo der Zettel mit der Adresse lag.

Die Gegend wirkte desolat, ein Haus sah aus wie das andere, und sie standen in Reih und Glied wie Soldaten beim Appell.

Hier muss es sein, dachte ich. 65. Straße, Hausnummer 1134. Ich hielt neben dem Gehweg an, stieg aus und ging auf eine der blauen Haustüren zu. Dann zögerte ich, denn das Namensschild war zugeklebt, und es war keine Klingel zu sehen.

Also klopfte ich, wartete kurz und ging dann in die Hocke, um durch den Briefschlitz zu rufen: »Hallo, Mevrouw Grunmeyer! Sind Sie da? Ich bin Judith von der jüdischen Gemeinde und will Sie abholen!«

Nichts tat sich. Irritiert blickte ich mich um. Die Häuser schienen mich anzustarren.

Plötzlich ging die Tür auf.

Mevrouw Grunmeyer kam heraus. In einem knallrosa Regenmantel, mit Handtasche und einem Schirm, obwohl das Wetter gut war. Ihr dünnes Haar war sorgfältig onduliert, statt Augenbrauen hatte sie zwei dünne schwarze Striche, und der Mund war weit über die Konturen hinaus mit Lippenstift bemalt.

»Aha, meine Chauffeuse«, sagte sie nicht unfreundlich.

Ich ging voran zum Auto und hielt ihr die Tür auf.

Wir hatten Dukenburg bereits hinter uns gelassen. Als ich in den Hatertseweg einbog, wollte ich gerade eine belanglose Unterhaltung anknüpfen, da durchbrach Mevrouw Grunmeyer die Stille: »Aus der Haut meiner Schwester ist ein Lampenschirm gemacht worden. Glaube ich jedenfalls.«

Entgeistert sah ich sie an. Ein Auto neben uns hupte, ich riss mich zusammen und schaute wieder auf die Straße.

»Vor der Kapo von Block 6 musst du dich in Acht nehmen. Bertha heißt sie. Wir sagen immer ›die verrückte Bertha‹. Sieh zu, dass du dich von ihr fernhältst. Und dass du Arbeit in der Küche bekommst.« Sie beugte sich ein wenig zu mir herüber und fasste nach meiner Hand. »Frag nach Hilde und bezieh dich auf mich. Hilde hilft dir.«

Lieber Himmel – wie sollte ich darauf reagieren?

Aber sie sprach bereits weiter. »Und mach nie etwas, was du nicht unbedingt musst, stets auf der Hut sein, immer ein bisschen Geld in der Tasche, zum Tauschen meinetwegen, und wenn es Suppe gibt, möglichst weit hinten anstellen. Verlass dich auf dein Gefühl, wenn du glaubst, es stimmt etwas nicht.«

Ich spürte, wie mein Herz unter dem Pullover heftig klopfte. »Danke«, brachte ich heiser hervor. »Ich werde daran denken.«

In der nachfolgenden Stille befanden wir uns in unterschiedlichen Zeiten und Welten.

Eine Viertelstunde später parkte ich vor der Schul und half Mevrouw Grunmeyer beim Aussteigen.

»Na, dann hoffen wir mal, dass Rivka wieder Lammkeulen gebraten hat, so wie voriges Jahr«, sagte sie munter und spannte ihren Schirm auf.

Tatsächlich – es hatte zu regnen angefangen.

Auf dem Tisch für das Sedermahl lag eine weiße Damasttischdecke voller alter Weinflecken. Fred drapierte auf einem großen Teller in der Mitte eine Serviette so, dass sie vier Fächer hatte, und schob in jedes davon ein Stück Matze.

»Setz dich nicht vor ein Tischbein, Judith, sonst heiratest du die nächsten sieben Jahre nicht«, sagte Hannie und stellte den Sederteller behutsam auf die Matze.

Zu meiner Linken saß der melancholisch dreinblickende Mann mit hängender Unterlippe, der kein offenes Feuer ertragen konnte. Er beugte sich zu mir und sagte leise: »Ich verstecke den Afikoman gleich in der dritten Schublade des Schranks da drüben. Das letzte Mal hat es eine Dreiviertelstunde gedauert, bis Hannies Enkel ihn gefunden hat. Also merken: dritte Schublade!«

Ich hatte keine Ahnung, wovon er redete. Trotzdem flüsterte ich: »Verstanden.«

»Achtung, Judith, du sitzt neben Sal, unserem Matzochisten. Das Leben hat so viele schöne Seiten, dass er daran verzweifelt«, sagte der etwas gedrungene Mann mir gegenüber, der sich als David vorgestellt hatte. Er hatte einen grauen Kranzbart und helle Funkelaugen.

»Unser Talmud-Kenner hat gesprochen«, sagte Rob, der Vorsitzende. »Gott weiß alles, aber David weiß alles besser.«

»Ist sie überhaupt jüdisch?« Eine Frau mittleren Alters wies anklagend auf mich und blickte dabei fragend in die Runde. Es war die Kippahäklerin von der Frauenempore.

»Aber sicher«, sagte David, ehe ein anderer zu Wort kam. »Wer wäre denn so dumm, das zu behaupten, wenn es nicht so ist?«

Ich spürte, dass ich rot anlief. »Ich bin zwar jüdisch«, sagte ich, »aber bisher habe ich nichts damit gemacht.«

»Man kann auch nichts dagegen machen«, meinte Sal düster. »Man wird in den Kreislauf des Leidens hineingeboren, als Glied einer ununterbrochenen Kette vieler Leben.«

»Dabei haben wir unterwegs so einige verloren«, sagte David. »Sechs Millionen, um genau zu sein. Von wegen ununterbrochen.«

An diesem Sederabend wurde ich in die Haggada eingeweiht, die zeitlose Erzählung von einem Volk, das den Lauf der Geschichte ändert, indem es das Land des Gewaltherrschers verlässt und in der Wüste seine Freiheit wiedergewinnt.

David steuerte immer wieder talmudische Weisheiten zur Zeremonie bei. »Weißt du, warum Moses vierzig Jahre mit unserem Volk durch die Wüste zog? Weil er sich mit dem Lumpengesindel in keine Stadt getraut hat!«

Es wurde gesungen, aber nicht so wie bei uns zu Hause; wir schlugen rhythmisch auf die Tischkante und riefen nach jedem Refrain »Hey!«, als wären wir Cowboys am Lagerfeuer.

Meine Matzeknödelsuppe bildete die Vorspeise.

»Judith, diese Knödel!«, rief Hannie. »Was ist das Geheimnis deiner Großmutter?«

»Ein Schuss Wodka«, antwortete ich.

»Wodka?«

Schlagartig wurde es still am Tisch.

»Aus Kartoffeln oder aus Getreide?«

Selbst David maß mich mit einem leicht kritischen Blick.

»Aus Kartoffeln natürlich«, sagte ich entschieden. Ich war nicht so verrückt, mir den lange ersehnten Eintritt in die Welt des Judentums von irgendeinem unbedeutenden religiösen Gebot verderben zu lassen.

Beim Hauptgericht forderte Sal mich auf zu erzählen, wie ich durch den Krieg gekommen sei.

»Das musste ich gar nicht«, erwiderte ich. »Ich bin ja erst zwanzig. Aber meine Großeltern sind aus Österreich geflohen.«

»Jede Generation hat die Pflicht, ihr Ägypten zu verlassen«, sagte Sal, »mit dem Alter hat das nichts zu tun.«

»Und wie sind Sie durch den Krieg gekommen?«

»Ich habe mich bei evangelisch-reformierten Christen versteckt. In Friesland.«

»Und meine Familie bei katholischen Christen«, sagte ich. »In Flandern.«

»Den Christen ist ein ewiges Leben im Jenseits beschieden, den Juden dagegen auf Erden«, sagte David. »Die Geschichte trägt unser Volk durch die Zeiten. Wir sind nicht kleinzukriegen.«

»Und Ihre Eltern?«, fragte Sal.

Ich zögerte. »Der Krieg hat sie daran gehindert, wirklich erwachsen zu werden.«

Sal nickte verständnisvoll. »Bei meinen ist es das Gleiche. Sie sind mit dreißig vergast worden.«

◆

»Wie ich höre, hast du eine neue Beschäftigung«, sagte Anton mit einem Blick auf Viktors glänzende Schuhe.

»Du gehst zu oft ins Café Herrenhof, Vater«, gab Viktor zur Antwort. Er saß auf der Bank in der Diele und band sorgfältig seine Schnürsenkel. »Außerdem handelt es sich nicht um eine Beschäftigung, sondern um ein Unternehmen.«

»Unternehmen, dass ich nicht lache. Dir sind wohl deine ständigen Misserfolge zu Kopfe gestiegen? Was für Opfer hast du diesmal im Visier?« Anton begann, seinen Mantel zuzuknöpfen.

»Keine Opfer, Vater. Kunden.«

»Kunden, Düpierte… wie auch immer. Gutgläubige harmlose Menschen, die, nachdem sie mit dir zu tun hatten, bei Vertretern meiner Branche Beistand suchen müssen.«

»Nicht deiner Branche, Vater, sondern der von Onkel Ernst. Sagen wir einmal, ich mache ausgewählten Personen bewusst, dass sie dringend zahnärztliche Hilfe benötigen.«

Antons Hand verharrte beim dritten Knopf. »Wie? Ernst gehört zu deiner neuen Kundschaft?«

»Nein. Obwohl ich nicht leugnen kann, dass mein Unternehmen hin und wieder den Bedarf an neuen Zähnen erhöht, sind

Zahnärzte wie Onkel Ernst nur zufällig Begünstigte. Meine Kunden sind die Wiener Juden.«

»Nicht alle«, sagte Anton. Er suchte hektisch nach seiner Brille, um noch rechtzeitig zu seinem ersten Termin zu kommen.

»Hier, bitte.« Viktor überreichte ihm seine Visitenkarte. »Meine Geschäftsstelle ist das Café Mozart gleich neben dem Laden von Trudes Eltern.«

»UNO – sicher in unserer Begleitung«, las Anton laut.

»UNO steht für UNternehmen Otto«, sagte Viktor.

»Typisch für dich, den Namen eines unschuldigen Jungen für deine illegalen Aktivitäten zu missbrauchen.«

»Im Gegenteil«, sagte Viktor entrüstet. »Das ist als Ehrenbezeigung gedacht.«

»Du willst deinen Cousin ehren, indem du Schlägertrupps losschickst?«

»Ganz und gar nicht! Das Ziel unseres Unternehmens ist es, Gewalt zu verhindern. Prävention, du erinnerst dich?«

»Viktor…« Anton seufzte und knöpfte dabei seinen Mantel wieder auf, um in der Innentasche nach der Brille zu suchen. »Es liegt im Interesse aller, dass der gesellschaftliche Umgang in geregelten Bahnen verläuft. Aber wie üblich handelst du aus reinem Eigeninteresse. Und allmählich glaube ich, dass du nicht einmal etwas dafür kannst. Du bist schlichtweg unfähig, das große Ganze zu erkennen.«

»Leider bist du derjenige, der partout nicht einsehen will, was wirklich vorgeht, Vater.« Viktor hielt Anton die Brille hin. »Hier, deine Bleiverglasung. Vielleicht hilft sie auch bei Kurzsichtigkeit.«

Er pfiff nach dem Hund und ging an seinem Vater vorbei aus der Wohnung.

◆

»Ja bitte?«

»Hallo, Großvater, ich bin's. Ich wollte kurz Bescheid geben, dass ich nächsten Freitag nicht zum Essen komme. Ich verreise für eine Woche.«

»Wie schön für dich, Kind. Wohin denn?«

»Nach Krakau.«

»Krakau! Eine gute Wahl. Die dortige Universität hat einen ausgezeichneten Ruf. Moment, bleib dran…«

(…)

»Genau. Deine Großmutter sagt gerade, dass auch Kopernikus dort studiert hat.«

»Ich habe nicht vor, in Krakau zu studieren.«

»In dem Fall: Das Słowacki-Theater soll eine ungewöhnlich gute Akustik haben.«

»Danke für den Tipp.«

»Und in Zakopane südlich von Krakau kann man gut Ski fahren, das weiß ich von meinem Onkel. Jedenfalls war das vor dem Krieg so. Moment!«

(…)

»Deine Großmutter sagt, das war *ihr* Onkel.«

»Danke, Großvater.«
»Dann also bis bald, Kind... Moment!«
(...)
»Deine Großmutter sagt, du sollst vorsichtig sein.«
(...)
»Korrigiere: sagt mit Nachdruck, du sollst vorsichtig sein.«
»Gib ihr einen Kuss von mir. Tschüs, Großvater.«

»Van den Berg.«
»Pap, ich will nur kurz Bescheid sagen, dass ich eine Woche verreise.«
»Wohin?«
»Nach Polen.«
»Warum?«
»Weil ich das Lager Auschwitz besuchen will.«
»Wie?«
»Mit dem Zug.«
Schweigen.
»Mit dem Zug«, wiederholte ich.
»Geertje, dir ist hoffentlich klar, dass Polen noch kein demokratischer Rechtsstaat ist und man nicht davon ausgehen kann, dass die Menschenrechte gewahrt werden. Dort gibt es keine Gewaltenteilung, der Polizeiapparat ist korrupt und... äh...«
»Ja?«
»Sagen wir so: Juden sind dort nach wie vor nicht gern gesehen.«
»Na, das passt doch gut, denn deiner Meinung nach bin ich nicht jüdisch.«
»Kaum jedenfalls.«
»Und im Übrigen heiße ich Judith.«

»Judith, Polen – das ist kontaminierter Boden, Auschwitz ist ein Tatort. Nur Verbrecher kehren an den Ort ihres Verbrechens zurück.«

»Jaha. Tschüs, Pap.«

»Hier Paulina Rosenbaum.«

»Hallo, Mam, ich verreise für eine Woche.«

»Wie schön. Wohin denn?«

»Nach Polen.«

»Was?! Warum nicht ganz normal nach Frankreich oder Italien? Arno und Jet von nebenan sind gerade aus Venedig zurück und schwer begeistert.«

»Ich will nach Auschwitz.«

»Nun hör aber auf, Geertje!«

»Ich heiße Judith. Es gibt da jedes Jahr einen Gedenkmarsch von Auschwitz nach Birkenau, den *March of the Living* oder Marsch der Lebenden. Ein Demonstrationszug, wenn man so will, gegen Intoleranz, Rassismus und Antisemitismus. Als Antwort auf die Todesmärsche, verstehst du. Dabei will ich mitmachen.«

»Und warum?«

»Um den Toten Ehre zu erweisen.«

»Welchen Toten? Kein Rosenbaum war je in Polen.«

»Dann sei froh.«

»Sag aber bitte den Großeltern nichts davon.«

»Die wissen es bereits.«

»Was!?«

»Nicht das mit Auschwitz. Tschüs, Mam.«

Als Ausgangspunkt für meine Teilnahme am *March of the Living*, MOTL für Eingeweihte, hatte ich das letzte verfügbare Zimmer in einem Hotel mitten im Krakauer Stadtteil Kazimierz gebucht.

Jetzt im April war die Stadt aus ihrer Winterstarre erwacht und wirkte ausgesprochen lebendig. War es Zufall, dass mir beim Gang durch das ehemalige Judenviertel auffiel, wie nichtjüdisch jüdisch es war? Auf den Speisekarten der ›jüdischen‹ Restaurants standen Gerichte mit Schweinefleisch, an den Türpfosten der ›jüdischen‹ Hotels fehlten die Mesusot und ich hatte den Eindruck, dass der Judaika-Händler, in dessen Laden ich mich umsah, keine Ahnung hatte, was er da feilbot. Die leeren Synagogen, in denen es nach Feuchtigkeit und Schimmel roch, nahmen ergeben die Touristenströme auf. Nach polnischen Juden hielt ich vergeblich Ausschau. Das jüdische Erbe Krakaus schien ›in‹ zu sein, wirkte aber irgendwie unecht, war durch die Schoah zu einer Art trendiger Folklore geworden, an der sich gut verdienen ließ. Dazu brauchte es keine lebenden Juden.

In der Altstadt gelangte ich durch einen gotischen Bogen auf den Hauptmarkt Rynek Główny. Als Erstes fiel mir ein improvisierter Stand ins Auge, ein Brett auf Stützböcken, hinter dem eine freundliche Frau stand und Souvenirs anbot. Zwischen Schlüsselanhängern mit der polnischen Flagge und bunt geblümten Schals entdeckte ich eine lange Reihe geschnitzter Holzfigürchen, die auf den ersten Blick aussahen wie der fiese Gargamel, der blaue Schlümpfe als Zutat für sein Zaubergebräu verwendet. Anders als Gargamel hatten die schwarz gekleideten gebeugten Männchen aber keine Katze bei sich, sondern hielten in der einen Hand ein schwarzes Buch und in der anderen einen Geldsack.

»Wer sind diese... äh... Menschen?«, fragte ich die Frau auf Englisch.

»*Żydzi*«, antwortete sie. »*Jews.*«

Ich nahm einen der tückisch grinsenden Juden in die Hand und betrachtete ihn von allen Seiten. »Sind Sie schon einmal welchen begegnet?«

»Sie meinen, Juden?« Ihre englische Aussprache war ziemlich gut. »Nein.« Sie schüttelte bedauernd den Kopf.

Ich schaute mich unwillkürlich um; in Krakau hielten sich gegenwärtig um die fünfzehntausend Juden auf.

»*Co za szkoda*«, sagte ich. »Wie schade.« Ich stellte das Figürchen wieder hin und wünschte ihr in meinem besten Polnisch einen schönen Tag.

Auf dem Rückweg ins Hotel meinte ich zu halluzinieren. In einiger Entfernung schwebte mir ein schwarzes Wesen mit einem grauenerregenden blauen Riesenkopf entgegen. Weil es mittlerweile regnete, erkannte ich erst, als die Erscheinung sich genähert hatte, dass es sich um einen sehr orthodox wirkenden jüdischen Jungen mit Pubertätspickeln und Peies handelte, der eine blaue Supermarkttasche über seinen Spodik gezogen hatte. Er fragte mich auf Englisch nach dem Weg zum jüdischen Friedhof, den ich ihm so routiniert erklärte, als wäre ich hier zu Hause und er ein stinknormaler Tourist, der einen Laden mit Regenschirmen suchte.

In der Hotelhalle hängte ich meinen nassen Mantel auf, bestellte dann an der Bar ein Glas Wein und massierte meine pochenden

Schläfen. Um mich herum herrschte reges Treiben. Unzählige Menschen mit MOTL-Abzeichen kamen und gingen, schleppten Koffer, schwenkten Papiere oder standen in Gruppen beisammen und unterhielten sich auf Polnisch, Englisch und Hebräisch. Der polnische Hotelbesitzer hinter der Bar, der sich als Jack vorgestellt hatte, reichte mir lächelnd den Wein.

Auf einmal kam mir eine Idee. Jack konnte mir bestimmt weiterhelfen. »Jack, wissen Sie vielleicht, wie ich morgen am besten nach Auschwitz komme?«

»Zum MOTL? Das organisiert die Leitung Ihrer Delegation.«

»Delegation? Ich gehöre zu keiner Delegation. Und auch zu keiner anderen Gruppe. Ich bin auf eigene Faust aus Holland angereist.«

Jack musste lachen. Ob ich denn schon einmal von *security measures* gehört hätte? Er als friedliebender polnischer Bürger käme derzeit nicht einmal in die Nähe von Auschwitz. Schon seit Tagen sei das Lager für die Öffentlichkeit geschlossen und werde, *as we speak,* bomben- und terroristensicherer gemacht. Für die vielen Juden aus aller Welt, die morgen zu ihrem Marsch aufbrächen, an dem man – wohlgemerkt – nur teilnehmen könne, wenn man zur Delegation einer anerkannten Organisation, einer Stiftung oder eines Vereins gehöre.

Plötzlich entstand im Foyer Aufregung. Ein bärtiger Mann von kolossalem Leibesumfang war in der linken Hälfte der Doppeltür stecken geblieben. Hinter seiner runden Brille funkelten Äuglein, die von den fleischigen Wangen zu schmalen Schlitzen gedrückt wurden, und obwohl es nicht warm war, rannen unter seiner Kippa Schweißtropfen hervor.

»Alles in Polen ist klein!«, rief er auf Jiddisch.

Als endlich der Schlüssel gefunden war und der Mann, die gesamte Türbreite nutzend, hereingewatschelt war, steuerte er die Bar an und stellte sich neben mich.

»*Ruwen, my dear friend!*«, rief Jack und schüttelte ihm freudig die Hand. »Du kommst wie gerufen. Die junge Dame hier ist aus Holland und würde sich euch gern anschließen.«

Der Mann trank einen Schluck von dem Mineralwasser, das Jack ihm hingestellt hatte, und wischte sich mit dem Hemdsärmel den Schweiß von der Stirn.

»*Wonderful*«, sagte er dann und warf mir einen halb amüsierten Blick zu. »Und warum?«

Ich schluckte.

»Warum möchten Sie beim MOTL mitmachen?«

»Das weiß ich selbst nicht genau. Vielleicht, um das Schicksal meiner Familie von der Geschichte zurückzuerobern.«

Er lächelte. »Wir machen den MOTL nicht aus der Illusion heraus, den Lauf der Geschichte ändern zu können.«

»Okay. Vielleicht will ich ja mitlaufen, um eine Schuld abzutragen.«

»Was für eine Schuld?«

»Ich hatte nie Anteil am gemeinschaftlichen Schicksal der toten oder lebenden Juden, die ich kenne.«

»Wir machen den MOTL nicht aus der Illusion heraus, uns je von dieser Bürde befreien zu können.«

»Okay. Vielleicht will ich ja mitlaufen, um ein Zusammengehörigkeitsgefühl zu erleben. Ich weiß nicht, ob ich Jüdin bin. Das heißt, was für eine Art Jüdin. Ich fühle mich nirgendwo zugehörig.«

Der Mann nickte und trank noch einen Schluck. Aus seinem Hosenbund lugten vorwitzig die Fäden seines Tallit. »Im

Mutterleib wissen wir noch, dass wir Teil des Allumfassenden sind, aber das vergessen wir bei der Geburt. Darum lebt in uns die Sehnsucht nach dem Bündel des Lebens, und wir streben fortwährend nach Verbundenheit mit einem größeren Ganzen. Wir gehören zum Allumfassenden, können es aber nicht erfahren.«

Er selbst schien darunter nicht sonderlich zu leiden. Mit einem Zug leerte er sein Glas, seufzte dann zufrieden und hob den Zeigefinger. »Ich glaube zu wissen, warum Sie mitlaufen wollen. Wir sind hier fünfzehntausend Juden. Das ist ein Sieg des Willens und des Lebensmuts – trotz allem. In uns muss etwas sein, das uns zum Weitermachen anspornt. Dass Sie geboren sind, zeugt von der Geisteskraft Ihrer Vorfahren. Und diese Geisteskraft ist unsere Hoffnung.«

Daraufhin zog er sich das Band mit dem Abzeichen über seinen Kopf und hängte es mir um. »Ab jetzt sind Sie *General Director*«, sagte er und lachte, dass sein Bauch schwabbelte.

»Und wie komme sie hin?«, fragte Jack.

»Im Bus der Makkabis sind ein paar Plätze für unabhängige Personen reserviert«, sagte Ruwen.

›Unabhängig‹, das gefiel mir, aber wenn ich mich recht entsann, war Makkabi der Name einer asiatischen Affenart, sodass mir doch etwas mulmig wurde.

»Danke sehr«, sagte ich.

Ruwen ignorierte meine ausgestreckte Hand und deutete eine Verbeugung an.

»Ach so … ja. Tut mir leid«, sagte ich rasch und fügte hinzu: »Warum dürfen orthodoxe jüdische Männer eigentlich keine Frauen berühren? Jemandem die Hand geben ist doch völlig harmlos, oder?«

»Stimmt.« Er machte ein verschmitztes Gesicht. »*But one thing may lead to another.*«

Als ich am nächsten Tag den Bus bestieg, merkte ich, dass die Mitglieder der Maccabi World Union weder Affen noch Gargamels waren, sondern waschechte Muskeljuden: athletisch gebaute Sportler erster Güte. In Krakau konnte man sich als Jude noch in einem kräftigen muskulösen Körper verstecken.

Die Stimmung unter ihnen war nicht gerade ausgelassen, aber keinesfalls bedrückt. Sie unterhielten sich angeregt auf Hebräisch, und manch einer packte schon einmal sein Lunchpaket aus.

Ich dagegen hatte einen Knoten im Magen. Und nicht die leiseste Ahnung, was mich erwartete, aber ich sagte mir, dass es für Juden, die nach Auschwitz gekommen waren, wohl immer so gewesen war.

Kurz bevor der Bus losfuhr, setzte sich ein älterer Mann neben mich. Er war wohl ebenfalls ›unabhängig‹, denn er trug – wie ich – keine Jacke in den Verbandsfarben der Makkabis.

Möglichst unauffällig musterte ich ihn aus dem Augenwinkel. Er war glatt rasiert, bis auf ein paar Haarbüschelchen in den tieferen Falten. Seine schütteren weißen Haare waren über den mit Leberflecken gesprenkelten Schädel gekämmt, und die Augen wirkten wie von einem Grauschleier überzogen.

»Das ist mein zweites Mal«, sagte er plötzlich auf Deutsch, ohne mich anzusehen. »Das erste Mal ist zweiundfünfzig Jahre her, und da saß ich nicht in einem Bus, sondern stand in einem Güterwaggon. Zwanzig war ich da.« Und er nickte mehrmals, wie um sich selbst zu bestätigen, dass es so gewesen war.

Ich grub in der zähen Masse meiner Gedanken.

»1943 also...«, sagte ich schließlich.

Er nickte. »Es kommt mir vor, als wäre es gestern gewesen. Das ist wohl das Alter.«

Ich wandte den Blick nicht von der Rückenlehne des Sitzes vor mir.

»Ich war mein Leben lang Teppichhändler«, fuhr der Mann fort. »In der ganzen Welt bin ich herumgekommen. *Carpet trade is an international business.*«

»*Of course*«, sagte ich.

»In der ganzen Welt. Sogar in Deutschland war ich. Aber nie in Polen.«

Ich nickte, als wüsste ich, woher ein Mensch die Kraft nahm, Teppichhändler zu werden, nachdem er alles und jeden, der ihm im Leben lieb war, verloren hatte und selbst nur zufällig dem Morden entgangen war.

»Darum bin ich hier«, sagte er. »Ich will meine Freiheit wiederhaben. Ich will mich so frei fühlen, dass ich auch nach Polen Teppiche bringen kann.«

Ich schaute aus dem Fenster. Ein blaues Schild am Straßenrand kündigte wie selbstverständlich an, dass es noch zwanzig Kilometer bis Oświęcim waren. Wir fuhren an einer Post vorbei, an frei stehenden Häusern, Wohnblocks und einem Supermarkt.

Ein Opa führte sein Hündchen aus.

Plötzlich musste ich an Davids Mutter denken, die das Konzentrationslager überlebt hatte und sich dann, nach der Rückkehr in die sicheren Niederlande, das Genick brach, als sie über einen persischen Treppenläufer stolperte.

»Warum Teppiche?«, sagte ich laut vor mich hin.

Der alte Mann wandte sich zu mir und sah mich überrascht

an. »Dasselbe habe ich einmal meinen Vater gefragt, der genau wie sein Vater und seines Vaters Vater mit Teppichen handelte.«

»Und was hat er geantwortet?«

»Er sagte: ›Mendel, nichts ist unserem Volk so nah wie der Teppich. Das Judentum ist die Verflechtung einer unendlichen Menge Schussfäden mit einem einzigen unveränderlichen Kettfaden: dem unseres Bundes mit G-tt – und damit unserer Verbundenheit untereinander. Der Kettfaden ist elastisch und widersteht selbst den zerstörerischsten Kräften. Die Schussfäden sind bunt und bestimmen das Muster.«

»Mit meinem Familienfaden ist es nicht weit her.« Ich seufzte. »Er ist dünn und ausgefranst.«

Ein rätselhaftes Lächeln glitt über Mendels Züge. »Die Bedeutung eines jeden Fadens, auch des Ihren, zeigt sich erst, wenn man sich umdreht, der Webrichtung entgegen. Dann hat man einen wunderschön gemusterten Teppich vor sich, gewebt aus den einzigartigen Fäden der Vorfahren.«

Im Schritttempo ging es nun die Straße entlang. »Ist das nicht absurd? Ein Stau, weil zu viele Menschen gleichzeitig in ein Konzentrationslager wollen«, murmelte der alte Mendel und fügte hinzu: »Bin gespannt, ob sich viel verändert hat.«

Die Minuten verstrichen.

»Von welchen Dingen im Lager vermuten Sie, dass sie unverändert sind?«, fragte ich.

Er überlegte lange. »Die Stille«, sagte er dann. »Nie habe ich dort einen Vogel zwitschern oder Laub rascheln oder eine Biene summen hören. In Auschwitz schweigt die Natur wie ein Grab.«

»Die Stille…«, sagte er nach einer Viertelstunde noch einmal.

Schließlich hielt der Bus an, und wir stiegen aus.

Hunderte Busse, ein Menschenmeer. Etwa fünfzig Meter vom Lagereingang entfernt befand sich eine Autowaschanlage und ihr gegenüber ein Hamburgerimbiss. Verwirrt sah ich mich nach dem Teppichmann Mendel um, konnte ihn aber nirgends erspähen.

Trotz des Regens schloss ich meinen Schirm. Ich wollte die Kälte bis in die Knochen spüren.

◆

»Komm, wir kaufen uns schon mal etwas zu trinken«, schlug Bubi vor. »Es ist sowieso gleich Halbzeit.«

Die Julisonne brannte auf die Ränge des Praterstadions herab, der Wiener Verein Admira lag mit 3:1 vor Juventus.

Viktor und Bubi gingen die Stufen hinab bis zu einem Stand mit Erfrischungen und bestellten Zitronenlimo. Der Verkäufer stellte ihnen zwei große Gläser hin und daneben einen Napf Wasser für Wiener. »Habt ihr schon gehört, was passiert ist? Die Nazis haben geputscht. Sie haben das Bundeskanzleramt besetzt, und Dollfuß ist zurückgetreten.«

Viktor, der gerade einen Schluck getrunken hatte, starrte ihn fassungslos an.

»Es stimmt wirklich. Vorhin ist eine Radiosendung unterbrochen worden, und die Braunhemden haben den Machtwechsel verkündet.«

Und enttäuscht ergänzte er: »Seitdem laufen nur noch diese blöden Tiroler Schützenmärsche.«

»Das ist übel«, sagte Bubi.

Viktor stellte sein Glas ab. »Los, wir müssen unsere Räder holen.«

»Warum die Eile?«, fragte Bubi. »Glaubst du etwa, bis nach dem Spiel ändert sich etwas an der Lage?«

»Die RAVAG ... der Sender hat seinen Sitz in der Johannesgasse, nicht weit von Trudes Eltern.«

Die Johannesgasse sah aus wie immer. Auffallend war lediglich, dass zwei Soldaten in altmodisch wirkenden Uniformen und mit roten Hakenkreuz-Armbinden vor dem Eingang zum Sender Posten bezogen hatten.

Viktor und Bubi stellten ihre Fahrräder vor dem Lebensmittelladen ab und gingen hinein. Die Ladenglocke bimmelte.

Drinnen war es angenehm kühl. Und still.

Niemand zu sehen.

»Ida!«, rief Viktor.

Keine Antwort.

Nach ein paar Minuten gingen sie durch die Hintertür auf den Hof, durchquerten ihn und öffneten die Tür zum Gemeinschaftsflur.

»Ida!«, rief Bubi ins Treppenhaus. »Ida, bist du da?«

Oben an der Treppe tauchte die hochgewachsene Gestalt von Trudes Mutter auf.

»Er ist tot«, sagte sie. »Mosche ist tot.«

Viktor und Bubi hasteten die Treppe zur Wohnung hinauf.

Auf der Türschwelle blieben sie stehen.

Vor ihnen auf dem Boden lag Mosche Fischl, die Glieder unnatürlich verrenkt. Ida holte ein Sofakissen und zog mit spitzen Fingern eine Daunenfeder heraus. Vor sich hinmurmelnd, beugte sie sich zu ihrem Mann hinab und legte das Federchen unter seine Nase. Kein Hauch bewegte es.

»*El melech ne'eman*«, sagte Bubi und riss sein Revers ein. »*Schma israel, adonai eloheinu, adonai echad*...«

Während Viktor nach unten lief, um das Geschäft abzuschließen, öffnete Ida die Fenster der Wohnung und verhängte die Spiegel. Aus einer Schublade nahm sie eine weiße Stoffserviette und schlug sie aus. Dann kniete sie sich neben Mosches Leichnam. Sie richtete Arme und Beine gerade, drückte die gebrochenen Augen zu, sprach eine Bracha und breitete die Serviette behutsam über sein Gesicht. Nachdem sie Viktor gebeten hatte, die Chewra Kadischa zu bestellen, und Bubi die Wasserkanne in den Rinnstein entleert hatte, legte Ida schwarze Kleider an, schnitt den Kragen von ihrer dünnen Strickjacke und bedeckte ihren Kopf mit einem schwarzen Umschlagtuch. Sie entzündete die Ner Neschama auf dem Kaminsims, legte ein Kissen an die kühle Wand und begann, Schiwwe zu sitzen.

Viktor hatte gerade die Ladentür versperrt, da näherte sich Felix, und er schloss wieder auf.

»Wie steht es hier?«, fragte Felix.

Viktor legte seinem Bruder die Hand auf die Schulter. »Nicht gut, Felix. Gar nicht gut. Er ist tot.«

»Ich habe es gehört: Sie haben Dollfuß ermordet.«

»Nein, es geht um Mosche. Trudes Vater ist tot.«

◆

Nach meiner Rückkehr nach Nimwegen wollte ich Yolanda telefonisch von meinen Erlebnissen in Polen berichten, erreichte sie aber nicht. Tags darauf fragte ich an der Uni und in unserer Stammkneipe nach ihr, aber niemand hatte sie die letzten Tage gesehen.

Schließlich radelte ich in die Sint Stephanusstraat und klingelte.

Nichts.

Nach ein paar Minuten legte ich die Hand auf die Reihe rostiger Klingelknöpfe und drückte alle zugleich.

Ein Student in einem schmuddeligen Bademantel machte mir auf, schlurfte ohne ein Wort zurück in sein Zimmer und schlug die Tür hinter sich zu.

Ich rannte die Treppe hinauf und riss, ohne anzuklopfen, die Tür mit der Nummer 5 auf.

Yolanda hockte auf der Bettkante, den Rücken zu mir gewandt.

»Hör mal, warum bist du nicht an der Uni? Warum rufst du mich nicht zurück? Und...« – ich ging um das Bett herum, um ihr Gesicht sehen zu können – »... warum machst du die Tür nicht auf... Moses, was ist denn mit dir los?«

Sie hatte verweinte Augen. Die dunklen Haare hingen in verklebten Strähnen um ihr schmales Gesicht, und sie presste eine Packung Tiefkühlgemüse an ihre Wange.

»Ha Hanwee...«

»Mist, wie lange schon?«

»Dei Tahe.«

»Okay, das ist es also. Ich bringe dich zum Zahnarzt.«

»Nei, het ni, kei Held.«

»Beim Zahnarzt ist niemand ein Held.«

»HELD!«, jammerte sie und rieb dabei Daumen und Zeigefinger aneinander.

»Ach so.« Ich legte den Arm um sie und dachte kurz nach. »Wir gehen in die zahnärztliche Fakultät«, sagte ich. »Dort kostet es nichts.«

Die zahnärztliche Fakultät war in einem Betonklotz untergebracht, der sich gut als Kulisse für einen Film über osteuropäische Sicherheitsdienste eignen würde. Ich hatte Yolanda fest untergefasst, und wir gingen in den ersten Stock hinauf, wo sich laut Beschilderung die Ambulanz befand.

Wir kamen in einen hallenartigen Raum, in dessen Mitte Stühle aufgereiht waren und triste Blattpflanzen in einem gemauerten Pflanzkübel in den Formaldehyddämpfen dahinvegetierten.

Wir setzten uns und warteten.

Kein Laut war zu hören.

»Hallo?«, rief ich nach einer Weile. Es hallte in dem großen Raum.

Eine weiß gekleidete Frau erschien und musterte uns streng.

»Haben Sie einen Termin?«

»Nei.« Yolanda schüttelte den Kopf.

»Ja klar«, sagte ich.

»Und bei wem bitte?«

Ich zuckte mit den Schultern. »Vergessen...«

Ihre Miene wurde ärgerlich. »Moment, ich erkundige mich, wer von den Studenten einen Patienten erwartet.«

Nach kurzer Zeit kam ein baumlanger junger Mann im weißen Kittel durch die Schwingtür. Verdutzt schaute er uns an, warf einen Blick auf die Karteikarte in seiner Hand und wurde unter seiner Sonnenbräune leicht rot.

»Mevrouw ... äh ... Steenbergen?«

»Nei«, sagte Yolanda.

»Ja, richtig.« Ich zog sie vom Stuhl hoch.

Der Student kam mit ausgestreckter Hand auf uns zu. »Ich heiße Thomas.«

Sein Lächeln war irgendwie schüchtern, aber zugleich schelmisch – so als wollte er sich für eine Frechheit entschuldigen, die er nicht begangen, aber vorgehabt hatte.

»Sie heißt Yolanda ... Steenbergen«, sagte ich. »Sie hat schlimme Zahnschmerzen. Schon seit drei Tagen.«

»Ach je. Dann kommen Sie mit«, sagte er zu Yolanda. »Ich will sehen, was ich tun kann.«

Sie warf mir einen flehenden Blick zu.

Er verstand sofort. »Ihre ... äh ...«

»Roindin ...«

»... kann natürlich auch mit.«

Während Yolanda im Behandlungsstuhl lag, verfolgte ich, wie er mit geschickten Fingern seine Instrumente handhabte.

»Warum wird man eigentlich Zahnarzt?«, überlegte ich laut.

Ohne den Blick von Yolandas Mund zu wenden, sagte er: »In

meiner Familie sind alle Zahnärzte, bis auf meinen Vater. Mein Opa, meine Brüder, meine Onkel und die meisten meiner Cousins – alles Zahnärzte.«

»Ach ja, der Druck der Familientradition«, sagte ich mit einem Seufzer.

»Nein, kein Druck. Ich denke, es ist eher Veranlagung. Wir mögen unseren Beruf und sind gut darin.«

Er nahm eine zweigeteilte Kapsel und steckte sie in eine Art Knoblauchpresse. »Ich bringe jetzt Quecksilber mit Silber und Zinn in Kontakt. Das Quecksilber bewirkt eine Reaktion, bei der die Metalle sich zu Amalgam verbinden.« Es klang leicht verlegen und zugleich dozierend.

Yolanda hatte sich aufgerichtet, und wir schauten fasziniert zu, wie Thomas das Amalgam in einem kleinen Glas knetete. Dann griff er zu einem Spender, gab die silbrige Masse hinein und platzierte sie routiniert in Yolandas Mund.

Nach der Behandlung gab Yolanda ihm die Hand und schlug schuldbewusst die Augen nieder. »Danke. Und es tut mir leid. Ich heiße gar nicht Steenbergen. Und einen Termin hatte ich auch nicht.« Diesmal sprach sie der Betäubung wegen undeutlich.

»Ich weiß«, sagte Thomas. »Mevrouw Steenbergen ist nämlich einundachtzig und braucht ein Gebiss.«

◆

»Seit dem neuen Schuljahr gehe ich in eine andere Klasse«, sagte Otto.

»Sehr schön, Kleiner, ich bin stolz auf dich.« Viktor legte Otto die Hand auf die Schulter.

Es war ein herrlicher Tag Anfang September, und die beiden waren auf dem Weg zu Herrn Dříví, bei dem Otto Oboenunterricht hatte.

»Es war anders gemeint«, sagte Otto. »Ab jetzt gibt es in unserer Schule Judenklassen.«

Viktor blieb stehen und starrte ihn an.

»Wie bitte?«

»Es ist wahr. Ich darf nicht mehr mit Oskar und Liesl und Henri in eine Klasse gehen, weil die jüdischen Kinder in einem extra Raum Unterricht bekommen.«

»Welcher Geisteskranke hat sich das ausgedacht?«

»Der Rektor hat allen Eltern geschrieben, dass die christlichen Kinder sich ohne jüdische Klassenkameraden besser entwickeln können.«

Viktor drehte sich abrupt um und ging wieder in Richtung Schule.

»He, wo willst du hin?«, rief Otto. »Ich habe doch Musikstunde!«

»Das mit der Musik hat Zeit. Erst muss ich etwas klären«, sagte Viktor. »Komm mit, Otto. Und du auch, Wiener.«

Vor der Schule in der Wasagasse war mittlerweile niemand mehr. Als Viktor die Eingangstür öffnete, flüsterte Otto: »Hunde dürfen nicht rein!« Aber Wiener war bereits an ihnen vorbeigeschlüpft und hatte es sich auf dem kühlen Boden der Eingangshalle bequem gemacht.

Von der Treppe her erklang eine verwunderte Stimme: »Hallo, Otto. Hast du deinen Bruder mitgebracht? Und deinen... Hund?«

Ein Paar kräftige Waden wurden sichtbar, dann ein geblümtes Kleid, ein etwas altmodisches dunkelrotes Samtjäckchen und schließlich ein rosa überhauchtes Gesicht, umrahmt von dunklen Locken.

»Ist das etwa der Rektor?«, fragte Viktor verblüfft.

»Nein!« Otto kicherte. »Unser Rektor ist Doktor Karl Ernst.«

Die junge Frau kam auf sie zu, kraulte Wiener am Kopf und gab dann Viktor die Hand. »Gisela Weber. Ich unterrichte Englisch. Kann ich Ihnen vielleicht helfen?«

Fasziniert betrachtete Viktor die Sommersprossen um die kleine Nase. »Ja... doch... ich würde gern den Rektor sprechen. Weil ich soeben erfahren habe, dass die Nazis das Wasagymnasium gekapert haben.«

Gisela hob die Brauen.

»Ich spreche von der absurden Neuerung ›Judenklasse‹, der die Schüler hier zum Opfer gefallen sind.«

»Ach so, ja, das ist eine Schande.« Gisela seufzte. »Aber für eine ordentliche Portion Judenhass braucht es in Österreich anno 1934 die Nazis gar nicht, den zu verbreiten schafft unser Bundeskanzler Schuschnigg allein.«

In ihren hellbraunen Augen entdeckte Viktor goldene Sprenkel.

»Mir ist bekannt, dass die Schüler hier am Gymnasium auf eine akademische Laufbahn vorbereitet werden, aber dass dazu auch eine Vorbereitung auf die legendär antisemitische Atmosphäre an der Universität Wien gehört, ist mir neu«, sagte Viktor.

Gisela lächelte bitter. »Fehlt nur noch, dass auch die Lehrer nach jüdisch und nichtjüdisch eingeteilt werden. Dann darf ich Schüler wie Otto nicht mehr unterrichten.«

»In Ihren Adern fließt demnach kein jüdisches Blut?«

Sie zuckte mit den Schultern. »Nicht dass ich wüsste.«

»Eine rassereine katholische Österreicherin also! Dass es so etwas noch gibt! Wo findet man solche seltenen Exemplare? Österreichischer Cartellverband? Bund Neuland? Christliche Arbeiterbewegung? Katholischer Arbeiterverein? Verein katholischer Lehrerinnen? Oder Volksdeutscher Arbeitskreis Österreichischer Katholiken?«

»Nichts von alldem!« Gisela lachte.

»Ich hätte es wissen müssen: eine Sozialistin! Aber das ist nicht schlimm, ich selbst verstehe auch nichts von Ökonomie.«

Nun lachte sie schallend. »Auch das nicht. Im Übrigen erinnern Sie mich an jemanden, ich komme nur nicht darauf, an wen.«

In der nachfolgenden Stille räusperte Otto sich.

Ohne den Blick von Viktor zu wenden, sagte Gisela: »Otto, ist dieser Herr nun dein Bruder oder nicht?«

»Offiziell ist Viktor mein Cousin«, antwortete Otto. »Und im täglichen Leben ein bisschen mein Vater. Und ab und zu mein Begleiter, zum Beispiel auf dem Weg zur Musikstunde.« Er zwinkerte Viktor zu.

»Ich bin unter anderem im Personenschutz tätig«, erklärte Viktor.

»Braucht Otto Schutz?«

»Leider ja – und nicht nur er. Auf der Straße kommt es immer öfter zu antijüdischen Vorfällen, wie man so schön sagt. Darum wundert mich die Neuerung an dieser Schule auch nicht sonderlich. Man kann sich ja an seinen fünf Fingern abzählen, dass der Antisemitismus in Österreich demnächst gesetzlich sanktioniert wird. Ich hatte nur nicht damit gerechnet, dass man bei den Kindern damit anfängt. Was natürlich dumm von mir war, denn es trifft immer die Wehrlosesten zuerst.«

»Ich verstehe gut, dass man dann selbst Schutzmaßnahmen ergreift«, sagte Gisela.

»Schön, dass Sie es so sehen«, sagte Viktor. »Mein Vater, der übrigens Anwalt ist, findet es unethisch, dass ich an der Not anderer Geld verdiene.«

»Aber Ärzte und Anwälte verdienen doch auch am Leiden der Menschen?«

»Richtig. Und mein Beruf ist genauso ehrenhaft. Ich verkaufe Sicherheit.«

»Wenn man sich, was die persönliche Sicherheit angeht, nicht mehr auf den Staat verlassen kann, gelten wohl andere Gesetze.«

»Viktor, bitte... meine Musikstunde!«, drängte Otto nun.

Viktor lächelte Gisela an. »Bestellen Sie dem Herrn Rektor einstweilen Grüße von mir, ich komme noch auf die Sache zurück. Und Ihnen einen schönen Tag.«

Am folgenden Tag brachte Otto Viktor einen kleinen zugeklebten Umschlag. »Das soll ich dir von Fräulein Weber geben.«

Viktor öffnete das Kuvert und zog ein Kärtchen heraus, auf dem stand:

> *Ich weiß jetzt, an wen Sie mich erinnern.*
> Nostromo. *A genius at the business of living.*
> *Gisela*

»Otto! Kannst du deiner Lehrerin diesen Zettel geben?«

Auf dem Weg zur Schule faltete Otto den Zettel heimlich auf und las, was sein Cousin geschrieben hatte:

> *Schwimmen*
> *Gänsehäufel*
> *Sonntag, zwei Uhr*

◆

»… und darauf meint er: Ein Freud'scher Versprecher ist, wenn du das eine sagst, aber deine Mutter meinst!« Entrüstet stieß Yolanda mich an. »Judith, du hörst ja gar nicht zu!«

»Doch, doch. Ich höre zu. Freud…«

Wir saßen in der Cafeteria der psychologischen Fakultät, sie vor einem Salat, einer Tasse Tomatensuppe und einem Käsebaguette, ich appetitlos in einem Schälchen Orangenjoghurt rührend.

»Dass du dunkle Augenringe hast und total geistesabwesend bist, sehe ich. Aber was mit dir los ist, musst du mir schon selbst sagen.«

Ich seufzte und schüttelte den Kopf. »Wenn ich das nur wüsste… ich muss die ganze Zeit an diesen Thomas denken.«

»Welchen Thomas?«

»Den mit dem Amalgam.«

»Du bist verliebt!«, rief sie und fuhr deklamierend fort: »Verliebt in den irrsinnig attraktiven Zahnmedizinstudenten mit seinen mandelförmigen Augen, seinem braunen Wimpernkranz, seiner gebräunten Haut, den von Meersalz gebleichten Haaren und…«

»Hör auf! Ich bin nicht verliebt.«

Sie begann, meinen Joghurt zu löffeln, und machte dazu ihr Psychologengesicht. »Ach nein? Welche andere chemische Reaktion bewirkt dann, dass du seit drei Wochen an Anorexie, Insomnie und Lethargie leidest?«

Ich zuckte mit den Schultern.

»Du musst etwas unternehmen, meine Liebe!«

»Und was bitte?«

»Tja, eine typische Judith-Aktion vielleicht. Impulsiv und radikal und so, du weißt schon. Wie du die Dinge sonst auch angehst.«

»Ich bin doch nicht impulsiv!«

Sie grinste und stand auf. »Meine Vorlesung fängt gleich an. Viel Erfolg.«

Ich fuhr die Erasmuslaan entlang, stellte dann mein Rad in der Nähe des Stasi-Baus ab und ging zwischen den Rhododendren in Deckung, die überall auf dem Campus lila blühten.

Nach einer halben Stunde verlor ich die Geduld, ich schloss mein Rad ab und betrat das Gebäude.

Unentschlossen sah ich mich um. In der Eingangshalle hielten sich nur wenige Studenten auf, aber ihre Stimmen wurden so laut von den Betonwänden zurückgeworfen, dass man meinen konnte, es wären Hunderte.

Plötzlich erblickte ich Thomas, er stand mit drei Kommilitonen zusammen. Ich grub die Nägel in meine Handballen, fasste mir ein Herz, ging hin und sagte: »Hallo!«

Erstaunt sah er mich an. »Na so was! Judith mit der Familientradition.«

»Ja... äh... kann ich dich kurz sprechen?«

Die drei anderen machten wissende Mienen und zogen sich zurück.

»Ich kann seit fast einem Monat nicht mehr lernen«, sagte ich.

»Oh, warum das?«

»Weil ich immerzu an dich denken muss«, sagte ich und fügte schnell hinzu: »Und an Amalgam.«

Thomas sah sich Hilfe suchend um, aber seine Freunde warteten dezent außer Hörweite.

»Ich... äh... habe ja verstanden, dass das Quecksilber die Metalle zu Amalgam verschmelzen lässt. Aber ich frage mich, was das Amalgam an den Körper bindet.«

»Wie bitte?«

»Wie kommt es, dass die Plombe nicht aus dem Zahn fällt?«

»Ja nun... man muss es in der Kavität verteilen, sonst fließt es nicht gut, oder es bilden sich Luftblasen. Danach härtet es aus, und die Form des Hohlraums hält es sozusagen fest.«

»Aha. Vielen Dank. Magst du was mit mir trinken?«

Er wollte die Hände in die Hosentaschen stecken, was nicht gelang, weil seine Hose keine Taschen hatte. »Jetzt... äh... gleich? Da kann ich nicht, ich muss zum Sport.«

»Dann vielleicht ein andermal?«

»Vielleicht.«

»Okay, dann geh ich wieder.«

»Okay, tschüs.«

Zu Hause angekommen, rannte ich die Treppe zu meinem Zimmer hinauf, zog mein Bett ab, stopfte die Bettwäsche in die Waschmaschine und stellte den Kochwaschgang ein. Anschließend räumte ich meinen Kühlschrank aus, warf die verdorbenen

Sachen weg und putzte ihn gründlich aus. Ich saugte den Teppichboden, riss das Giebelfenster sperrangelweit auf und ließ frische Luft herein. Durchgeschwitzt stellte ich mich unter die Dusche und wusch mir die Haare. Dann schlüpfte ich in mein grün geblümtes Kleid, ging in den Supermarkt gegenüber und kaufte Brot, Käse, Äpfel, Tee, Butter, Schokolade und Eier.

Wieder in meinem Zimmer, bestrich ich eine Scheibe Brot dick mit Butter und dem Pflaumenmus meiner Großmutter, setzte Teewasser auf, machte Ordnung auf meinem Schreibtisch, legte die Lehrbücher bereit und vertiefte mich in das Thema Strafprozessrecht.

Eine Stunde später klingelte es. Ich schaute aus dem Fenster, sah Yolanda und warf meinen Schlüsselbund hinab.

Sie kam die Treppe heraufgekeucht.

»Und? Hast du mit dem Zahnarzt gesprochen?«

»Ja.«

»Echt? Wie ist es gelaufen?«

»Schlecht. Er hält mich wahrscheinlich für irrenhausreif.«

»Ach komm, das hat er doch nicht etwa gesagt, oder?«

»War gar nicht nötig.«

»Dann ist er schwul«, sagte sie entschieden.

Ich grinste. »Oder Antisemit.«

Ich goss Jasmintee in zwei große Becher, und wir tranken.

»Jetzt mal im Ernst, Judith. Ich kenne dich. Du bist keine, die sich Knall auf Fall in den Erstbesten verliebt. Was gefällt dir an dem Typen?«

»Seine Leichtigkeit«, sagte ich.

◆

Vier Wochen später lagen Viktor und Gisela nebeneinander auf ihren Handtüchern am Fluss.

Mit geschlossenen Augen rief Viktor sich ihr erstes Treffen an der Donau in Erinnerung. »Wen liebst du am meisten?«, hatte Gisela gefragt.

Bei ihm hatten sofort sämtliche Alarmglocken geschrillt.

»Wiener«, hatte er schließlich gesagt.

»Alle?«

»Auf keinen Fall. Ich liebe meinen Hund, er heißt Wiener.«

Viktor setzte sich auf und zog den Picknickkorb heran. »Tut mir leid, dass ich mich heute verspätet habe«, sagte er.

»Wie beim letzten Mal…« Gisela sah ihn amüsiert an.

»Wirklich?«

Halb schuldbewusst schüttelte Viktor den Kopf. »Ich bin nun einmal zu spät geboren, die Zeit hole ich nie mehr auf.« Er nahm eine Flasche Weißwein und zwei Gläser aus dem Korb. »Das Problem ist, dass ich keine verlässliche innere Uhr habe. Sie zweifelt ständig am Vergehen der Zeit. Zeit war für mich noch nie eine natürliche Realität. Ich halte sie für ein Produkt des menschlichen Geistes. Und ihr Vergehen somit auch. Dass wir die Zeit als solche überhaupt wahrnehmen, daran ist unser Denken schuld.«

»Sind die Jahresringe eines Baumstamms dann keine natürliche Realität?«, fragte Gisela. »Sie stellen doch eine hierarchische Ordnung von Vergangenheit, Gegenwart und Zukunft dar, also den Zeitverlauf. Du bist im Irrtum: Zeit als solche existiert, weil sie Spuren hinterlässt.«

»Zeit im absoluten Sinn existiert nicht. Sie ist kein Naturgesetz, sondern eine Erfindung des Menschen, dem sie zum Einteilen und Zuordnen dient. Dauer wiederum ist endlos und unbegrenzt. In der Dauer ist die Zukunft bereits enthalten und die Vergangenheit noch immer. Faktisch ist alles ein ewiges Jetzt.«

»Aber wenn es keine Zeit im Sinne von linear aufeinanderfolgenden Zeitpunkten gäbe, dann wäre auch kein Fortschritt möglich. Ohne Zeit gibt es keine Aktivität und ohne Aktivität keine Veränderung.«

Viktor schenkte Wein in die Gläser. »Ich will auch gar keine Veränderung. Ich bin im Jetzt glücklich.«

Gisela schmunzelte. »Du liegst daneben, Viktor. Es geht überhaupt nicht darum, ob Zeit eine Illusion ist. Sondern darum, dass die gesamte gesellschaftliche Wirklichkeit auf diese Illusion abgestimmt ist. Es mag so spät sein, wie man übereingekommen ist – auf jeden Fall ist es verdammt praktisch, sich an diesem Konstrukt des menschlichen Geistes zu orientieren, das die Zeit in feste Einheiten gliedert. Auch Musiker bauen ihre Stücke dementsprechend auf.«

»Aber wie können dreißig Grad auf einem Ziffernblatt das Gleiche sein wie fünf Minuten?«, entgegnete Viktor. »Und warum laufen die Zeiger in nur eine Richtung? Warum vergehen die Minuten alle gleich schnell? Wer, in Gottes Namen, hat das festgelegt?«

Gisela holte ein besticktes Täschchen unter ihrem Handtuch hervor. Sie knipste es auf und zog die goldene Armbanduhr heraus, die sie vor dem Schwimmen abgenommen hatte. Sie schob das Täschchen wieder unter das Tuch und rückte näher zu Viktor. Sanft nahm sie seine linke Hand und hob sie, die Handfläche offen, auf ihr Knie. An der Innenseite seines Unterarms sah sie eine Ader pulsieren. Sie legte die Uhr um sein Gelenk und schloss das Lederbändchen im letzten Loch.

»So«, sagte sie und schaute Viktor in die Augen. »Manche Leute fassen notorisches Zuspätkommen als Desinteresse auf – als Zeichen, dass die eigene Zeit dem Zuspätkommenden wichtiger ist als ihre. Um solche Missverständnisse zu vermeiden, ist eine Uhr eine sehr simple und doch wirksame Lösung.«

Viktor betrachtete die zierliche Uhr an seinem Handgelenk, drehte mehrmals den Arm, als wäre ihm nicht recht wohl dabei, und hielt ihn dann ausgestreckt vor sich. Er räusperte sich. »Eigentlich geht es gegen meine ... äh ... Regeln, Geschenke von Damen anzunehmen.«

»Wer sagt, dass die Uhr ein Geschenk ist? Sie ist eine Leihgabe, und zwar für endlose und unbegrenzte Zeit.« Gisela hob ihr Glas. »Auf das ewige Jetzt!«

Viktor stand bis zu den Knöcheln im Wasser und bohrte seine Zehen in den sandigen Untergrund. Er hatte sich heute zum dritten Mal mit Gisela getroffen, und Regeln waren Regeln. Dieses Jetzt durfte nicht ewig dauern. Aber sie war so anders als die jungen Frauen, die er bisher gekannt hatte, und auch ihre Begegnungen waren ganz anders verlaufen. Bisher hatte er nur im kühlen Nass des Flusses, als er ihr das Schwimmen beibrachte, die weiche Haut ihres Körpers gespürt. Seine Hände hatten ihre runden Schultern umfasst, das breite Becken gestützt und wie beiläufig über die kräftigen Schenkel gestrichen, wenn er sie für ihre Fortschritte lobte. Nach dem zweiten Treffen in der vorigen Woche hatte sie ihn mit einem strahlenden Lächeln und einem Wangenkuss verabschiedet, und auch diesmal bestand anscheinend keine Aussicht, von ihrem Mund zu kosten, geschweige denn von ihrem Schoß. Vielleicht zählten die bisherigen Treffen darum nicht? Es waren ja keine Liebesbegegnungen gewesen, sondern harmlose gemeinsame Vergnügungen. Stand der Zähler noch auf null?

»Die Uhr ist nicht wasserdicht«, sagte Gisela, die nun hinter ihm stand.

Viktor drehte sich um und blickte in ihre goldbraunen Samtaugen, deren Schimmer je nach Stimmung zu wechseln schien. Er wandte den Blick ab. »Ich will gar nicht schwimmen.«

»Was dann?«

»Wie meinst du das?«

»Gequälter Zug um den Mund, tiefe Denkfalte, unruhig flackernde Augen... das klassische Bild eines Mannes im Zwiespalt.«

Er lächelte.

»Ich könnte dir helfen, dich zu entscheiden. Welche Möglichkeiten hast du?«

»Die Regel befolgen oder sie brechen.«

»Ah, wieder eine Regel! Genau. Um was für eine handelt es sich diesmal?«

»Nie mehr als drei Treffen pro Mädchen«, murmelte er.

»Verstehe«, sagte Gisela nach kurzem Schweigen. »Was steht auf dem Spiel, wenn du die Regel brichst?«

Viktor sah sie an – da war nichts Spöttisches in ihrem Blick. »Das Mädchen könnte sich etwas von mir nehmen, das ich nie mehr zurückerobern kann.«

»Tja, eine Frage von Leben oder Tod also. Du leidest unter dem Fluch der Neunten, das steht fest.«

»Worunter?«

»Unter dem Fluch der Neunten. Dem Aberglauben, der seit Beethoven und Bruckner unter Musikern grassiert. Sie fürchten zu sterben, sobald sie ihre neunte Sinfonie vollendet haben. Wenn die magische Grenze überschritten ist, gibt es keine Rettung mehr.«

»Unter Musikern?« Völlig verdutzt sah Viktor sie an. Was für eine Frau!, dachte er entzückt.

»Schenk noch mal ein, darauf brauchen wir einen Schluck«, sagte sie.

Sie setzten sich wieder auf die Handtücher, und Viktor füllte die Gläser.

»Ehrlich gesagt, ich habe meine Prinzipien bereits selbst ein wenig unterwandert. Schließlich sind wir noch nicht... äh... intim geworden. Das lässt mich hoffen, dass unsere drei Rendezvous nicht als richtige Treffen gelten.«

»Aufschieben ist keine Lösung, das ist bewiesen«, sagte Gisela. »Aus Angst vor der Zahl Neun hat Mahler den Liederzyklus, den er nach seiner Achten Sinfonie komponiert hat, nicht als seine Neunte bezeichnet. Die hat er aber doch noch geschrieben – und ist tatsächlich gestorben, ehe er die Zehnte abschließen konnte.«

»Das heißt also...« – Viktors Ton war halb spöttisch, halb ernst – »man kann dem Tod lediglich durch Umbenennung ein Schnippchen schlagen?«

»Richtig«, sagte Gisela. »Und darum haben wir von nun an keine Treffen mehr. Die kannst du dir für andere aufheben. Wir beide haben jetzt einen Bund miteinander.«

Einen Bund, wiederholte Viktor im Stillen. Kein Problem also. Ein kleiner Bund, weiter nichts.

»Nur drei Mal intim werden fände ich ohnehin eine etwas karge Aussicht«, meinte Gisela. Und dann küsste sie ihn.

◆

Als ich ein paar Wochen, nachdem ich mich Thomas offenbart hatte, den Radweg der Oranjesingel entlangfuhr, sah ich ihn sofort.

Er stand in dem kleinen Vorgarten zwischen Fahrrädern und leeren Bierkästen und spähte, den Kopf in den Nacken gelegt, zu meinem Fenster empor.

»Hallo.«

Er fuhr herum und wurde rot. »Ich habe geklingelt«, sagte er. »Aber du warst nicht da.«

Fasziniert starrte ich auf sein Poloshirt. Ich kannte keinen einzigen Mann, der Mintgrün trug.

»Nein, ich war nicht da. Jetzt bin ich es aber.«

Helle Härchen lugten frech unter der Knopfleiste hervor.

Damit er nicht merkte, dass ich innerlich jubelte, schloss ich in aller Ruhe mein Fahrrad an und kramte dann umständlich nach dem Hausschlüssel. Der Form halber machte ich ein paar Schritte auf die Haustür zu, denn so, wie er dastand, kam ich nicht an das Schloss heran.

»Tja nun…«, sagte ich darum und wartete.

Er lachte verlegen. »Hast du Lust, am Samstag mit mir nach

Limburg zu kommen? Meine Eltern veranstalten ein Gartenfest.«

»Jetzt bin ich aber platt. Und *mich* nennt meine Freundin radikal.«

Ein wenig unsicher, weil wir einander noch fremd, aber doch irgendwie vertraut waren, saßen Thomas und ich uns auf den roten Zugsitzen gegenüber. Ich saß gegen die Fahrtrichtung und sah die Limburger Landschaft scheinbar von mir fortziehen.

»Was ist bei euch zu Hause wichtig?«, fragte ich.

Thomas überlegte kurz und sagte dann: »Kunst, Essen und Musik.«

»Macht ihr auch selbst Musik?«

Seine braunen Augen lachten. »Nein, aber Kunst und Essen schon.«

Thomas' Elternhaus war aus sandfarbenem Naturstein erbaut. Neben der zweiflügeligen Haustür hing ein Schild mit der Aufschrift TOINE LIGTHART, ARZT und darunter eine Keramikfliese mit Relief. Es zeigte eine Schlange, die sich um einen Stab wand.

Ich strich mit den Fingern über die kühle Glasur.

»Das ist eine Äskulapnatter«, sagte Thomas. »Sie steht für Heilung und Wiedergeburt.«

Ich überlegte, wie es sein mochte, zu einer Familie zu gehören, in der das Wissen über den menschlichen Körper so umfassend war, dass sich damit der Lebensunterhalt verdienen ließ.

Rufe und lautes Gelächter erklangen.

»Komm, wir gehen hinten rum«, sagte Thomas.

Im Garten ging es hoch her. Auf dem Rasen unter einem Baum spielten Amateurstreicher auf, und über einer Feuerstelle grillte ein Mann ein Lamm am Spieß und begoss es nach jedem Drehen mit Bier.

Thomas führte mich an üppigen Blumenbeeten und einem Gartenteich vorbei, um mich seiner Mutter vorzustellen. Sie trug ihr dunkles Haar zu einem Knoten geschlungen und hatte silberne Ringe an den Fingern.

Wir standen neben zwei Tischen voller Platten mit den verlockendsten Köstlichkeiten. »Alles selbst gemacht«, sagte Thomas stolz.

»Das ist ja toll«, sagte ich zu Mevrouw Ligthart. »Nach Familienrezepten?«

»Aber nein!« Sie lachte. »Ich probiere immer wieder etwas Neues aus.«

»Was feiern deine Eltern eigentlich?«, fragte ich Thomas, als wir uns auf die Suche nach seinem Vater gemacht hatten.

»Das, was sie immer feiern«, antwortete er. »Das Leben.«

Als ich am nächsten Morgen die Augen aufschlug, sah ich Thomas' Gesicht ganz nah bei mir. Seine Lider lagen entspannt über den Augen, und er hatte die Wange, die in eine markante Kinnlinie überging, vertrauensvoll in das Kissen geschmiegt.

Mit einem Mal wurde mir bewusst, dass von irgendwoher leise Musik erklang. Es war Mahlers Zweite.

Leise schlüpfte ich aus dem Bett, zog mich an und schlich auf Zehenspitzen die Treppe hinab.

In der geräumigen Diele hob ein müder Jagdhund den Kopf und wedelte höflich mit dem Schwanz, um dann weiterzudösen.

Die Tür zum Wohnzimmer stand halb offen. Ich trat lautlos ein.

Zwischen raumhohen Schrankelementen und Regalen voller Bücher und Langspielplatten hingen Ölgemälde, Aquarelle und Radierungen, und über dem Kamin prangte ein riesengroßer Akt. An Ton- und Bronzeskulpturen auf Sockeln und anderen wunderschönen Kunstgegenständen vorbei folgte ich dem Klang der Musik. In der Küche sah ich lange Wandborde voller Gläser mit eingemachtem Gemüse, darunter hingen Würste und Schinken, frische und getrocknete Kräuter, Kupfertöpfe und Drahtkörbe mit Obst darin. Neben dem überdimensionalen Kochherd sah ich gerahmte Urkunden von französischen Winzern, von Spitzenköchen unterzeichnete Diplome und ein Emailschild mit der Aufschrift

LEX BURGUNDIONUM
CARPE DIEM!

Natürlich – in diesem Haus galten leichte, fröhliche Gesetze. Hier war das Streben nach Glück und Genuss kein Symptom für eine unmoralische Lebenshaltung. Hier tat keiner Buße, weil er etwas überlebt hatte, das anderen zum Verhängnis geworden war. In diesem Haus schien die Sonne, es gab keine Schatten.

Mit Schrecken wurde mir bewusst, dass ich bisher in einem Farbnegativ gelebt hatte, in einem unterbelichteten Film, und erst jetzt das wirkliche, das klare und helle Positivbild betreten hatte.

Mit einem Mal verspürte ich den starken Wunsch, mich der Leichtigkeit des Lebens zu überlassen, aber rasch gewannen drückende Gewissensbisse ob solch eines Verrats am dreizehnten

Stamm die Oberhand, und mein Herz trat enttäuscht den Rückzug an, den Rückzug ins Getto jüdischer Gefühle und Gedanken.

Leise erklang nun die Melodie des Scherzo über den heiligen Antonius, der den Fischen predigt, weil kein Mensch in die Kirche gekommen ist. Die Musik kam von draußen…
Die Glastür war nur angelehnt, und so ging ich dem Gehör nach an den Olivenbäumchen und Tomatenpflanzen auf der Terrasse vorbei und durch den Garten.

Im hinteren Bereich blieb ich stehen.
Durch das Fenster des Gartenhauses sah ich Thomas' Vater vor einer Staffelei. In der einen Hand hielt er eine Palette und in der anderen einen Spatel, mit dem er Farbe auf die Leinwand auftrug. Ich hörte, dass er mit der Altistin das Lied *Urlicht* sang. »O Röschen roooot!«, tönte es aus voller Brust durch die dünne Bretterwand, dann bemerkte er mich und machte mir ein Zeichen hereinzukommen.

Kurz darauf pfiffen Mijnheer Ligthart und ich einträchtig wie zwei Malergesellen auf dem Gerüst die Antwort des Blechbläserchors.

Nachdem das sinfonische Finale verklungen war, prüfte er mit den Fingerspitzen die Borsten eines Pinsels und sagte dabei: »Auferstehen. Die Arbeit von Ärzten und Künstlern ist von Sterblichkeit und Wiederauferstehung durchdrungen.«

Und schon erklangen aus den Lautsprechern die ersten Akkorde eines neuen Stücks.

»Die Neunte«, sagte ich. »Die Sinfonie, die mit dem Pochen seines kranken Herzens beginnt. Mahler hat sein nahendes Ende gespürt.« Diese Weisheit hatte ich von meinem Großvater.

Über den Rand seiner Brille hinweg sah Thomas' Vater mich an. »Mahler ist an einer Endokarditis in Verbindung mit einer Mitralklappenstenose gestorben, und zwar infolge akuten rheumatischen Fiebers nach einer Halsentzündung durch Streptokokken in seiner Jugend. Außerdem hat er an einer Chorea minor gelitten, einer neurologischen Erkrankung, die man früher Veitstanz genannt hat, und dazu soll er auch noch ein chronisches Lungenleiden gehabt haben.«

Damit er nicht merkte, dass die medizinische Suada mich überforderte, nickte ich eifrig und fügte hinzu: »Mahlers Neunte ist als ein einziger Verweis auf seine Hingabe an den Tod zu sehen.«

Mijnheer Ligthart kniff leicht die Augen zusammen. »Nicht nur an den Tod. Auch an die Lebenskraft. An die unaufhörliche Wiederkehr alles Lebenden.« Dann gab er mit strahlendem Blick einen Klecks Lila auf die Palette. »Ach, Burgundy von Rowney passt einfach herrlich zu Dunkelpurpur von Talens!«

Die Eleganz, mit der er die Farben auftrug, erinnerte mich daran, dass Thomas seine Zahnarztinstrumente ebenso gehandhabt hatte. Und plötzlich wurde mir schwer ums Herz.

»Ich mag Lila nicht. Keine Ahnung, warum«, sagte ich.

Mijnheer Ligthart griff nach einem anderen Pinsel und lächelte mir ermunternd zu. »Bei Traueranlässen, etwa einer Totenmesse, tragen die Priester purpurfarbene Kaseln. Lila ist schön, aber vor allem in Verbindung mit einer anderen Farbe. Wie Burgunderrot.«

IV

»Hornochsen sind das«, sagte Bubi verdrießlich.

»Blutige Amateure.« Viktor seufzte. »Und wir als grundehrliche Unternehmer sehen alt aus.«

Sie saßen an ihrem angestammten Tisch im Café Mozart am Albertinaplatz, vor sich ihren Terminkalender mit nur einem Eintrag.

»Und dieser Auftrag zählt nicht einmal richtig, es ist ja nur die Schließung von Idas Laden am Freitag. Aber wir machen es, oder?«

»Hört sich an, als würden die Geschäfte schlecht laufen«, sagte einer der zwei schnurrbärtigen Männer, die am Nebentisch Karten spielten. »Tja, schwere Zeiten sind das«, bestätigte der andere, dessen stattlicher Bart hochgezwirbelte Enden hatte. »In welcher Branche seid ihr?«

»Wir sind im Personen- und Objektschutz tätig«, antwortete Viktor.

»Waren«, sagte Bubi düster. »Die letzten Monate haben wir unsere Mitarbeiter einen nach dem anderen entlassen müssen, und jetzt ist es so weit, dass wir aufhören müssen – kurz vor dem fünfjährigen Betriebsjubiläum.«

»Die Steuern sind für hart arbeitende Leute auch kaum mehr aufzubringen«, brummte der Mann mit dem kleineren Schnurrbart.

»Derzeit würde ich viel für einen saftigen Steuerbescheid geben. Dann hätten wir nämlich guten Umsatz gemacht.«

»Was ist das Problem? Keine Nachfrage mehr?«

»Im Gegenteil«, sagte Viktor, »die Nachfrage ist größer denn je. Aber wenn ein Sportverein einen schlankweg unterbietet, kann man als Unternehmer einpacken.«

»Unlautere Konkurrenz also. Kriminell ist das!«, meinte der große Schnurrbart mitfühlend.

»Diese... diese Mistkerle von der Ringerriege der Hakoah«, brach es aus Bubi heraus, »die übernehmen jetzt Schutzaufgaben. Und auch noch für umsonst!«

»Aha! Juden! Halunken, einer wie der andere. Von dem Schlag ist aber auch nichts anderes zu erwarten.«

Irritiert sah Bubi die beiden Schnurrbärte an. »Ich... wir sind selbst Juden.«

Einen Moment lang blieb es still, dann wollte Viktor etwas sagen, aber der große Schnurrbart kam ihm zuvor. Er beugte sich zu ihm: »Im Grunde seid ihr keine Juden. Weil ihr denkt wie wir. Wären alle Juden wie ihr, dann bräuchte es keinen Hitler. Ihr seid bloß zufällig Juden.« Und er nickte Viktor zu, wie um seine Ausführungen zu bekräftigen.

»Ich fürchte, Sie ahnen nicht, wie sehr Sie im Irrtum sind«, sagte Viktor. »Ebenso wenig wie Sie etwas gegen Ihre Neigung zu starker Gesichtsbehaarung tun können, so unmöglich ist es meinem Kompagnon und mir, uns von unseren jüdischen Wurzeln zu lösen. Aber seien Sie versichert: So wenig es ein Zufall ist, dass Sie Schnurrbärte haben, so wenig sind wir beide zufällig Juden. Sie könnten Ihre Bärte abnehmen, aber Sie tragen sie mit Stolz. Bei uns ist es genauso: Wir *wollen* Juden sein.«

»Der ganze Tag im Eimer«, sagte Bubi, als sie das Café verlassen hatten. »Komm, wir schauen mal eben bei Ida vorbei.«

Sie betraten das Geschäft und fanden Ida im Gespräch mit einer Kundin vor.

»Das größte Problem ist die Zeit«, klagte diese.

»Da kannst du sehen, dass ich nicht der Einzige bin«, flüsterte Viktor Bubi zu und trat dann zu den Frauen. »Das Problem ist immer die Zeit, gnädige Frau, immer«, sagte er.

Sie nickte ihm flüchtig zu und fuhr fort: »Mein Sal muss also erst zum Passamt in der Bräunerstraße und Anträge für Pässe und Ausreisevisa für uns beide und die Kinder holen, die müssen wir zu Hause ausfüllen und dann beim Passamt einreichen, anschließend müssen wir bei der Polizei Führungszeugnisse für uns beantragen und die, wenn sie ausgestellt sind, abholen, danach den ganzen Papierkram zum britischen Konsulat tragen und dort einen Antrag für ein Visum stellen und auch gleich zum belgischen Konsulat wegen des Durchreisevisums, hinterher persönlich im Rathaus und beim Finanzamt vorstellig werden und unser Vorhaben melden, ja, und dann muss Sal auch noch bei der Wehrdienststelle in der Singerstraße einen Nachweis beantragen, dass er nicht wehrpflichtig ist, und diese Bescheinigung später bei der Zweigstelle in der Falkestraße abholen, und weiter geht es zum Devisenbüro in der Glasergasse, damit wir an ausländisches Geld kommen, und wieder zum britischen und belgischen Konsulat, um das Einreise- und Durchreisevisum abzuholen, und am Ende noch zur IKG wegen der Zugfahrkarten nach London.« Die Frau rang nach Luft. »Und das alles, weil Sal glaubt, wir als Juden hätten hier keine Zukunft mehr...« Sie schluchzte auf.

Ida nahm sie in die Arme und drückte sie an ihren stattlichen Busen. »Ach, Lea, was sind das nur für Zeiten!« Sie streichelte ihr tröstend übers Haar.

Während Bubi ein Glas Wasser eingoss, reichte Viktor der Frau sein Taschentuch.

»Kann denn wirklich niemand sonst das eine oder andere Dokument für euch abholen?«, fragte Ida.

»Nein, das ist es ja gerade: Alles muss persönlich beantragt und abgeholt werden. Und meistens ist es auch noch erforderlich, dass die Kinder dabei sind – die Kinder, Ida! Stundenlang, was sage ich, tagelang in der Kälte herumstehen und warten, warten, warten.«

»Warum dauert das denn so lange?«, wollte Bubi wissen.

»Ja, glauben Sie denn, wir wären die einzige jüdische Familie, die das Land verlassen will, solange es noch geht? Ellenlange Warteschlangen sind das. Und ich bin so unsagbar müde...« Wieder begann sie zu schluchzen.

»Die Dokumente für Sie abholen kann also niemand anderes, aber vielleicht an Ihrer Stelle warten«, sagte Viktor.

Mit verweinten Augen sah die Frau ihn an. »Ich... äh... verstehe nicht?«

Viktor lächelte. »Wären Sie bereit, jemandes Dienste in Anspruch zu nehmen, der – gegen eine angemessene Vergütung, versteht sich – Ihren Platz in der Warteschlange einnimmt und Sie rufen lässt, wenn Sie demnächst an der Reihe sind? Mit anderen Worten: Würden Sie einen professionellen Warter beauftragen?«

»Einen professionellen Warter? Gibt es so etwas denn? Und wo?«

Viktor hielt ihr die Hand hin. »Ich heiße Viktor Rosenbaum, und das hier ist mein Kompagnon Jitschak Cheinik. Zu Ihren Diensten.«

◆

An einem Samstagmittag lagen Thomas und ich in seinem Bett. Ich drehte mich auf die Seite und legte meine Nase an sein Auge.

»Warum machst du das?«, fragte er.

Ich spürte sein Lächeln an meiner Wange. »Einfach so«, sagte ich. »Weil ich es mag, wenn etwas genau zusammenpasst.«

Damit meine Nase bleiben konnte, wo sie war, hielt er den Kopf ganz still. »Also…«, begann er dann. »Wir sind nachher bei deinen Großeltern zum Tee. Erst plaudern wir ein wenig, und wenn du mir ein Zeichen gibst, verwickle ich sie in ein Gespräch, am besten über Gustav Mahler, damit du unbemerkt auf den Speicher huschen kannst.«

»Ja bitte.«

»Was willst du dort eigentlich?«

»In der Familiengeschichte herumschnüffeln.«

»Warum?«

*Weil das Familienarchiv mich genauso unwiderstehlich anzieht wie früher die Voorburger Bibliothek.*

»Ich bin eben wissenshungrig. Wenn ich meine Abstammung genau kenne, kann ich entscheiden, was ich behalten und was ich loslassen will. Erst dann kann ich die werden, die ich sein will.«

»Ist das bei deiner Schwester auch so?«

»Nein, Harmke versteht überhaupt nicht, warum ich in der Vergangenheit herumwühle. Sie ist auch sonst ganz anders als ich. Sie passt ideal in die Familie, da gibt es keine Reibungen und Widerstände. Ihr reicht, was man uns gesagt hat, und das wiederum verstehe *ich* nicht.«

»Es könnte aber gut sein, dass sie später einmal Genaueres wissen möchte. Vielleicht solltest du mehr Geduld mit ihr haben.«

Ich setzte mich auf. »Hör mal, bist du mein Richter oder mein Anwalt?«

Thomas musste lachen und warf mir ein Kissen an den Kopf. »Das Leben ist kein Strafprozess! Los jetzt, wir ziehen uns an. Ich bin richtig gespannt auf deine Familie.«

Wir stellten unsere Räder an den Gartenzaun, und ich klingelte.

»Kind!«, rief mein Großvater erfreut, um sogleich zu fragen: »Wen hast du denn da mitgebracht?«

Thomas gab ihm die Hand. »Guten Tag, ich heiße Thomas.«

Großvater überlegte kurz und fragte dann: »Der gläubige oder der ungläubige?«

Thomas lachte. »Ich bin ein ungläubiger Gläubiger, jedenfalls kein vollwertiger Katholik, fürchte ich.«

»Das sind wir auch nicht«, sagte Großvater.

Geschickt schnappte Thomas sich den Dackel, der ihn aufgeregt ankläffte, nahm ihn wie ein Baby in seine Arme und trug ihn ins Haus.

»Das ist ja fantastisch«, meinte Großmutter verblüfft. »Kommt weiter, Kinder, ihr habt bestimmt Hunger.«

Auf dem Tisch standen zwei Teekannen, Milch und Kandiszucker, Zitrone und Stroh-Rum, zwei Platten mit Nusskugeln, Vanillekipferln, Lebkuchen, Mohnkrapfen und vier Stücken Käsekuchen, außerdem ein Apfelstrudel und ein Gugelhupf mit dunkler Schokoladenglasur.

»Erbarmen Sie sich«, sagte Großmutter auffordernd und gab Thomas einen Teller und eine Kuchengabel. Nachdem er sich ausgiebig bedient hatte und zu essen begann, beobachtete sie strahlend, wie ein Bissen nach dem anderen in seinen Mund wanderte.

»Schmeckt köstlich«, sagte Thomas.

»Sind Sie ein Anhänger der katholischen Lehre vom Jenseits? Glauben Sie an das ewige Leben nach dem Tod?«, wollte mein Großvater wissen.

»Das kann ich nicht gerade behaupten«, meinte Thomas. Er wollte sich die Finger ablecken, besann sich aber und nahm die Serviette. »Ich sehe das Leben als Hauptgang an. Ob es danach noch ein Dessert gibt, bleibt abzuwarten.«

»Eine wirklich interessante Überlegung«, sagte Großmutter.

»Um ehrlich zu sein: Ich stamme aus einem ziemlich unkomplizierten katholischen Nest. Das bedeutet, dass wir nach der Messe auf ein Bier und ein Würstchen im Schlafrock in die nächstgelegene Kneipe gehen und jedes Frühjahr Karneval feiern«, erklärte Thomas halb schuldbewusst. »Und Sie? Glauben Sie denn an die Auferstehung des Leibes?«

Großvater lächelte. »Ich glaube, dass alles in einen Kreislauf ewiger Wiederkehr eingebunden ist, wobei die Gestalt variieren kann. Kennen Sie Gustav Mahlers Musik?«

»Ich bin damit aufgewachsen.«

»Mahler ist fast genau vierzig Jahre vor meiner Frau Trude und mir konvertiert. Anders als der Katholizismus legt das

Judentum nicht so viel Nachdruck auf ein Himmelreich, es ist viel eher ein komplexes Ganzes aus Vorschriften für das irdische Leben.« Und den Blick auf seinen Kuchenteller gerichtet, setzte er hinzu: »Wissen Sie, es ist nicht einfach, Jude zu sein.«

Ich merkte, dass Großmutter alles mit scharfem Blick verfolgte – jederzeit bereit einzugreifen.

»Das kann ich mir gut vorstellen«, sagte Thomas gelassen. »Halten Sie es für möglich, dass Gustav Mahler religiöse Gefühle hatte, sich aber keiner bestimmten Glaubensrichtung zugehörig fühlte?«

»Genau! Sein musikalischer Ehrgeiz hat ihn gezwungen, zum Katholizismus überzutreten, und seine jüdische Abkunft hatte er sich ebenso wenig selbst ausgesucht. In Wirklichkeit hatte Mahler eine universelle Gottesvorstellung, und seine Musik vereint Judentum und Christentum. Ist der himmlische Trost je anrührender besungen worden als im Finale der Zweiten Sinfonie, wo das Horn geblasen wird wie ein jüdischer Schofar?«

»Wahrscheinlich nicht«, sagte Thomas höflich.

Ich nahm mir eine dritte Nusskugel. »Thomas wird Zahnarzt«, sagte ich. »So wie Onkel Ernst.«

Großmutter war angetan. »Ernst hat die Zahnheilkunde einmal als große Harmonie bezeichnet, weil sie wie die Musik bestimmten Gesetzmäßigkeiten und Verhältnissen folgt.«

Großvater mischte sich ein, denn Ernst war *sein* Onkel gewesen. »Ich glaube, er hat damit gemeint, dass geschwächte Materie zerstört und anschließend nach den Gesetzen der Harmonie, so wie in der Alchemie üblich, stark und gesund neu aufgebaut wird.«

Zur Vorbereitung meines lautlosen Entschwindens auf den Speicher schlüpfte ich unter dem Tisch aus den Schuhen.

Thomas nickte. »Mein Großvater, der genau wie meine Brüder, meine Onkel und Cousins Zahnarzt ist, hat immer gesagt, wir hätten einen alchemistischen Beruf. Wir mischen Metalle wie Gold, Silber, Zinn und Kupfer mit Quecksilber.«

»Das Quecksilber verbindet die Metalle zu Amalgam und macht die Masse formbar.« Ich warf einen Seitenblick zu Thomas und wurde rot.

»Quecksilber ist das unruhigste Element der Natur«, sagte Großvater. »Nicht umsonst sagen wir von unserer Geerteke, sie sei quecksilbrig.«

Thomas wandte sich mir zu und sagte mit spöttischem Unterton: »Geerteke?«

Ich streckte ihm die Zunge heraus, sagte, ich müsse mal eben wo hin, und verließ das Wohnzimmer.

◆

»Einen wunderschönen guten Abend, ihr Lieben!« Viktor, Gisela, Bubi und Wiener hatten sich in der großen Wohnung am Schwarzenbergplatz eingefunden, wo Sascha den Esstisch hatte ausziehen lassen, damit alle Familienmitglieder nebst Anhang Platz fanden.

»Wieder rechtzeitig!«, rief Martha erfreut und begrüßte sowohl Gisela als auch Viktor mit einem Wangenkuss.

»Mütterchen, zurzeit bin ich ein Mann der Uhr«, sagte Viktor und zwinkerte Gisela zu.

»Was ist das denn?« David starrte die rot-weiß-rote Binde um Viktors rechten Oberarm an.

»Dieses völlig unsinnige Utensil…«, Viktor streifte die Armbinde ab und warf sie auf den Tisch, »… erlaubt mir als jüdischem Bürger, mich in bestimmten Wiener Bezirken einigermaßen frei zu bewegen.«

Auf dem Stoff prangte ein Kruckenkreuz, das Emblem der Vaterländischen Front.

»Und hier…«, Viktor leerte seine Manteltaschen, »… hier sind noch ein paar weitere für alle, die glauben, sie könnten ihnen hin und wieder nützen.«

Lächelnd wandte er sich seinem kleinen Neffen zu, der auf Trudes Schoß saß. »Und unser Brunochen bekommt auch ein Schutzamulett.«

Krähend griff das Kind nach der rot-weißen Anstecknadel und schob sie prompt in den Mund. Erschrocken nahm Trude ihm die Nadel weg und betrachtete dann irritiert das Metalldreieck, auf dem ein Eichenblatt zu sehen war und die Worte ›seid einig‹ standen.

»So weit ist es also gekommen! Mein eigener Sohn läuft mit faschistischen Abzeichen auf der Straße herum!«, sagte Anton.

»Aber so ist es doch nicht, Anton«, beschwichtigte Martha.

»Lass nur, Mutter. Vater hat recht.« Viktor gab auch Otto eine Anstecknadel. »Hässlich sind die Dinger ja wirklich. Und zu meiner sandfarbenen Kombination finde ich sie geradezu schauderhaft.«

»Um eine nationalsozialistische Machtübernahme in Österreich zu verhindern, bin ich sogar bereit, die Austrofaschisten als kleineres Übel hinzunehmen«, sagte Felix.

»Und die Vergewaltigung des Rechtsstaats und die Zerstörung der Demokratie, willst du die auch hinnehmen?«, fragte Trude.

»So schlimm wird es schon nicht kommen, Kinder«, versuchte David abzuwiegeln. »Unsere Vorfahren haben Übleres erlebt. Dass seit Jahrhunderten gegen die Juden gehetzt wird, trifft zu, aber es war nicht zu allen Zeiten gleich ausgeprägt. Wenn wir uns ruhig verhalten, geht das vorüber, glaubt mir.«

»Es stimmt schon, was Viktor sagt«, warf Laura ein. »Viele tragen jetzt diese Armbinden. Und wenn er meint, es schützt uns, öffentlich Vaterlandsliebe zu demonstrieren, dann mache ich das eben.«

Viktor streichelte seiner Schwester die Wange und sagte:

»Ach, meine Liebe, das Leben ist doch ein einziger großer Maskenball.«

»Viktor, bring den Hund aus dem Zimmer!«, befahl Sascha. »Sonst verschüttet Gretl noch Suppe auf meinem Rosenkelim. Und du, Bubi, nimmst diese faschistischen Schanddinger von meinem Schabbattisch. Sie passen in der Tat nicht einmal zum Service.«

Gisela wandte sich an Anton und Martha: »Sie sind bestimmt stolz auf Ihre Söhne.«

»Stolz?«, fragte Anton verblüfft.

»Ja, stolz. Viktor und Bubi haben ein neues Unternehmen gegründet.«

»Du liebe Güte«, sagte Anton erschrocken.

»Um was geht es dabei?«

»Wir sind ins Warteschlangengeschäft eingestiegen«, sagte Bubi.

»Warteschlangengeschäft? Ist das etwas Aussichtsreiches?«

»Wir gehen mit praktikablen Lösungen gegen die negativen Auswirkungen von Warteschlangen an.«

»Aber Warteschlangen haben doch keine großen negativen Auswirkungen, oder? Dass man anstehen muss, gehört zu Wien wie Strauss und Sachertorte. Die Warteschlangen sind ein typisches althergebrachtes Wiener Ritual.«

»Ich warte durchaus gern«, sagte Hedy. »Dabei lässt sich herrlich plaudern. Am liebsten über andere.«

»In solchen Fällen geht es aber weniger ums Warten, sondern eher um das soziale Miteinander«, warf Bubi ein. »Großpapa selbst hat mir einmal erklärt, dass man nirgendwo so gut Geschäfte machen kann wie in der Warteschlange vor der Staatsoper.«

»So ist es«, bestätigte David.

»Mag sein, aber unsere Kundschaft ist eine andere. Wer bei der Oper ansteht, hat etwas Schönes vor, weiß, wie lange das Warten in etwa dauert, und kann sich unterdessen gut ablenken. Wir dagegen sind für Leute tätig, die nicht wissen, wie lange sie anstehen müssen und ob dabei am Ende etwas Gutes herauskommt, sie wollen auch nicht miteinander plaudern, sondern müssen sich mit Dränglern auseinandersetzen und auf Vetternwirtschaft und Bestechung eingestellt sein.«

»Was für Leute sind das denn?« Otto machte große Augen.

»Ich erkläre ihm das«, sagte Felix zu Hedy. »Otto, du weißt doch, dass in Deutschland die Nationalsozialisten unter Hitler an der Macht sind und dass sie uns Juden nicht mögen und außerdem der Meinung sind, Österreich müsse zu Deutschland gehören. Leider haben sie auch hierzulande viele Anhänger. Und in Wien gibt es eine ganze Menge Juden, die nicht abwarten möchten, wie diese etwas… äh… bedrohliche Sache ausgeht, und darum ins Ausland wollen.«

»Das Problem ist nur, dass man zurzeit einen ganzen Packen abgestempelter und unterschriebener Papiere braucht, wenn man das Land verlassen und in ein anderes ziehen möchte«, ergänzte Viktor. »Um diese Papiere zusammenzubekommen, muss man bei allen möglichen Ämtern anstehen. Und zwar lange, weil viele anstehen und die Amtsvorgänge dauern. Manchmal stehen Eltern mit ihren Kindern tage- und sogar nächtelang in der Warteschlange. Um das zu vermeiden, können sie jetzt bei unserem Unternehmen ›Das ewige Warten‹ professionelle Warter beauftragen.«

»Professionelle Warter?«, sagte Hedy spöttisch. »Viktor, du kannst doch keine fünf Minuten still stehen. Bei dir ist ständig alles in Bewegung, außer der Zeit.«

»Wir haben Personal dafür«, sagte Bubi.

»Das Personal, das sich früher gegen Bezahlung mit anderen geprügelt hat, steht also jetzt gegen Bezahlung faul in der Gegend herum?«, sagte Anton. »Ein feines Unternehmen, wirklich!«

»Für Kranke machen wir es umsonst, Alte bekommen einen Nachlass auf den Stundensatz, und für Kinder bieten wir auf Bestellung Unterhaltung in Form von Puppentheater, Spielzeug oder geführten Spaziergängen durch den Park«, erläuterte Bubi. »Und wer selbst warten will, dem leihen wir gegen Bezahlung unsere inzwischen berühmten Wartehilfen: Hocker, Bücher und Zeitschriften. In Vorbereitung sind außerdem ein Auffrischungskurs Englisch und ein Basiskonversationskurs Französisch, die vor Ort von qualifizierten Lehrern erteilt werden.«

»Sieht ganz so aus, als hättet ihr euch wieder eine Möglichkeit ausgedacht, Not leidenden Mitmenschen das Geld aus der Tasche zu ziehen«, sagte Anton.

»Ich sehe keinen wesentlichen Unterschied zu einem Arzt, der von den Patienten, die er behandelt, ein Honorar bekommt. Oder zu einem Anwalt, der seinen Mandanten gegen Bezahlung juristisch beisteht«, sagte Gisela ruhig.

»Und ob das ein Unterschied ist! Die Warteschlange ist ein egalitäres Konzept, dabei geht es insofern gerecht zu, als jeder gleichberechtigt ist und etwas einbringen muss, das allen im gleichen Maß zur Verfügung steht: Zeit.«

»Es gibt Leute, die mehr Zeit haben als andere, das kannst du mir glauben, Anton«, sagte Ernst.

»Darum geht es nicht. Sondern um die Frage, ob die Zeit des einen mehr wert ist als die des anderen. Viktor und Bubi tun dem Konzept der Warteschlange Gewalt an, weil sie die Wartenden in Mächtige und Machtlose spalten.«

»Wenn ich es richtig verstehe, machen sie genau das nicht, Vater«, wandte Laura ein. »Ihre Dienstleistung verkürzt die Wartezeit Einzelner ja nicht. Die ist und bleibt für jeden gleich lang. Man hat lediglich die Wahl, wie man sie verbringt: sitzend, lesend, lernend oder indem man einen Stellvertreter engagiert und sich inzwischen um andere Alltagsdinge kümmert.«

»Das meine ich doch! Nur die Reichen können es sich erlauben, die Warteschlange zu umgehen.«

»Wie kommst du darauf?«, sagte David. »Wer einen anderen für sich warten lässt, kann arbeiten gehen, dann verdient er Geld, um den Warter zu bezahlen, und behält außerdem seine Stelle.«

»Großpapa, dass man Arbeit hat, ist heutzutage leider seltener als früher«, bemerkte Trude und wurde rot. »Von den Wiener Juden ist ein gutes Drittel arm und auf Unterstützung angewiesen. Meine Mutter merkt das ganz deutlich im Geschäft. Sie gibt mittlerweile so viel umsonst her, dass der Laden bald pleite ist.«

»Mir geht es darum, dass Schlangestehen eine selbstlose Handlung ist«, sagte Anton. »Man tritt etwas von seiner Zeit ab und stellt so die Bedürfnisse aller über die eigenen; so bleibt die Gemeinschaft als Ganzes friedlich und stabil.«

»Vater, du lässt wieder einmal die Realität völlig außer Acht«, sagte Viktor. »Das, was du Gemeinschaft nennst, gibt es allenfalls noch vor dem Burgtheater. Unsere Kunden dagegen sind, außer Gleichgesinnten, auch Konkurrenten. Wer vor ihnen in der Schlange steht, ist einen Schritt voraus und erhält sein Visum eher als sie. Das ändert alles.«

»Onkel Anton, du merkst schon, dass nicht alle hier mit dir einig sind, oder?«, sagte Otto. Er blickte in die Tischrunde. »Wer hat Lust, im Salon zu musizieren?«

Nachdem Laura mit Martha am Klavier *An die Musik* gesungen und Sascha ein paar Tränen der Rührung weggedrückt hatte, sagte Otto: »Und jetzt ist Bubi dran. Er hat extra für heute etwas einstudiert.«

Bubi humpelte nach vorn und schraubte den Klavierstuhl umständlich auf die richtige Höhe. Dann setzte er sich. Er grinste hinter dem offenen Deckel des Flügels hervor und sagte: »Otto hat mir erzählt, dass Beethoven einmal einen Walzer für Klavier komponiert hat, der *Gertrudes Traum* heißt. Weil ich schon immer einmal für Trude spielen wollte, die so nett zu mir ist, widme ich diesen Vortrag ihr.«

Füllten die ersten Töne noch ein wenig zögerlich den Salon, schwoll *Gertrudes Traum* bald zu einem veritablen Wiener Walzer an, der durch das offene Fenster ins Freie wehte, anmutig am beleuchteten Brunnen auf dem Schwarzenbergplatz vorbeiwirbelte und tänzerisch seinen Weg zur Ringstraße fortsetzte, die noch in aller Unschuld dalag, aber binnen weniger Wochen zum Schauplatz von Aktionen werden sollte, bei denen jegliche Chance auf ein menschenwürdiges Dasein von Kampfstiefeln zertreten würde, um dann zum Heldenplatz weiterzuziehen, auf dem in Kürze Zehntausende dem Bösen zujubeln würden, und anschließend hoch über den Straßen zu schweben, in denen noch nichts auf die Schande hindeutete, mit der die Geschichte Wiens demnächst besudelt würde, und ausgelassen Kreis um Kreis ziehend den Schlosspark Schönbrunn erreichte, wo er zwischen frühblühenden Rhododendren auf den Rasen sank, um dort voller Hoffnung Wurzeln zu schlagen.

Langsam verklangen die letzten Akkorde unter Bubis Händen, er nahm den Fuß vom Pedal und blickte auf.

Niemand rührte sich.

Im nächsten Moment ging ein wahrer Wolkenbruch nieder.

Der Wind trieb den Regen an die Fensterscheiben, es prasselte und rauschte, als brächte der Himmel eine stehende Ovation dar.

◆

Auf dem Speicher öffnete ich zum x-ten Mal die mittlere Schublade des Wäscheschranks. Inzwischen war mir klar, dass die Schriftstücke entsprechend der Einteilung ›vor dem Krieg – im Krieg – nach dem Krieg‹ in den Schachteln archiviert waren.

In aller Ruhe nahm ich mir den Inhalt von Schachtel III vor. Man merkte deutlich, dass meine Großeltern in der Zeit nach dem Krieg ein wesentlich ruhigeres und sogar entspanntes Leben geführt hatten, denn mir fielen neben allerhand Briefen und Ansichtskarten auch Programmhefte von Konzerten und sogar eine Schwimmbad-Jahreskarte von 1978 in die Hände. Außerdem ein kleines Adressbuch, das ich einsteckte. Ich verschloss die Schachtel wieder sorgfältig und nahm Nummer I heraus.

Mit beiden Händen verteilte ich den Inhalt auf dem Boden und betrachtete dann die Bescheinigungen und Urkunden, die von Geburt, Taufe, Heirat, Arbeit, Tod und letztem Willen zeugten, allesamt in schön geschwungenen Handschriften, die ich jedoch kaum entziffern konnte. Vorsichtig schob ich Gustav, der sich auf einem Teil der Unterlagen breitgemacht hatte, ein wenig zur Seite.

Wo er gelegen hatte, entdeckte ich ein vergilbtes Blatt Papier.

Ein ärztliches Schreiben offenbar, denn im Briefkopf stand *Dr. Richard Nepallek, Arzt.*

Ich wollte den Brief wieder weglegen, da sah ich, von wem darin die Rede war: Viktor Rosenbaum, geboren in Wien, IV. Dezember 1908.

*Amice,* schrieb Doktor Nepallek. *Heute, den 7. Februar 1932, habe ich auf Ihr Ansuchen hin in meiner Praxis mit Ihrem Sohn Viktor Rosenbaum gesprochen.* Mein Blick glitt über die Zeilen, bis zu dem Abschnitt *Vorläufiger Befund.* Und ich las: *Vermutlich leidet Ihr Sohn an einer affektiven Störung, die sich unter anderem darin äußert, dass er Schwierigkeiten hat, Autoritäten zu akzeptieren, und zum pathologischen Lügen neigt.*

Was eine ›affektive Störung‹ war, wusste ich nicht, aber ich konnte mir gut vorstellen, dass Ungehorsam und Lügen einen ins Gefängnis bringen konnten. Indem ich noch über das Gelesene sinnierte, packte ich die Unterlagen zusammen und steckte den Papierstoß wieder in die Schachtel.

Dann nahm ich Gustav auf den Arm, löschte das Licht und verließ den Speicher.

Unten angekommen, wollte ich wieder ins Wohnzimmer, hielt aber in der Türöffnung inne.

Auf dem Sofa saß, in magisch anmutendem Dämmerlicht, Thomas zwischen meinen Großeltern. Er hatte Wiener auf dem Schoß, der es sich bequem gemacht hatte: Der Dackel lag auf dem Rücken und ließ die Zunge seitlich aus dem Maul hängen. Die letzten Töne der *Auferstehung* erfüllten den Raum.

Nach sekundenlanger Stille setzte der aufgezeichnete Applaus ein, meine Großeltern klatschten mit und bedachten die sich in ihrer Fantasie verneigenden Musiker mit Bravo-Rufen.

◆

Am nächsten Morgen schallten im Haus am Schwarzenbergplatz Stimmen durch die Marmordiele, Schritte waren auf der Treppe zu hören, und gleich darauf wurde an die Wohnungstür der Rosenbaums gehämmert. Das Dienstmädchen, das öffnete, wurde von drei hereinstürmenden Männern mit Hakenkreuz-Armbinden fast über den Haufen gerannt. »Sind hier Juden?«, rief einer, woraufhin das Mädchen erschrocken den Kopf schüttelte.

Im nächsten Moment erschien David im Flur. »Was kann ich für Sie tun?«, fragte er höflich.

»Bürsten und Eimer holen und mitkommen!«

»Bürsten und Eimer?«, fragte David verwundert. »Gedulden Sie sich bitte einen Augenblick, wir sitzen gerade am Frühstückstisch. Sie können einstweilen gern Platz nehmen.«

Der Mann trat vor, zerschlug mit seinem Gewehrkolben die Scheibe der Vitrine und rammte ihn dann David in den Bauch: »Mach schon, dreckige Judensau!«

Sascha war herbeigeeilt, totenbleich im Gesicht.

»Du auch! Mitkommen!«

»In Ordnung, wir kommen mit.« Saschas Stimme zitterte. Sie warf einen Blick zu David, der zusammengekrümmt inmitten der Scherben am Boden lag. »Aber lassen Sie mich bitte erst meinem Mann aufhelfen.«

Als die Männer die beiden vor sich her zur Treppe trieben, rief Gretl ihnen nach: »Wagt es ja nicht, ihnen etwas anzutun, ihr Verbrecher!« Und dann, an Sascha und David gewandt: »Keine Sorge, Hilda und ich kümmern uns um Ihr Haus, bis Sie wieder da sind!«

»Danke, Gretl«, murmelte David.

Einer der Männer lachte höhnisch. »*Ihr* Haus! Blöder Jude! Glaubst du wirklich, dir bleibt noch was von deinem Besitz? Von nun an hast du keine Rechte mehr. Du und die anderen Juden, ihr lernt jetzt erst einmal, was Arbeiten heißt.«

»Ich habe mein Leben lang gearbeitet«, sagte David leise.

Der Mann versetzte ihm einen Schlag ins Gesicht. »Das ist typisch für euch Judengesindel. Auch noch lügen!«, brüllte er und riss die Haustür auf.

David und Sascha wurden über den Schwarzenbergplatz zur Prinz-Eugen-Straße bugsiert, wo sich eine große Menschenmenge versammelt hatte. Man füllte ihre Eimer, und ein Kommando ertönte: »Los jetzt, schrubben!«

Gewaltsam wurden sie niedergedrückt und wie ihre Leidensgenossen gezwungen, auf dem Boden kniend Schuschniggs Wahlparolen mit Seifenwasser wegzuputzen. Ganz in der Nähe wurde ein alter Mann angespuckt und bekam dann unter lautem Johlen der Umstehenden eine Zahnbürste in die Hand gedrückt. »An die Arbeit, fauler Dreckjude!«

David und Sascha begannen, die Kreideschrift von den Trottoirplatten zu schrubben. Als Sascha sich verstohlen umblickte, trug ihr das einen Fußtritt ein, sodass sie vornüberfiel.

Mühsam rappelte sie sich auf. Ihre Handflächen brannten, und die Wange war aufgeschrammt. Zur Erheiterung seiner Kameraden wiederholte ihr Peiniger das Spiel noch ein paarmal.

»He, Jüdin, lach das Vögelchen an!«, rief einer Sascha zu und machte ein Foto.

Augenblicke später bog ein Überfallwagen in die Prinz-Eugen-Straße ein. Unweit der Menschenmenge kam er zum Stehen, und ein junger Nazi sprang behände vom Trittbrett.

»Ein SS-Mann!«, wurde rundum geflüstert, »ein echter Oberscharführer!«

Dass die Soldaten der deutschen Wehrmacht in der Nacht bis Linz gekommen waren, hatte sich herumgesprochen – aber jetzt schon ein direkter Abgesandter Hitlers in Wien!

Der Mann trug eine schwarze Uniform mit Gürtel und gelb abgesetzten Schulterstücken, dazu blanke Stiefel, und der Mützenschirm verschattete sein Gesicht. Er hob den rechten Arm und sagte, ohne die Stimme zu erheben, um so Überlegenheit zu demonstrieren, in reinstem Hochdeutsch: »Heil Hitler. Das Hotel Metropol soll für die Gestapo vorbereitet werden. Dafür reklamiere ich zwei Juden.«

Unwillkürlich duckten sich alle. Der Mann – er stand zufällig in der Nähe von David und Sascha – wies mit der Stiefelspitze lässig auf sie. »Die beiden! Ab in den Wagen!«

Als es am selben Morgen um halb zehn in der Währinger Straße klingelte, nahm Hedy entschlossen ihren Ring und die Ohrstecker ab, schob sie in den Mund und verschluckte sie.

Fassungslos starrte die im Flur versammelte Familie den Mann in der Wohnungstür an. Er trug eine schwarze Uniform mit Kragenspiegeln der SS, hatte die Mütze weit ins Gesicht gezogen, und über dem Hakenkreuz aus Nickel auf der Brusttasche prangte eine ganze Reihe Orden.

»Wenigstens schicken sie ihre besten Leute zu den bedeutendsten Familien«, flüsterte Hedy.

»Beste Leute?«, sagte Bubi. »Mit zwanzig Auszeichnungen aus einem verlorenen Krieg, meinst du wohl?«

»Bubi!«, rügte Anton erschrocken und sagte dann zu dem Mann: »Guten Morgen, Herr Oberscharführer, nehmen Sie es unserem Sohn nicht übel, er meint es nicht so.«

»Ich denke, er meint es durchaus so«, sagte Viktor und lüftete die Mütze. »Zieht euch warme Sachen und feste Schuhe an. Maria, hol Brot, Butter, Käse, Fleisch, Kartoffeln, Kaffee und Tee, außerdem Streichhölzer und warme Decken und verteil alles auf fünf Rucksäcke. Mutter, lass eine Büchse Lampenöl aus dem Keller bringen und Feldflaschen mit Wasser füllen. Laura, hol Lektüre aus der Bibliothek. Und du, Vater, sorgst für eine Flasche Stroh-Rum.«

Entgeisterte Blicke reihum.

»Los, macht schon! Wir haben keine Zeit zu verlieren«, drängte Viktor.

»Der notorische Zuspätkommer spricht!«, sagte Hedy schnippisch.

»Was ist mit David und Sascha?«, fragte Martha besorgt.

»Sitzen unten im Wagen«, antwortete Viktor und wandte sich dann an Ernst: »Aber um Großpapa steht es gar nicht gut. Wir brauchen auch Verbandmaterial und Medikamente.« Er sah Felix an. »Hier, Bruderherz, zieh das an.«

»Wie bitte?« Felix starrte auf die Soldatenuniform, die Viktor ihm hinhielt.

»Sie ist nicht so schön wie meine, aber es wäre zu auffällig, wenn ein Oberscharführer persönlich den Wagen lenkt. Du musst den Chauffeur spielen.«

»Aber ...«

»Nun zier dich nicht. Bald ist Purim, warum nicht heute schon verkleiden?« Viktor drückte ihm die Uniform in die Hände.

Es dauerte nicht lange, und die gepackten Rucksäcke standen im Flur.

»Wohin bringst du uns?«, fragte Hedy.

Viktor sah Ernst an, der ihm zunickte und sagte: »An einen Ort, an dem wir fürs Erste in Sicherheit sind.«

Martha umarmte zum Abschied die schluchzende Maria. »Es ist besser, du weißt nicht, wo wir sind und wann wir wiederkommen. Aber es wird hoffentlich nicht lange dauern, liebe Maria. Halt dich tapfer.«

◆

An einem eiskalten Mittwochabend ging ich mit Yolanda ins Theater am Keizer Karelplein. Wir sahen ein Stück, in dem eine Frau – gespielt von einer hervorragenden Darstellerin – vergewaltigt wird. Anfangs verschweigt die Frau das Geschehen, aber nachdem ihr Ehemann, der merkt, dass etwas nicht stimmt, sie tagelang gedrängt hat, erzählt sie schließlich unter Tränen, was ihr Furchtbares zugestoßen ist. Eine ungeheure Wut auf den, der seiner geliebten Frau das angetan hat, überkommt den Mann. Zugleich macht er sich bittere Vorwürfe, weil er sie nicht schützen konnte. Er nimmt sich vor, den Täter auf eigene Faust zu suchen und zur Rechenschaft zu ziehen. Die Vergewaltigung bestimmt bald sein gesamtes Denken, er fragt seine Frau nach jeder Einzelheit, steigert sich in verzweifelte Raserei und stellt sich nahezu manisch immer wieder vor, was sie hätte tun können oder müssen, um dem Vergewaltiger zu entkommen. Er merkt gar nicht, wie demütigend das für seine Frau ist und dass er die Sache nur noch schlimmer macht, indem er sich selbst zum Opfer stilisiert. Am Ende zerbricht ihre bisher liebevolle Ehe daran.

Nach der Vorstellung gingen wir zu mir, wo Yolanda ihr Rad im Vorgarten abgestellt hatte.

»Kommst du noch auf einen Absacker mit nach oben?«, fragte ich. »Ich habe Portwein.«

»Geht nicht.«

»Vintage Port.«

»Dann schon gar nicht. Ich habe morgen Zwischenprüfung.« Sie schloss ihr Rad auf.

»Yolanda…« Ich zupfte ein Büschel bereiftes Moos von der Gartenpforte. »Glaubst du, dass ich mich zu stark mit der Geschichte, nein, dem Leid meiner Großeltern identifiziere?«

»Keine Ahnung. Warum fragst du sie nicht?«

»Wie bitte?« Ich musste lachen. »Warum ich sie nicht frage? Weil ich aus einer jüdischen Familie komme!«

»Na gut. Wie siehst du es selbst?«

»Ich denke schon, dass es so ist. Aber mir ist nicht klar, warum.«

»Der Mensch verhält sich so, dass er einen Nutzen davon hat. Was also bringt es dir, dich mit dem Leid deiner Großeltern zu identifizieren?«

»Vielleicht will ich ihnen näher kommen. Damit ich mich nicht mehr so als Außenseiterin fühle. Als eine Art Anhängsel der Familie…«

»Klassischer Fall«, meinte sie. »Identifikation verwischt die Grenzen zum anderen. Aber damit verbaust du dir die Möglichkeit, dich von deiner Familie wegzubewegen.«

Sie umarmte mich, stieg auf ihr Rad und fuhr davon.

An dem Abend konnte ich nicht einschlafen.

War es für mich eine Frage der Ehre geworden, das Leid

unserer Familie mitzutragen? Ging meine Identifikation so weit, dass ich mich ebenfalls als Opfer des Holocaust empfand? Eignete ich mir unrechtmäßig das jüdische Leid an und pflegte es gar noch?

Um ein Uhr stieg ich aus meinem Hochbett und schlich im Schlafanzug die Treppe hinab zum Telefon.

»Ja bitte?« Harmkes Stimme klang verschlafen.

»Harmke, findest du, dass ich Großvater und Großmutter, oder auch Mama und Papa, ihre Geschichte abspenstig mache?« Ich flüsterte, um keinen der Mitbewohner zu wecken.

»Geertje, ist mit dir alles in Ordnung? Es ist mitten in der Nacht! Wo bist du?« Auch sie flüsterte, vermutlich vor Schreck.

»Ich heiße Judith. Sag mir, nehme ich ihnen ihr Leidensmonopol weg? Begehe ich einen Diebstahl? Ist es das?«

Am anderen Ende der Leitung blieb es still.

»Harmke?«

»Im Gegenteil. Du verhältst dich nicht wie ein Dieb, sondern wie ein junger Hund. Was sie von sich abgeworfen haben, bringst du dauernd wieder an. Sie wollen nichts lieber, als die Vergangenheit ein für alle Mal begraben, aber du gräbst sie wie ein übermütiger Welpe wieder aus, als ob sie ein saftiger Knochen wäre.«

»Gerade dieses Begraben finde ich unerträglich; ich bin stellvertretend wütend und traurig, weil sie es nicht sind. Oder es jedenfalls nicht zeigen. Wenn sie das täten, hätte ich wahrscheinlich kein Bedürfnis danach.«

»Du weißt doch überhaupt nicht, was in ihnen vorgeht«, sagte Harmke. »Das weiß niemand.«

◆

Während Felix mit Viktor neben sich auf dem Beifahrersitz in Richtung Währing fuhr, sahen die anderen durch einen Spalt in der Plane, dass sich allenthalben große Gruppen zusammengefunden hatten, die unter Hohngelächter ihre Frustrationen an jüdischen Mitbürgern ausließen. Dass die Kunden von gestern in der Währinger Straße Schaufenster einwarfen und Läden plünderten. Dass auf Höhe des Gürtels bei der Volksoper hintereinanderstehende Juden gezwungen wurden, vor Zuschauern, die sie vor Kurzem noch auf der Straße gegrüßt hatten, Froschhüpfer und Kniebeugen zu machen. Dass auf dem Platz vor der Sankt-Gertrud-Kirche, von deren Kanzel am nächsten Morgen wieder Nächstenliebe gepredigt würde, Juden herumgestoßen und geschlagen und aus Eimern mit Schmutzwasser begossen wurden und dabei im Chor rufen mussten: »Wir danken euch, dass wir noch am Leben sind.«

Nachdem der Wagen die Friedhöfe von Hernals und Dornbach passiert hatte, war es ruhiger auf den Straßen, dennoch fuhren sie mit unvermindert hohem Tempo weiter, hinaus aus der Stadt und auf den Wienerwald zu, in die vorläufige Sicherheit.

Auf Viktors Geheiß fuhr Felix schließlich querfeldein über matschiges Land bis zu einer leer stehenden Viehscheune.

Er lenkte den Wagen hinein, dann stiegen er und Viktor aus, banden die Plane beiderseits fest, öffneten die Klappe und halfen den anderen aus dem Laderaum. Der kleine Bruno begann sogleich mit Wiener herumzutollen und Laura sagte: »Entschuldige, Felix, aber fahren kannst du wirklich nicht. Mir ist speiübel.«

»Wir müssen weiter«, sagte Viktor kurz. Die schwersten Rucksäcke lud er sich, Felix und Laura auf, dann bedeutete er Ernst und Hedy, David, der nur mühsam gehen konnte, unterzuhaken, und er selbst nahm sich seiner Großmutter an.

Der Weg führte über feuchte Wiesen, dann ein kurzes Stück die Straße entlang und schließlich in den Wald. Es ging bergauf und bergab, sie kamen ins Schwitzen, knickten auf dem unebenen Pfad mit den Knöcheln um und warnten sich gegenseitig vor Kaninchenlöchern und tückischen Baumwurzeln. Die durchnässten Lederschuhe rieben ihnen Blasen, und sie rissen sich die Hände auf, wenn sie dornige Zweige füreinander beiseitehielten. Hin und wieder blieben sie stehen, um einen Schluck zu trinken oder die Reihe neu zu formieren.

»Eine Blockhütte«, stellte Hedy Stunden später keuchend fest. David, der sich schwer auf sie stützte, war vor Erschöpfung aschfahl, auf seiner Stirn perlte Schweiß.

Felix öffnete die Fensterläden, und Viktor und Ernst trugen David ins Haus und legten ihn auf eine Pritsche in der kleinen Schlafkammer. »Hedy, zieh Vater die nassen Sachen aus«, sagte Ernst, »halte ihn mit Decken warm und sorg dafür, dass er viel trinkt. Ich bin gleich wieder da und sehe nach ihm.«

Trude ging mit Bruno auf die Suche nach Anmachholz, und Felix lief zum Bach, um Wasser zu holen. Während Laura die

Hütte von Staub und Spinnweben befreite, fegte Bubi den Boden und zündete dann die Öllampe an.

Im Freien fand Anton Ernst auf einem Hackklotz sitzend vor. Er hatte die Brille abgenommen und fuhr sich übers Gesicht.

»Wie geht es Vater?«, fragte Anton.

»Mutter hat gesagt, die Nazis hätten ihm einen Gewehrkolben in den Bauch gerammt«, sagte Ernst leise. »Ich fürchte, es ist eine innere Blutung.«

»Und das heißt?«

»Dass er schnellstmöglich operiert werden muss.«

»Wie soll das gehen?«

Ernst wich dem fragenden Blick seines Bruders aus.

»Ernst...«, sagte Anton.

Ernst schwieg. »Ich kann lediglich dafür sorgen, dass er keine Schmerzen leidet«, meinte er schließlich.

Kurze Zeit später saßen alle bei Brot und Tee um den Ofen, Sascha und Anton auf den zwei einzigen Stühlen, die anderen auf dem Boden.

»Ist doch ganz gemütlich, oder?«, sagte Sascha im Plauderton. »Mich erinnert das an unseren ersten Urlaub in Tirol. Ach ja, das schlichte, beschauliche Landleben! Hier draußen ist es auch viel leichter, die Schabbatregeln einzuhalten. Mein lieber Ernst, dein Ferienhäuschen ist einfach wunderbar. Genauso charmant wie Graslbrunn. Aber nun sag, geht es Vater etwas besser?«

Ernst tauschte einen raschen Blick mit Anton, dann zwang er sich zu einem Lächeln und sagte: »Ich tue, was ich kann, Mutter.«

»Dann ist es gut«, meinte Sascha. »Ich sage immer: Was der Ewige nicht richtet, richtet der Arzt.«

Bubi stieß Viktor an. »Ist sie geistig nicht mehr richtig beieinander?«, flüsterte er.

»Viktor, du bist heute ausnahmsweise nicht zu spät gekommen«, sagte Laura.

»Du täuschst dich«, entgegnete Viktor. Er stand auf, ging ins Freie und schlug Wiener die Tür vor der Schnauze zu.

Unvermittelt brach Sascha in Tränen aus. Martha legte den Arm um ihre Schultern. »Aber Mutter, was hast du denn?«

»Sie haben meine Geschirrvitrine zertrümmert«, schluchzte Sascha. Dann hörte sie ebenso plötzlich zu weinen auf, wie sie begonnen hatte. Die Arme um den Körper geschlagen, starrte sie vor sich hin.

Bubi war ebenfalls aufgestanden und hinausgegangen. Vor der Hütte traf er Viktor an, der aus Leibeskräften Holz spaltete.

»Viktor...«

»Ich bin zu spät gekommen.«

»Was redest du da?«

»Zu spät für Großpapa. Das überlebt er nicht, Bubi, er stirbt.«

»Aber das ist doch nicht deine Schuld!«

»Du verstehst nicht. Es gibt Momente im Leben, die uns definieren. Und ich war im entscheidenden Moment nicht da. Punkt. Aus.«

»Nein, *du* verstehst nicht! Wenn David stirbt, definiert das nicht dich, sondern die Nazis, die ihn misshandelt haben!«

»Ich hätte es verhindern müssen«, murmelte Viktor und hob das Beil. »Seine Zeit war noch nicht gekommen.«

Bubi packte Viktor wütend an den Schultern. »Du hättest gar nichts verhindern können, versteh das endlich! Der Zug der Geschichte rast unaufhaltsam bergab. Wenn das Böse in den Menschen sich derart zusammenballt, kann auch der Ewige kaum etwas ausrichten. Und da erwartest du von dir selbst, den Zug mal eben aufhalten zu können?« Bubi liefen Tränen über die Wangen. »Du hast heute eine Weiche umgelegt, Viktor, und damit den Kurs der Geschichte für deine Familie um ein paar Grad geändert. Allein das ist eine Heldentat!«

Viktor ließ das Beil zu Boden fallen. Das Stampfen der erschrockenen Hasen klang in seinen Ohren wie die Gewehrsalve eines Exekutionskommandos.

»Es wird dunkel«, sagte Ernst, der gerade wieder nach David gesehen hatte. »Höchste Zeit, die Fensterläden zuzumachen.«

»Wie steht's mit Vater?«, fragte Martha.

»Kritisch.«

»Wo ist hier eigentlich die Toilette?«, erkundigte sich Hedy.

Anton machte eine Handbewegung zur Tür hin. »Draußen, mehrere Hundert Hektar groß.«

»Oh. Und wo sollen wir schlafen?«

»Vater und Mutter auf den Pritschen. Alle anderen auf dem Fußboden«, beschied Ernst ihr und sagte dann, zu Anton gewandt: »Wir wechseln uns bei der Nachtwache ab.«

»Beim Ofenfeuer?«

»Und bei Vater.«

»Darum also war der Rucksack so schwer«, sagte Laura zu Felix, der seine Geige aus dem Kasten genommen und ein Taschentuch auf seine linke Schulter gebreitet hatte und nun mit dem goldgelben Harzblock über die Bogenhaare strich.

Martha und Sascha, vom Stimmen des Instruments angelockt, lehnten beiderseits am Türrahmen.

Felix legte die Geige unter sein Kinn. »Über das Lied *Ich bin der Welt abhanden gekommen* hat Mahler einmal gesagt: ›Das bin ich.‹ Es handelt vom Fremdsein in einer Welt, die ihn im Grunde nie akzeptiert hat. Der Dichter beschreibt, wie er sich einen Ort schafft, an dem er kein Ausgeschlossensein mehr verspürt. Er findet Trost in der Liebe und der Musik.«

Felix schloss kurz die Augen, dann erklangen die ersten getragenen Töne.

Wortlos intonierte die Geige die unbeschreibliche neue Wirklichkeit der Rosenbaums, die über Nacht von ehrbaren Bürgern zu Ausgestoßenen geworden waren, von Menschen zu gejagtem Wild, verdammt zu Isolation und Einsamkeit. Und während die Melodie dahinmäanderte, schien das Leben in Wien sich immer weiter zu entfernen, wurde fast zu einer vagen Erinnerung.

*Ich bin der Welt abhanden gekommen,*
*Mit der ich sonst viele Zeit verdorben.*
*Sie hat so lange von mir nichts vernommen,*
*Sie mag wohl glauben, ich sei gestorben.*

*Es ist mir auch gar nichts daran gelegen,*
*Ob sie mich für gestorben hält.*
*Ich kann auch gar nichts sagen dagegen,*
*Denn wirklich bin ich gestorben der Welt.*

*Ich bin gestorben dem Weltgewimmel*
*Und ruh in einem stillen Gebiet.*
*Ich leb in mir und meinem Himmel,*
*In meinem Lieben, in meinem Lied.*

»Kommt ihr bitte?«, durchbrach Martha die Stille nach den letzten Tönen. »Vater ist bei Bewusstsein und hat nach euch gefragt.«

David lag auf der dünnen Matratze der Holzpritsche. Sein Kopf, der unter den Decken hervorschaute, wirkte klein und zerbrechlich. Hedy betupfte mit einem feuchten Tuch seine Lippen und neigte sich dicht an sein Ohr: »Vater, wir sind jetzt alle bei dir.« Weil David nicht reagierte, fühlte Ernst ihm den Puls. Auf einmal suchten Davids Augen die von Sascha, die auf der Bettkante saß, und sein Mund bewegte sich.

»Was sagst du, Schatz?« Sie ergriff seine Hand.

»Ist unser Wohlstand uns zum Schicksal geworden?«, kam es kaum hörbar von seinen Lippen, dann schloss er die Augen wieder.

»Er hat fast keinen Puls mehr«, sagte Ernst eine halbe Stunde später.

Leise sprachen Anton und Bubi, wie ihre Ahnen in den vergangenen Jahrtausenden, den uralten Aufruf an das jüdische Volk: »*Höre, Israel, der Herr ist unser G-tt, der Herr ist einer. Und du sollst den Herrn, deinen G-tt, lieben mit ganzem Herzen, mit ganzer Seele und mit ganzer Kraft.*«

Sie wiederholten ihn immer wieder.

Noch am selben Abend starb David.

»Was soll nun werden?«, fragte Anton, als er mit seinem Bruder am Ofen saß.

»Wir müssen ihn hier begraben«, sagte Ernst leise.

»Auf keinen Fall!« Saschas Stimme aus der angrenzenden Schlafkammer überschlug sich. »Mein Mann wird nicht im Wald begraben!«

Martha warf den Brüdern einen vorwurfsvollen Blick zu. Anton beschwichtigte sie mit einer Geste und sagte: »Gut, dann rufen wir die Chewra Kadischa und setzen eine Traueranzeige in die Zeitung.«

»Außerdem ist sein Tallit zu Hause!«, rief Sascha.

»Mutter, sei so gut und zerreiß keine Kleidung, du brauchst deine warmen Sachen nötig«, war nun Hedys Stimme zu vernehmen.

»Am besten, wir versuchen erst einmal zur Ruhe zu kommen, wir sind alle erschöpft.« Martha seufzte. »Und morgen sehen wir weiter.«

Am nächsten Morgen faltete Laura still die Decken zusammen, während Felix einen Topf Wasser für Kaffee aufsetzte und Martha schweigend Brot und Käse schnitt.

»Wir müssen zurück«, sagte Ernst tonlos. »Noch ehe es Nacht wird.«

»Meinst du denn, in Wien stehen die Dinge inzwischen besser?«

»Keine Ahnung. Wir müssen es darauf ankommen lassen.«

»Felix, Trude und Klein-Bruno könnten ja hierbleiben«, schlug Laura vor. »Das Essen reicht für die nächsten Tage.«

Viktor machte eine bedenkliche Miene. »Ich weiß nicht, wann sich für mich eine Gelegenheit ergibt, sie abzuholen. Und dann sitzen sie hier fest.«

»Wir müssen den Weg durch den Wald bei Tageslicht zurückgehen, aber den Wagen können wir erst benutzen, wenn es dunkel ist«, sagte Ernst.

»Falls er überhaupt noch da ist«, meinte Martha leise.

»Wir machen nachher aus stabilen Ästen eine Trage für Großpapa«, sagte Viktor zu Felix und Bubi.

»Sehr gut«, sagte Anton, »zumal ich morgen in die Kanzlei muss.«

»Wie bitte?«

»Morgen ist Montag. Um neun kommt ein Mandant.«

◆

Einige Zeit später sah ich zufällig an der Pinnwand der Schul die Ankündigung eines Themenvormittags mit dem Titel ›Wem gehört die Schoah? Erste und zweite Generation im Gespräch‹.

Tagelang überlegte ich hin und her und traf dann meinen Entschluss: Wenn es nicht möglich war, zu Hause mit der ersten Generation ins Gespräch zu kommen, würde ich es eben bei anderen Vertretern dieser Generation versuchen.

Das Treffen, von dem ich mir eine Antwort auf die Frage ›Wem gehört die Schoah?‹ erhoffte, war – warum auch immer – in einem grau gestrichenen Saal eines anonymen Kongresszentrums anberaumt. Beim Eintreten sah ich acht sehr alte Herrschaften, die bereits Platz genommen hatten. Ich lächelte ihnen respektvoll zu, denn ich ging davon aus, dass es sich um die Opfergeneration handelte, und wenn mir eines glasklar war, dann, dass in erster Linie *sie* Anspruch auf die Schoah hatten.

Bestimmt würden noch weitere Teilnehmer meines Alters kommen. Um die Tür im Auge behalten zu können, setzte ich mich auf einen Stuhl in der letzten Reihe.

Eine knappe Viertelstunde verging, ohne dass jemand kam.

Auf meiner Uhr sah ich, dass die Veranstaltung in wenigen Minuten anfangen würde – und das Durchschnittsalter im Raum lag noch immer um die achtzig. Das machte mich nervös. Hatte ich mich in der Zeit geirrt? War ich eine Stunde zu früh gekommen? Oder womöglich eine Woche? Oder befand ich mich nicht am richtigen Ort? Würde hier gleich eine Vorführung von Keramikpfannen beginnen und das Gespräch fand in einem anderen Raum statt? Oder in einer anderen Stadt?

Mir brach der Schweiß aus. Noch einmal musterte ich die Anwesenden, aber ihnen war absolut nicht anzusehen, ob sie auf eine Werbeveranstaltung oder ein Generationengespräch warteten. Ich hatte mich gerade entschlossen, jemanden zu fragen, da kam eine junge Frau herein. Ihr Blick streifte mich, und sie zwinkerte mir zu.

Erleichtert lächelte ich sie an. Was hatte ich nur gedacht! Selbstverständlich war es für Leute meines Alters nicht einfach, sich aus ihrem stressigen Alltag loszueisen; für lange Plaudereien vor dem eigentlichen Gespräch hatten wir wahrhaftig keine Zeit.

Aber die zweite Generation kam nicht stilvoll zu spät. Meine Generationsgefährten glänzten weiter durch Abwesenheit, und kaum eine halbe Stunde später ging mir auf, warum.

»Wir fangen an!«, ertönte die melodische Stimme der jungen Frau, die sich als Moderatorin des Gesprächs entpuppte. »Wir sind ja nur ein kleines Häuflein, aber egal, auch das hat seine Vorteile.«

Während sie flink zehn Stühle im Halbkreis arrangierte und uns aufforderte, dort Platz zu nehmen, sagte ich mir, dass ich notfalls ein plötzliches Unwohlsein vortäuschen und gehen könnte.

Nach der Vorstellrunde zeigte uns die Moderatorin, quasi als Einstieg ins Thema, auf einem mobilen Fernseher einen Ausschnitt aus dem Film *Schindlers Liste*.

Dann schaltete sie den Apparat aus. »Tja...«, sagte sie und legte die Hände aneinander, »wem ›gehört‹ denn nun der Holocaust?«

»Jedenfalls nicht Spielberg«, sagte ein Mann mit Glatze und Schnurrbart, der sich als Fred vorgestellt hatte.

Zustimmendes Gemurmel.

»Und diese grässliche Musik!«, empörte sich die Frau zu meiner Rechten und starrte mich so wütend an, als hätte ich sie komponiert. »Nicht zum Anhören, wirklich!«

»Meinen Sie Perlmans Geigenpart?«, fragte ich.

»Ja! Furchtbar! Ich kann nur noch Walzer ertragen. Dieser Vierviertakt ist besudelt, seit Tausende Soldaten dazu marschiert sind.«

»Aber dafür kann der Vierviertakt doch nichts, oder?«, wandte ich ein. »An Goebbels' Propaganda ist schließlich auch nicht das Alphabet schuld.«

Daraufhin machte sie eine abfällige Geste und drehte sich von mir weg.

Die Moderatorin wiederholte ihre Frage.

»Die Schoah gehört uns, auch wenn ich sie lieber nicht erlebt hätte«, sagte Fred mit seinem Amsterdamer Zungenschlag.

»Ich auch nicht, aber man muss nun einmal damit leben«, sagte die dickliche Frau links von mir.

»Leben kann ich nicht mehr. Nur noch überleben«, sagte ein Mann. »Leben, das soll die Generation nach uns versuchen.« Und er sah erst die Moderatorin und dann mich eindringlich an.

Ich biss mir auf die Nägel. Nun hatte ich den Salat: Ungewollt war ich zum Sprachrohr der gesamten zweiten Generation geworden, die – abgesehen von mir – so schlau gewesen war, heute nicht hier zu erscheinen.

»Möchte jemand noch etwas dazu sagen?«, fragte die Moderatorin. »Sollte die nächste Generation die Schoah ständig im Hinterkopf haben? Ist es die Aufgabe von Leuten wie Judith und mir, das Erbe des Holocaust in Ehren zu halten? Es sogar aktiv weiterzutragen?«

»Das geht gar nicht, weil ihr diese Zeit nicht erlebt habt«, sagte eine Frau namens Riet, »und warum solltet ihr das auch wollen? Wir hatten damals keine Wahl, ihr habt eine.« Und sie verschränkte die Arme vor der Brust.

»Ich persönlich stehe eher ambivalent dazu«, sagte ein Mann mit einem kleinen goldenen Abzeichen am Revers. »Viele von uns würden der nächsten Generation gern erzählen, was wir durchgestanden haben, aber uns fehlen die Worte dafür. Trotzdem finde ich, wir sollten es versuchen. Es ist wichtig, dass die Jungen gewappnet sind, schließlich haben sie keine Ahnung.«

»So ist es«, bestätigte Riet, »wenn ich mir meine anspruchsvollen Kinder ansehe, denke ich manchmal: Habe ich dafür nun die Lager überlebt? In Friedenszeiten jüdisch sein, das können alle!«

»Riet, ich glaube, Maurice hat es anders gemeint«, sagte die Moderatorin beschwichtigend und wandte sich wieder an mich: »Judith, du gehörst ja genau wie ich zur sogenannten zweiten Generation...«

»Meine Mutter und ihre Zwillingsschwester waren in Mengeles Experimentierblock«, sagte eine Frau mit weißer Pagenfrisur. »Eine fürchterliche Person, ihre Schwester. Wo sie hintrat, wuchs kein Gras mehr. Aber in Auschwitz war sie ein Engel. Sie sprach allen Mut zu und kümmerte sich rührend um die Kinder. Bis zu dem Tag, als sie wieder nach Amsterdam kam: Von da an war sie wieder das alte Aas.«

»Judith, möchtest du dich vielleicht auch äußern?«

»Und Ihre Mutter?«, fragte Fred die Pagenfrisur.

»Ist '56 gestorben. An Auschwitz.«

Fred nickte. »Gegen Auschwitz gibt es kein Heilmittel.«

»Judith?« Die Moderatorin nickte mir ermunternd zu.

Ich räusperte mich. »Ich habe das Gefühl, dass meine Familie die Schoah kaum als Teil ihrer Identität begreift. Deshalb habe ich vielleicht die Neigung, es an ihrer Stelle zu tun.« Und ich hob wie zur Entschuldigung die Schultern.

Die dickliche Frau drehte sich zu mir. »Ja, das kenne ich. Man will das Leiden seiner Vorfahren auf sich nehmen, aber dann wird es einem zur Last.« Anklagend deutete sie auf die Moderatorin und dann auf mich. »Ihr werdet uns den Holocaust nie verzeihen!«

Mit einem Mal begriff ich, dass die anderen im Grunde nicht aus dem Bedürfnis heraus gekommen waren, einen Dialog zu führen. Das heißt, vielleicht wollten sie es schon, aber man hatte ihnen in Auschwitz die Bereitschaft zu offenen Gesprächen ausgetrieben und ihr Vertrauen in die Menschheit so erschüttert, dass sie in anderen an erster Stelle potenzielle Mörder sahen.

Ich wollte nach Hause.

»Ich glaube nicht, dass Judith und ich uns in dieser Analyse erkennen«, sagte die Moderatorin mit therapeutischem Tonfall.

»Darf ich fragen, wie Ihre Familie durch den Krieg gekommen ist?« Maurice-mit-dem-Verdienstorden sah mich unverwandt an.

Ich erschrak, denn in Gedanken saß ich bereits im Zug zurück nach Nimwegen. »Ich ... äh ... sie war in Belgien untergetaucht.«

»Aha!«, tönte es im Chor. Genau so hatte mein Vater geklungen, als er herausfand, dass ein Kollege, ein Wirtschaftswissenschaftler, seine mit *cum laude* beurteilte Doktorarbeit von einem Onkel hatte verfassen lassen.

Allenthalben wurde genickt. »Ach ja, untergetaucht ... «

Es versetzte mir einen Stich der Eifersucht, dass diese Leute anscheinend etwas Wesentliches erkannt hatten, das mir an meiner Familie bisher entgangen war, und außerdem wurde ich unruhig, weil ich spürte, dass es sich um nichts Positives handelte.

Die Moderatorin griff sogleich ein: »Untertauchen fordert viel von den Betreffenden«, dozierte sie. »Das eigene Dasein aussetzen und von der Bildfläche verschwinden – dazu entschließt man sich nur schwer. Hinzu kommt die stark eingeschränkte Bewegungsfreiheit, die komplette Abhängigkeit von anderen und die dauernde Angst, entdeckt zu werden. All das zehrt an den Nerven.«

*... und der Hunger, die Mühsal einer Schwangerschaft im Versteck, die Sorge um das Wohl und Wehe der Kinder, das dauernde Gefühl, eigentlich nicht existieren zu dürfen, keiner normalen Arbeit nachgehen und keine Sozialkontakte pflegen zu können und an seinen eigenen Gedanken irre zu werden,* ergänzte ich im Stillen.

Mit etwas Glück würde ich den Zug um 12 Uhr 38 schaffen.

»Trotzdem, es ist anders als im Lager«, sagte Riet.

»Liebe Riet, darüber haben wir schon mehrfach gesprochen, und ich darf noch einmal daran erinnern: Es gibt keine Hierarchie des Leids. Alle Opfer sind, wenn man so will, gleichberechtigt.«

»Ich muss… äh… jetzt gehen«, sagte ich und tippte demonstrativ auf meine Armbanduhr.

»Wir wollten ohnehin gleich eine Pause machen. Bleibst du noch kurz und trinkst mit uns einen Kaffee?«

Ich schüttelte den Kopf, murmelte eine Entschuldigung und ging meinen Mantel holen, der noch über einem Stuhl in der hintersten Reihe hing.

Als ich mich zur Tür wandte, vertrat Maurice mir den Weg. »Aus welcher Gegend in Belgien stammt Ihre Familie gleich noch mal?«, fragte er.

»Meine Familie stammt aus Wien«, sagte ich hastig. »Meine Großeltern sind nach Belgien geflohen und waren dann gezwungen, dort unterzutauchen. Unter anderem in Klöstern, sie mussten mehrfach den Ort wechseln. Jetzt muss ich aber wirklich los, tut mir leid.«

»In Klöstern, so so. Dann sind sie wohl katholisch geworden, was?«

Den Zug würde ich nicht mehr erwischen. Der nächste ging um 13 Uhr 08, also hatte ich noch Zeit, vorher auf die Toilette zu gehen.

»Das hätten sie nicht tun sollen«, sagte Maurice, ohne meine Antwort abzuwarten. »Konvertieren, das ist eine spirituelle Art, unsere Existenz auszulöschen.«

Ich starrte ihn an, machte einen Schritt nach vorn und schob ihn zur Seite. Als ich an ihm vorbeiging, fiel mein Blick auf das goldene Abzeichen an seinem Revers. Es war vom Rotary Club.

Im Zug riss ich ein Blatt aus meinem Collegeblock, nahm einen Kuli und schrieb:

*<u>Nicht vom dreizehnten Stamm</u>*
*Gedanken aus Anlass meines Besuchs*
*des überregionalen Themenvormittags*
*›Wem gehört die Schoah?‹*

*Ein Teil der Holocaust-Überlebenden nimmt in den eigenen Reihen stillschweigend eine Rangordnung vor. Aus ihrer Sicht wird die Position vor allem dadurch bestimmt, <u>auf welche Weise</u> man überlebt hat. Dabei spielt eine wichtige Rolle, ob man beispielsweise im Widerstand aktiv war, ein Konzentrationslager überlebt hat, untergetaucht war oder ins Ausland geflohen ist.*

*Ganz unten in der Rangordnung stehen die Emigranten, die ihre weniger glücklichen Landsleute im Stich gelassen haben und für ihr Überleben keine nennenswerten Opfer bringen mussten, was den Wert und die Bedeutung ihres Überlebens in gewisser Weise schmälert. Auch die Untergetauchten kommen schlecht weg, so als hätten sie sich irgendwie dem gemeinsamen Schicksal entzogen oder sich sogar darüber erhaben gefühlt.*

*Zum Zweiten bestimmt der <u>Inhalt</u> des erfahrenen Leids die Position eines Überlebenden. Auschwitz überlebt zu haben, nötigt mehr Respekt ab als eine Gefangenschaft in Theresienstadt, in Mengeles Block gewesen zu sein mehr als in der Lagerküche gearbeitet zu haben, und eine niedrige Häftlingsnummer an der Innenseite des Unterarms weist einen Ur-Überlebenden aus und verschafft mehr Ansehen als eine hohe Nummer, die angibt, dass man erst relativ spät ins Lager kam.*

*Der Status der Überlebenden, der ersten Opfergeneration, strahlt auf deren Kinder, die zweite Opfergeneration, aus: Man hat ein größeres*

*Anrecht auf das Erbe des Holocaust, je mehr die Vorfahren darunter gelitten haben.*

*Heute bin ich Menschen begegnet, die Dinge erlebt haben, von denen sich die Seele nie mehr erholt. Die Schoah gehört ihnen nicht nur, sie ist in ihnen. Wahrscheinlich gibt es tatsächlich etwas wie eine Hierarchie des Leids. Vielleicht ist das der Grund, warum meine nächsten Angehörigen es einfach nicht fertigbringen, die Schoah als realen Teil ihrer eigenen Geschichte zu sehen. Die obersten Positionen gebühren schließlich jenen Familienmitgliedern und Freunden, die umgekommen sind. Was bedeutet dagegen ihr eigenes Leid?*

*Manche meinen, unsere Familie könne gar keinen Anspruch darauf erheben, die Schoah überlebt zu haben. Sie sind der Ansicht, Juden wie meine Großeltern hätten durch ihr Konvertieren zur spirituellen Auslöschung des Judentums beigetragen und so die Wirkung des Holocaust verstärkt. Dass es für die Nazis bei der Verfolgung der Juden nicht auf den Glauben, sondern auf die Abstammung ankam, macht für sie offenbar keinen Unterschied. Den Übertritt meiner Großeltern zum Katholizismus habe ich immer als Form des Untertauchens empfunden, als ein Sichverstecken in einem anderen Glauben – einen Akt von legitimem Opportunismus in Kriegszeiten, als allerletzten Versuch, ihre Familie zu retten. Auf den Gedanken, dass andere, echte Juden ihr Handeln verurteilen könnten, wäre ich vorher nie gekommen.*

*Ich stelle fest, dass es unsere Familie nach dem Krieg nicht fertiggebracht hat, sich zur Schoah zu verhalten, und sich auch nicht wieder dem Judentum zugewandt hat. Mittlerweile glaube ich, dass das zwei Symptome ein und desselben Leidens sind: Durch jahrelange*

*Propagandaeinwirkung, soziale Ausgrenzung und schließlich Verfolgung im damals antisemitischen Wien haben meine Großeltern die vage Vorstellung verinnerlicht, dass mit Juden tatsächlich etwas nicht in Ordnung ist. Das gilt auch für meine Mutter und meinen Onkel, wahrscheinlich auch für meinen Vater und vielleicht sogar für meine Schwester. Die unbewusste Überzeugung, dass uns ein schwerwiegender erblicher Makel anhaftet, weil wir Juden sind, wird von anderen jüdischen Überlebenden untrüglich registriert. Sie empfinden das eventuell als Beleidigung oder gar als Verrat.*

*Judith van den Berg*
*Nimwegen, 12. Juli 1995*

Als der Zug mit einem Ruck anhielt und ich aufstand, um auszusteigen, bekam ich weiche Knie. Vom Bahnhof zu mir nach Hause war es nicht weit, trotzdem widerstand ich der Versuchung, gleich loszulaufen und mich in meinem Zimmer auf dem alten Zweiersofa zusammenzurollen und hundert Jahre zu schlafen.

Im Bahnhofsladen kaufte ich einen großen Briefumschlag, schob das Blatt hinein und steckte ihn in meine Tasche.

In der hohen Eingangstür des Hauses, die ihre Gestalt kleiner und zerbrechlicher denn je wirken ließ, erschien meine Großmutter. Über ihren beigefarbenen Stützstrümpfen trug sie ein dreißig Jahre altes lavendelfarbenes Kostüm, das wohl noch weitere dreißig Jahre halten würde. Aus dem Jackenärmel lugte der Zipfel eines Taschentuchs, in der Tasche steckte die Lesebrille, und über den Couperose-Wangen leuchteten die sanftesten grauen Augen der Welt.

»Geerteke!«, rief sie, und in ihrer Stimme schwang sowohl Freude als auch Besorgnis wegen meines unerwarteten Kommens.

Um meine Rührung zu verbergen, umarmte ich sie lange.

»Komm, Schatz«, sagte sie schließlich und entwand sich resolut meinen Armen. »Was willst du essen? Suppe?«

»Gern. Ich gehe nur eben auf die Toilette«, murmelte ich.

Nachdem Großmutter in der Küche verschwunden war, rannte ich auf den Speicher, ging zum Wäscheschrank und zerrte an der Schublade. Ich öffnete Archivschachtel Nummer III und steckte meinen Umschlag hinein. Feierlich schloss ich die Schublade wieder, klopfte die staubigen Hände an meiner Jeans ab und stand auf.

Langsam webte ich meinen Faden in den Teppich unserer Familiengeschichte.

◆

Dass am Montag, dem 14. März der offizielle Befehl an die Wiener Juden erging, ihre Häuser nicht zu verlassen, verhinderte nicht, dass die Atmosphäre in der Stadt durch Ritzen und Spalten bis in ihre Wohnzimmer drang.

Während draußen nervöse Aufregung herrschte, saß man in der Wohnung am Schwarzenbergplatz bedrückt beisammen. Dieser Gegensatz brachte Viktors unruhiges Blut so in Wallung, dass er um die Mittagszeit klammheimlich das Haus verließ.

Binnen zwei Tagen waren in Wien sämtliche Spuren der bisherigen Regierung getilgt worden. Zwischen Bäumen und Laternenpfählen entlang der Straßen triumphierten nun Transparente mit Hakenkreuzen, und von vielen Gebäuden hingen Banner mit Naziparolen und -symbolen herab.

In den Straßen selbst ging es hoch her, unzählige Leute mit Hakenkreuz-Armbinden und -Anstecknadeln strebten der Mariahilfer Straße zu, um einen Blick auf ihren neuen Helden und Machthaber zu erhaschen. Viktor hob ein Fähnchen vom Boden auf, steckte es sich ins Knopfloch und fragte eine Frau, die neben ihm ging: »Wissen Sie zufällig, um wie viel Uhr er ankommt?«

Sie lächelte und gab dem blonden jungen Mann gern Antwort: »Die Ankunft unseres Führers haben Sie leider verpasst. Aber vielleicht können Sie ihn trotzdem noch mit eigenen Augen sehen, er will nämlich im Hotel Imperial am Kärntner Ring absteigen.«

An der Ringstraße hatte sich eine ungeheure Menschenmenge versammelt. In vorderster Reihe saßen jene, die sich mit ihren Klappstühlen bereits am Abend zuvor einen Platz gesichert hatten. Hinter ihnen standen dicht an dicht die später Hinzugekommenen und reckten die Hälse, um einen Blick auf die vorbeifahrende Wagenkolonne zu erhaschen. Sichtlich entnervte Polizisten und Soldaten bemühten sich nach Kräften, die aufgeregten Massen im Zaum zu halten. Scharfschützen der SA hatten sich strategisch auf Dächern und Balkons postiert, die Maschinengewehre im Anschlag.

Plötzlich vernahm Viktor brausenden Jubel. »Ich glaube, Hitler hat ein Tor geschossen«, sagte er, aber niemand von den Umstehenden lachte.

Nach und nach wurde es stiller am Ring, und die Wartenden lauschten mit angehaltenem Atem, wie der aufbrandende Lärm, der das Nahen des Führers begleitete, sich wellenartig fortsetzte.

Und dann war es so weit.

Während Zehntausende Stimmen den Namen ihres Erlösers skandierten, hoben sich wie schwerelos ebenso viele rechte Arme.

Viktor blickte um sich. Jegliche Individualität schien aufgehoben, war zu einem großen Organismus zusammengeflossen. Glasklar stand ihm die unermessliche Gefahr vor Augen, der nun alle seine Lieben ausgesetzt waren, und ihn überkam ein Gefühl tiefster Verlassenheit.

Langsam ließ er sich von der Masse der Schreienden zurückdrängen. Er nahm kaum wahr, dass Schuhabsätze ihn am Schienbein trafen und Ellbogen sich in seine Rippen bohrten. Immer weiter wich er zurück, bis das vieltausendköpfige Ungeheuer ihn ausspie und er gegen eine Hauswand prallte.

◆

Harmke blieb stehen. »Du gehst *wohin?*«

»Habe ich doch gesagt: zu der Frau, die für unsere Familie in der Zeit im Versteck die Kontaktperson war.«

»Das hatte ich verstanden, ich zweifle allerdings, ob du sie noch alle hast.«

»Ich will sie ja nur etwas fragen.«

»Geer...«

»Ich heiße Judith.«

»Wir haben 1995. Die Dinge sind, wie sie sind. Das eine war damals, und das andere ist jetzt. Warum lässt du den verdammten Krieg nicht endlich ruhen? Das wüsste ich wirklich gern!«

»Ich will das alles besser verstehen«, sagte ich. »Vielleicht verstehe ich dann auch mich selbst besser.«

»So ein Quatsch! Es reicht, wenn du verstehst, was seit 1975 war, also seit deiner Geburt. Mehr braucht es nicht.« Ungeduldig zog sie an Wieners Leine, der Hund schnüffelte seit einer ganzen Weile an einem Baum herum.

»Aber das stimmt nicht!«, brauste ich auf. »Kein Mensch wird als unbeschriebenes Blatt geboren. Sondern mit einem unsichtbaren Erbe. Und von dem kann man sich erst befreien, wenn man es kennt.«

»Himmel, was redest du da! Der Krieg fängt bei unseren Großeltern an und endet bei unseren Eltern. Es *gibt* kein Erbe!« Sie sah mich an. »Was meinst du überhaupt mit Erbe?«

Ich holte tief Luft. »Du glaubst, dass es nur um den Krieg geht. Aber das ist falsch! Diese grässliche antijüdische Propaganda mit ihren blödsinnigen Klischees hat unsere Familie schon vor dem Krieg verinnerlicht, aber erst, als er vorbei war, haben die unbewussten Ängste und Überzeugungen sich gegen uns gekehrt. Überleg doch mal, Harmke! Großvater und Großmutter, Mama, Onkel Bruno – sie alle glauben, dass wir irgendwie anders sind. Sogar, dass mit uns etwas nicht stimmt. Und das verzeihen sie sich selbst nie.«

»Judith, das Jüdischsein hat die Geschichte ihnen auferlegt!«

»Eben nicht, sie hat es ihnen genommen!«

Der Rest unseres Hundespaziergangs verlief in Schweigen.

Erst an der Gartenpforte fragte meine Schwester: »Woher hast du eigentlich die Adresse dieser Frau?«

»Aus einem Adressbuch im Familienarchiv. Stand unter D wie Desmet.«

Völlig verblüfft sah Harmke mich an – offenbar hatte sie nichts von dem Familienarchiv gewusst. Schließlich murmelte sie: »Ich selbst lebe ganz gut ohne das ganze Elend aus zweiter Hand.«

»Du lebst doch nicht. Du spielst Cello, als ob dein Leben davon abhängt.«

◆

»Du solltest mal wieder bei Ida vorbeischauen«, sagte Bubi am nächsten Morgen wie nebenbei zu Viktor.

»Gute Idee.« Viktor lächelte Hedy leicht gezwungen zu und küsste dann seine Großmutter auf die Wange. »Bin bald wieder da.«

»Viktor...« Bubi stand inzwischen an der Wohnungstür und hielt ihm eine Hakenkreuz-Armbinde hin.

»Klar. Du kennst mich doch.«

»Eben drum.«

Als Viktor hinter dem Konzerthaus entlangging, sah er, wie SS-Männer den alten Herrn Lieb durchs Schaufenster seines Fotogeschäfts stießen und ihn danach zwangen, mit bloßen Händen die Scherben aufzusammeln. Und in der Johannesgasse fiel ihm schon von Weitem auf, dass die Ladenfront beschmiert war. JUDE! URLAUB IN DACHAU stand da, und daneben war ein Männchen gemalt, das an einem Galgen baumelte.

Viktor steckte die Armbinde in seine Manteltasche und betrat das Geschäft.

»Guten Tag, Ida. Wäre es nicht besser, du würdest heute in der Wohnung bleiben?«, sagte er zur Begrüßung.

Ida schob die Geldschublade der Registrierkasse zu und legte das Kassenbuch daneben.

»Aus meiner Sicht ist heute ein ganz gewöhnlicher Dienstag, mein Laden ist für alle offen.« Und sie machte sich daran, verschiedenfarbige Lindt-Schokoladetafeln zu sortieren. Die enge Perlenkette verschwand fast zwischen den Speckfalten an ihrem Hals. »Wo ist denn Bubi?«

»Bubi zeigt sich vorläufig nicht in der Öffentlichkeit. Er ist nun einmal mit ein paar... äh... Merkmalen ausgestattet, die das Herrenvolk als typisch für den semitischen Untermenschen ansehen könnte«, sagte Viktor.

»Lass mich raten: schwarze Haare, große Nase und ein tückisches Grinsen im Gesicht.«

Viktor lachte. »Ich hatte eigentlich die sprichwörtliche Feigheit und die kriecherische Art in Verbindung mit skrupelloser Geschäftstüchtigkeit gemeint.«

Er sah zu, wie sie Hefe in Papiertütchen füllte. »Ida, wir sind in Wien nicht mehr sicher. Du wärst besser bei deiner Cousine in Brünn geblieben.«

Ida baute sich in vollem Umfang vor ihm auf und stemmte die Hände auf die Ladentheke. »So ein Blödsinn! Geschäft ist Geschäft, und als selbstständiger Unternehmer ist man das an sieben Tagen in der Woche, das solltest du eigentlich wissen.« Spöttisch zog sie die Augenbrauen hoch. »Bist du dir überhaupt sicher, Jude zu sein?«

»Du bist unverbesserlich. Weißt du was, ich mache jetzt deine Scheiben sauber. Hast du Putzzeug für mich?«

Draußen vor dem Geschäft lehnte er eine Leiter an die Wand, hängte den Eimer mit dem Seifenwasser daran und begann energisch zu schrubben. Er war fast fertig, als ein uniformierter Nazi sich näherte.

»Was machen Sie da? Bei einem Juden putzen?«

»Aber sicher!«, antwortete Viktor. »Wussten Sie denn nicht, dass wir Juden uns weltweit verschworen haben und einander in Schutz nehmen, wann immer es geht?«

Der Mann war sichtlich verwirrt. Von Viktors selbstsicheren Augen glitt sein Blick über das Jackett mit dem eingewebten Karomuster bis zu den dunkelblauen Lederschuhen von Robinson und dann wieder aufwärts bis zu dem blonden Schopf.

»Sofort aufhören!«, befahl er. »Die Leute sollen wissen, dass hier ein Dreckjude seinen Laden hat!«

»Da bin ich ganz Ihrer Meinung«, sagte Viktor, entfernte mit einem letzten Bürstenstrich den Galgen und sprang von der Leiter. Er hob den Arm und brüllte: »Drei Liter!«

Der Mann, immer noch misstrauisch dreinschauend, nickte. Dann sagte er »Heil Hitler« und ging weiter. Nach wenigen Metern drehte er sich noch einmal zu Viktor um, der gerade das Putzwasser in den Rinnstein kippte. Rasch stellte er den Eimer ab, tippte sich an eine nicht vorhandene Mütze und schrie erneut: »Drei Liter!«

Gegen zehn war das Geschäft voller Kunden, vor der Ladentheke hatte sich eine Schlange gebildet. Kilopackungen Reis und Mehl und Tüten mit Mandeln wanderten in große Einkaufstaschen, außerdem amerikanische Silberpolitur und feinste Schweizer Schokolade. Mit roten Wangen addierte Ida die Preise und notierte die Summen in ihrem Kassenbuch.

Viktor trat neben sie. »Ida, was tust du da?«, flüsterte er.

»Was glaubst du wohl? Meine Kunden bedienen natürlich. Im Übrigen bin ich froh, dass du da bist, heute ist viel mehr los als sonst.«

»Das meine ich nicht. Warum bezahlt keiner?«

»Warum bezahlt keiner – wie meinst du das? Die Leute sind alle Stammkunden, ich schicke ihnen seit Jahren am Monatsende eine Rechnung, die sie prompt begleichen. Das funktioniert bestens, du solltest es auch einmal versuchen. Und jetzt lass mich arbeiten, Junge.«

Im nächsten Moment sah Viktor, wie eine Frau nicht weit vom Eingang drei Büchsen italienischen Kaffee aus dem Regal nahm, in ihre Tasche packte und ging. Sofort nahm er die Verfolgung auf und schnitt ihr vor dem Laden den Weg ab. »Kann es sein, dass Sie etwas vergessen haben, gnädige Frau?«, sagte er.

»Was denn?«

»Bezahlen.«

»Was willst du, Drecksjude? Die Polizei holen vielleicht? Bis zum heutigen Tag habt ihr Gesindel auf unsere Kosten gelebt. Aber damit ist es jetzt vorbei! Der Führer rechnet mit euch ab, ein für alle Mal!« Die Einkaufstasche mit dem Kaffee in der einen Hand haltend, drohte sie Viktor mit der anderen, sodass er zurückwich und in den Rinnstein trat. »Da, wo du jetzt stehst, gehörst du hin: in die Gosse!«, zischte sie.

Viktor wollte gerade wieder in den Laden, da sah er am Ende der Straße einen Pulk Männer. Rasch nahm er die Armbinde aus der Tasche, streifte sie über und rief, als die Männer sich genähert hatten: »Drei Liter!«

»Heil Hitler!«, grüßten sie zurück.

»Hier gibt es ein Problem«, sagte Viktor.

»Juden?«

»Schlimmer. Massenweise Arier, die bei einer Jüdin kaufen. Da, sehen Sie nur: Die stehen im Geschäft Schlange! Ich habe ihnen bereits gesagt, sie sollten sich schämen, und die Jüdin selbst will ihnen auch nichts verkaufen, aber sie gehen einfach nicht.«

Im Nu waren zwei der Männer im Laden und brüllten herum, woraufhin die Kunden fluchtartig auf die Straße liefen. Die Männer schalten sie dreckige Judenfreunde und drohten ihnen Konsequenzen an, falls sie sich noch einmal erwischen ließen.

Viktor hatte sich inzwischen in den Ladenraum gestohlen und die Tür hinter sich abgeschlossen.

Ida stand noch immer hinter der Theke. »Ich erwarte eine Erklärung«, sagte sie.

»Ich musste das tun, Ida. Es hat seinen guten Grund, dass du heute so viele Kunden hattest. Uns schützt kein Gesetz und kein Richter mehr, das wissen sie. Du hättest dein Geld nie von ihnen bekommen.«

◆

Als meine Großmutter einmal ganz in ihre Übersetzung vertieft war, sah ich die Gelegenheit, mir den Inhalt der Archivschachtel Nummer I noch einmal in Ruhe vorzunehmen. Dabei fiel mir ein Büchlein in die Hände, dunkellila eingebunden und mit Goldschnitt. Es trug den Titel *Gebet- und Andachtsbuch für israelitische Frauen und Mädchen*. Mit der Andacht beim Beten war es bei der Besitzerin offenbar nicht weit her gewesen, denn als ich blätterte, fielen Fotos, Quittungen und gepresste Blumen heraus, auch ein vierblättriges Kleeblatt. Und in der Mitte fand ich einen vergilbten Zeitungsausschnitt mit einem Artikel in Frakturschrift und auf der Rückseite die Werbeanzeige eines Möbelfabrikanten.

In dem Artikel waren mit Bleistift drei Wörter unterstrichen. *Bittor Ffrael Rosenbaum*, entzifferte ich. Mit einem Mal wurde ich ganz aufgeregt. Stand da etwa ›Viktor Israel Rosenbaum‹?

Aus welchem Anlass wurde man in der Zeitung erwähnt? Eine bestandene Prüfung?, überlegte ich. Eine Eheschließung? Eine besondere Leistung? Jede dieser Möglichkeiten widersprach dem, was ich über Viktor wusste, nämlich, dass er keine Ausbildung abgeschlossen und wenig geleistet hatte und unverheiratet geblieben war. Ich faltete den Ausschnitt zusammen und steckte ihn in meine Hosentasche.

Großmutter hatte ihre Übersetzungsarbeit weggelegt und war anscheinend in tiefes Grübeln versunken, sie hatte den Kopf leicht zur Seite geneigt und zupfte abwesend an einem Taschentuch herum.

Ich machte uns Tee mit Stroh-Rum und setzte mich neben sie aufs Sofa. Der Zeitungsartikel glühte förmlich in meiner Tasche.

»Großmutter, war Viktor in Wien eine Bekanntheit?«, fragte ich.

Völlig verdutzt sah sie mich an. »Wie kommst du denn darauf? Falls ja, dann als Schönling in der Damenwelt – er hatte etwas von einem Märchenprinzen – oder aber bei der Polizei wegen seiner Betrügereien.«

»Ist er deswegen einmal festgenommen worden?«

»Mehrmals sogar! Seine Eltern haben graue Haare davon bekommen, das kannst du mir glauben.«

»Du hast einmal gesagt, er habe im Gefängnis gesessen. Also ist er auch verurteilt worden.«

Sie schob das Taschentuch in ihren Blusenärmel und sagte: »Ja, beim letzten Mal haben sie ihn verurteilt.«

Beim letzten Mal? Das war neu! Hatte Viktor sich gebessert, oder hatte ein bestimmtes Ereignis oder eine Person ihm den Pfad der Tugend gewiesen?

»Viktor war nicht verheiratet, oder?«

Ein Lächeln huschte über Großmutters Gesicht. »Nein, das hätte nicht zu ihm gepasst.«

»Hat es denn nie ein Mädchen gegeben, das ihm besonders wichtig war?«

Sie richtete den Blick auf den Schrank gegenüber dem Sofa und sagte, mehr zu sich selbst als zu mir: »Doch, Gisela hat er geliebt.«

»Wer ist Gisela?«

Großmutters Gesichtszüge wurden weich. »Gisela war eine gute Freundin von uns. Sie war ganz anders als Viktor: wissenschaftlich interessiert und intellektuell, sie hatte Prinzipien und ein politisches Bewusstsein, und dabei war sie ebenso schlagfertig wie Viktor und ebenso liebenswürdig wie Bubi.«

»Also wahre Liebe.«

»Den Eindruck hatte ich immer.«

»Was ist aus ihr geworden?«

»Aus wem?«

»Aus Gisela?«

»Ach…« Großmutter bekam feuchte Augen. »Sie ist jung gestorben.«

»Woran denn?«, fragte ich so beiläufig wie möglich.

»Am Kindbettfieber«, murmelte Großmutter und holte ihr Taschentuch wieder hervor.

»Ach je. Und das Baby?«

»Lassen wir das, Schatz, und reden lieber über etwas Erfreuliches«, sagte sie entschieden. »Was gibt es heute bei dir zum Abendessen?«

»Gute Frage. Ich bekomme Besuch von Freunden und weiß noch nicht, was ich kochen soll.«

Zwanzig Rezepte später stand fest, dass ich Blintzen mit Hackfleisch machen würde. »Vergiss nicht, ein bisschen Sprudelwasser in den Teig zu geben!«, rief Großmutter mir zu, als ich auf mein Fahrrad stieg.

Am Abend war die Gemeinschaftsküche an der Oranjesingel bereits voller Leute, und Thomas und Kitty wetteiferten gerade im Pfannkuchenhochwerfen, als es klingelte. Ich ging nach unten zur Haustür.

Es war Lex. Mit geschwollenen, rot geränderten Augen. Er hielt eine Pappschachtel vor dem Bauch.

»Hast du geweint?«, fragte ich.

»Nein, ich bin allergisch gegen Homer.«

Kurz darauf standen wir im Kreis um die Schachtel herum, die Lex in der Küche auf dem Fußboden abgestellt hatte.

»Nein, wie putzig!«, sagte Yolanda. »Schaut nur, das Schwänzchen!«

»Ich liebe Kaninchen«, sagte Frank. »Besonders an Weihnachten.«

»Ein Tier zu halten ist eine Lebensentscheidung«, sagte Kitty. »Das gibt man nicht einfach weg.«

»Aber ich kriege keine Luft...«, keuchte Lex.

Behutsam hob ich Homer aus der Schachtel, und er schmiegte sich sogleich vertrauensvoll an mich. »Ich nehme ihn«, sagte ich.

»Erlaubt das dein Vermieter?«, fragte Thomas und warf einen Blick in Richtung Flur.

»Keine Ahnung«, sagte ich. »Spielt das eine Rolle?«

◆

Trotz der Razzien und der gewaltsamen Ausschreitungen gegen Juden in der Stadt hatte sich die ganze Familie am Freitag, dem 1. April abends bei Sascha eingefunden. Bubi und Viktor waren nach Davids Tod bei ihr eingezogen.

»Hedy, wie geht es Otto?«, fragte Gisela.

»Hervorragend!«, sagte Hedy. »Er bekommt in Paris Privatunterricht. Wäre auch schlimm, wenn er zu viel versäumt, dann würde er im Sommer womöglich nicht versetzt.«

»Hast du schon gehört, dass das Gymnasium umzieht?«, fragte Gisela vorsichtig.

»Umzieht? Das Wasagymnasium gehört doch in die Wasagasse!«

»Es ist zur Sammelschule für jüdische Kinder bestimmt worden und zieht als solche in die Kalvarienberggasse. Das Gebäude in der Wasagasse wird die Parteizentrale der Nazis.«

»In die Kalvarienberggasse, du lieber Himmel, das ist doch ein viel zu weiter Schulweg für den Jungen! Was bin ich froh, dass Otto noch eine Weile bei seinem Vater sein kann.«

»Was wird dann aus dir, Gisela?«, fragte Trude. »Du wirst ja wohl nicht mit umziehen…«

»Stimmt, und ich unterrichte auch an keiner anderen Schule.«

»Wie meinst du das?«

»Ich sollte eine schriftliche Erklärung abgeben, dass ich dem Führer Treue gelobe, und als ich das verweigert habe, bin ich fristlos entlassen worden.«

»Ein großer Gewinn für unsere schlangestehenden Kunden, denn jetzt bekommen sie von der besten Lehrerin von ganz Wien Englischunterricht.« Viktor legte den Arm um Gisela.

»Und gleich daneben betreiben die widerlichen Nazis Suppenküchen für die sogenannten normalen Wiener«, sagte Gisela.

»Die wollen doch nur für die Volksabstimmung am 10. April Stimmen fangen, sonst wären niemals genug Leute für den Anschluss«, sagte Anton.

»Wie auch immer: Es ist nicht einfach, einem jüdischen Kind die Lage zu erklären, das mit seiner Mutter seit acht Stunden ansteht und hungrig und erschöpft um einen Schlag Suppe jammert.«

»Ich habe Zweifel, ob sich genug Leute trauen, dagegen zu stimmen«, sagte Trude düster.

»Für uns jedenfalls wird der Anschluss, wenn er denn kommt, ein Ausschluss«, sagte Ernst, »und zwar nicht nur, was die Suppe angeht.«

»Neulich habe ich mitbekommen, dass dein katholischer Freund, der Arschbischof Innitzer, Hitler umarmt hat«, sagte Viktor zu seinem Onkel. »Am Tag seiner Ankunft, vor dem Hotel Imperial.«

»Ich weiß. Unser Theodor hat die Österreicher aufgerufen, die neue Regierung zu unterstützen. Und eben diese Regierung, wenn man sie denn so nennen will, verbietet jetzt den jüdischen

Studenten, sich für das nächste Semester einzuschreiben. Das bedeutet, dass die Hälfte meiner Studenten keinen Abschluss machen kann! Dieser Verräter!«

»Innitzer ist seit gestern auch *unser* katholischer Verräter«, sagte Felix. »Trude und ich haben uns taufen lassen.«

Ungläubige Stille ringsum.

»David!« Sascha richtete den Blick zur Decke. »Sei dankbar, dass du *das* nicht mehr erleben musst!«

»Ist es nicht ein bisschen spät für eine Karrieretaufe?«, fragte Laura.

»Mahler ist übergetreten, um Direktor der Hofoper werden zu können, da habe ich doch wohl das Recht, es zum Schutz meiner Familie zu tun.«

»Bildest du dir tatsächlich ein, das nützt noch etwas?«, fragte Laura. »Kein Jude kann sich mehr hinter einer anderen Religion verstecken, die Zeiten sind vorbei!«

»Abgesehen davon ist solch ein Akt eine schmähliche Selbstverleugnung«, ergänzte Anton.

»Glaubst du denn, das wüsste ich nicht!«, fuhr Felix Laura an. »Mir ist nicht entgangen, dass wir seit zwei Wochen keine Individuen mehr sind, sondern Teil einer Art Rassengemeinschaft. Aber darum geht es gar nicht! Ich will mir nicht irgendwann vorwerfen müssen, dass ich auch nur eine Möglichkeit zur Rettung meiner Familie ungenutzt gelassen habe.« Und an seinen Vater gewandt fuhr er fort: »Darüber solltest du auch einmal nachdenken.«

»Vielleicht ist jetzt der richtige Moment, dass wir uns an Großpapas weise Worte erinnern«, sagte Martha mit bebender Stimme. »Er hat gesagt, das alles geht letztendlich vorbei. Die Nazis hoffen, uns loszuwerden, indem sie uns einschüchtern.

Aber sobald klar ist, dass die österreichischen Juden sich das nicht gefallen lassen, hört es bestimmt von selbst auf.«

»Vielleicht sollten wir es besser zulassen.« Laura blickte herausfordernd in die Runde. »Was jetzt geschieht, könnte auch ein Segen für uns Juden sein, weil es unserer wahren Bestimmung zuträglich ist: der Auswanderung nach Palästina und der Gründung eines jüdischen Staats.«

»Ist es denn zu fassen?« Viktor zog den Brotkorb zu sich heran. »Meine kleine Schwester plädiert für die zionistische Alternative.«

Sascha entfuhr ein Aufschrei. »Meine Enkelin will in die barbarische Wüstenei! Eine Meschuggene!«

»Wahre Bestimmung?«, wiederholte Martha. »Kind, was redest du da! Unsere Familie lebt seit Generationen hier, wir sind Österreicher, Wiener, um genau zu sein, und wir hängen an unserer Heimat. Und du ... du gehörst zu dieser Kultur!«

»Ich entscheide selbst, zu welcher Kultur ich gehören will!«, gab Laura zurück.

»Fragt sich nur, ob wir darüber noch frei entscheiden können«, sagte Felix. »Inzwischen sind wir ein Volk. Ob wir das sein wollen, darum geht es nicht mehr – andere machen uns dazu.«

»Die Juden waren schon immer ein Volk«, sagte Bubi leise.

»... das in jeder Kultur leben kann«, ergänzte Viktor.

»Überleben meinst du wohl«, entgegnete Laura. »Es ist an der Zeit, dass wir uns befreien und selbstständig werden.«

»Das ist Unfug, Laura«, sagte Anton. »Der Zionismus nährt die Vorstellung, dass wir uns von den anderen Wiener Bürgern unterscheiden. Aber so ist es nicht! Warum also sollte ich aus meiner Heimat fliehen? Und warum auf irgendwelche jungen

Leute hören, die glauben, mit einer Broschüre von der Palästina-Aufbau-Gesellschaft in der Hand einen Staat gründen zu können?«

»Passt doch! Anwälte brauchen wir zum Aufbau Palästinas nämlich keine!«, sagte Laura.

»Genau das prangere ich an«, sagte Ernst. »Das Palästina-Amt wählt ausschließlich junge, starke, gesunde Kandidaten mit nützlichen Berufen aus. Man verschwendet keine kostbaren britischen Einwanderungszertifikate an schwächere Brüder... von solchen Praktiken wird mir schlecht!«

»Inzwischen ist das anders«, sagte Laura. »Das Palästina-Amt unterstützt Menschen bei der illegalen Einwanderung ohne britisches Zertifikat. Und eine medizinische Untersuchung gibt es auch nicht mehr.«

»Darum warten so viele unserer Kunden vor dem Palästina-Amt«, sagte Viktor. »Derzeit geht es dort eher zu wie in einem Reisebüro als wie am Schalter einer zionistischen Bewegung, vor dem man aus innerer Überzeugung ansteht.«

»Ach, was ist aus uns geworden...« Trude seufzte bedrückt.

»Ein wahres Wort«, brummte Anton. »Am Schabbat illegale Pläne schmieden!«

◆

Auf den ersten Blick wirkte das Haus unbewohnt. Vor den Fenstern waren die rostigen Rollläden heruntergelassen, neben dem Eingang wucherte dorniges Gebüsch, und die Fassade war über und über mit Efeu bewachsen.

Aber noch ehe ich klingeln konnte, ging die Tür auf. »Geertje! Eine Enkelin von Felix und Trude!« Die alte Dame hatte eine tiefe Stimme und den melodischen Zungenschlag des Flämischen. Sie griff mit beiden Händen nach meinen und drückte sie.

»Guten Tag, Mevrouw Desmet, ich bin Judith – das heißt… eigentlich Geertje. Paulinas Tochter.«

»Bitte, treten Sie ein! Ich kann Ihnen Saft von Äpfeln aus dem eigenen Garten anbieten!«

Ich folgte ihr durch den Flur und dann ins Freie, in den Garten hinter dem Haus, wo ich staunend stehen blieb. Er war riesengroß, zwischen den Rasenflächen wuchsen in Rabatten jede Menge Blumen in leuchtenden Farben – ein Bild wie von einem fröhlichen Kind gemalt.

»Ich liebe Blumen, das Gärtnern hält mich jung«, sagte Mevrouw Desmet.

Mein Blick blieb an der weiß blühenden Bepflanzung vor dem Bretterzaun hängen.

»Die Rhododendren sind herrlich, nicht wahr?«, sagte sie.

»Zu Rhododendren habe ich ein gespaltenes Verhältnis«, gestand ich.

»Trude mochte sie auch so gern«, fuhr sie fort. »Wie sollte es auch anders sein bei Ihrem Nachnamen?«

»Van den Berg?«

»Genau. Rosenbaum: *Rhodon* ist das griechische Wort für Rose, und *dendron* bedeutet Baum.«

»Oh, das erklärt einiges«, sagte ich.

»Rhododendren sind wahre Kosmopoliten, man findet sie auf fast allen Kontinenten. Sie mögen sauren Boden und lockeres Erdreich. Ihre Wurzeln sind flach, darum kann man sie gut umsetzen.« Sie lächelte. »Und dass sie da drüben am Zaun stehen, ist kein Zufall. Rhododendren darf man nicht in der vorherrschenden Windrichtung pflanzen.«

»Aber immer beieinander!«, sagte ich laut, denn ich hatte bemerkt, dass sie schwerhörig war. »Und dann gleich so viele!«

»Das muss so sein, Rhododendren sind soziale Pflanzen, sie beschatten gegenseitig ihre Wurzeln. Aber setzen Sie sich doch.« Sie wies auf die Gartenstühle.

Dann goss sie mir ein Glas Apfelsaft ein und schob mir einen Teller mit Mandelkeksen hin.

»Mevrouw Desmet, ich bin aus zwei Gründen gekommen. Zum Einen möchte ich Ihnen danken.«

»Wie bitte?« Sie legte die hohle Hand an die Ohrmuschel.

»Ich bin hier, um mich zu bedanken! Dafür, dass Sie unsere Familie gerettet haben!«

»Ach…« Sie lächelte und machte mit derselben Hand eine

wegwerfende Gebärde. »Das war doch nichts Besonderes. Dafür brauchen Sie mir nicht zu danken. Nein, nein. Ich freue mich aber sehr, dass Sie hier sind.«

»Doch, es ist ein großes Verdienst. Schließlich ging es für meine Familie um Leben oder Tod.«

»Boot?« Sie schüttelte den Kopf. »Nein, Ihre Angehörigen sind mit dem Zug gekommen. Ich werde nie vergessen, wie sie da am Bahnhof von Turnhout standen: wie eine bunt zusammengewürfelte Theatertruppe aus einer anderen Dimension. Ihr Großvater in einem weißen Hemd mit Monogramm, neben sich seine Holzskier. Ihre Großmutter hatte einen braunen Nerzmantel an und deren Mutter Ida ein schwarzes Abendkleid und auf dem Kopf einen Federhut. Ach, und der kleine Bruno fror erbärmlich in seiner kurzen Lederhose...« Sie lachte. »War das ein Aufsehen! Jede Menge Leute aus dem Ort haben sie angestaunt. Und das Kindchen mussten wir schleunigst taufen lassen.«

»Ja, das glaube ich gern«, sagte ich und betonte jedes Wort. »Wie ist es eigentlich gekommen, dass sie 1939 nach Belgien fliehen konnten?« Dazu kursierte in unserer Familie zwar eine Geschichte, aber nun bot sich die Gelegenheit, eine alternative Quelle anzuzapfen.

»Felix und Trude hatten sich an Kurt Grabler gewandt, den Wiener Priester, der sie getauft hatte. Und ganz zufällig war Grabler einer unserer Kontaktleute. Ihre Großeltern waren die Letzten, für die er noch Papiere beschaffen konnte. Sie sind auf Einladung der Chorfrauen vom Heiligen Grab in Turnhout hergekommen. Ihre Mädchenschule, in deren Verwaltung ich tätig war, brauchte Lehrkräfte für Deutsch und Französisch. Innerhalb von drei Wochen konnten Ihre Großeltern Flämisch lesen, eine Woche später fließend sprechen und nach einer weiteren Woche fehlerlos schreiben.«

»Aber lange konnten sie ihre Freiheit nicht genießen, oder?«, sagte ich.

»Stimmt, aber ganz so schlimm war es nicht. Die Deutschen sind zwar schon 1940 in Belgien einmarschiert, gefährlich wurde es jedoch erst ab 1941: Da hat ein Lehrerkollege sie bei den Behörden angeschwärzt. Von einem Tag auf den anderen mussten sie untertauchen.«

»Wo denn?«

»Ach, es gab zum Glück viele Leute, die bereit waren, Verfolgte zu verstecken. Man konnte die Paare getrennt oder zusammen unterbringen, mit oder ohne ihre Kinder... Ihre Großeltern wurden öfter verraten oder liefen Gefahr, verraten zu werden, dann mussten sie rasch den Unterschlupf wechseln. Und einmal habe ich gemerkt, dass Trude von dem Mann, bei dem sie untergekommen war, bedrängt wurde.«

Ich erschrak. *Das* kam in den Anekdoten aus der Zeit des Untertauchens, die bei uns zu Hause wie Jungenabenteuer erzählt wurden, nicht vor – vermutlich mit Bedacht.

»Nun gut«, fuhr Mevrouw Desmet fort, »die schlimmste Heimsuchung kam aber erst nach der Befreiung.«

»Was meinen Sie damit?«

»Tja, die gewöhnlichen Flamen konnten Ihre deutschsprachigen Großeltern nicht so ohne Weiteres von den verhassten Besatzern unterscheiden. Und wer falsche Papiere hatte, der war sowieso verdächtig...«

»Das verstehe ich nicht«, sagte ich und biss ein Stückchen Nagelhaut ab.

»Es war so: Am Tag nach der Befreiung hörten Leute, die

draußen vorbeigingen, Felix und Trude Deutsch sprechen. Nach neuneinhalb Stunden in Freiheit wurden sie festgenommen und eingesperrt. Tags davor waren sie noch verfolgte Juden, jetzt auf einmal verfolgte Deutsche.«

»Wie lange waren sie eingesperrt?«

»Gut zwei Monate.«

Meine Kehle brannte von unterdrückten Tränen.

»Nach der Freilassung hat Ihr Großvater gleich die Übersiedlung seiner Familie in die Niederlande vorbereitet. Für seine Entscheidung spielten aber weniger persönliche Beweggründe eine Rolle, er wollte damit ein Zeichen setzen. Belgien habe ihn befreit, sagte er, aber nicht erlöst. Sein Geistesverwandter Gustav Mahler hatte vierzig Jahre zuvor in den Niederlanden eine Art zweite Heimat gefunden. Darum war es nur folgerichtig, dass er dort leben wollte.« Sie schenkte mir noch einmal Apfelsaft ein. »Und dann kündigte sich die letzte Katastrophe an: Aus den Staubwolken der Trümmer tauchten die ersten Nachrichten über das Schicksal der Zurückgebliebenen auf.«

Auf einmal dämmerte mir etwas, so als hätte Mevrouw Desmet mich auf einen Lesefehler hingewiesen, den ich zwanzig Jahre lang gemacht hatte.

*Die Zurückgebliebenen.*

Verblüfft starrte ich die Wachsdecke auf dem Gartentisch an. Dass meine Großeltern mit Bruno und Omi Ida Wien verlassen konnten, hatte ich bisher auf kindliche Art als selbstverständlich hingenommen. Als etwas, das gar nicht anders hätte sein können und das ich vielleicht unbewusst dem unergründlichen Wirken des Allmächtigen oder aber dem Zufall zuschrieb.

»Ich habe mir im Grunde nie überlegt, warum die übrige Familie in Wien geblieben ist«, murmelte ich.

»Wie bitte?«

»Warum sind die anderen zurückgeblieben?«

»1939 kamen nur noch jene aus Wien heraus, die genug Schmuck oder Bargeld besaßen und damit die vielen zuständigen Beamten bestechen konnten. Und das war kaum noch der Fall, weil die Nazis sämtliche Besitztümer der österreichischen Juden konfisziert und ihnen jegliche Einkommensquellen genommen hatten. Felix hat einmal erzählt, dass sein Bruder, ach ... jetzt weiß ich den Namen nicht mehr ... «

»Viktor?«

»Viktor, ja. Er hat seine geheimen Einnahmen immer im Hof seines Elternhauses vergraben. Aber was sich da an Schweizer Franken angesammelt hatte, reichte längst nicht, um alle in Sicherheit zu bringen. Soviel ich weiß, wurde damals gemeinsam beschlossen, Viktor solle in Wien bleiben und sich um die anderen kümmern. Ihre Großeltern hatten dadurch stets das Gefühl, er habe sich für sie geopfert. Worin dieses Opfer letztendlich bestand, haben sie erst nach dem Krieg erfahren.«

Mein Herz begann zu rasen, um gleich darauf ein paar Schläge auszusetzen, denn Mevrouw Desmets Worte hatten Licht auf etwas geworfen, das sich mir auf dem Hell-Dunkel-Bild der Vergangenheit nie enthüllt hatte: Meine Großeltern empfanden nicht nur Schuld, weil sie – anders als viele andere – überlebt hatten, sondern auch, weil ihr Überleben auf Kosten derer ging, die sie im Stich gelassen hatten, um das nackte Leben zu retten. Meine Familie fühlte sich mitschuldig am Tod der Zurückgebliebenen.

Jetzt erkannte ich wie in grellem Scheinwerferlicht, dass das Nachkriegsleben meiner Großeltern eine einzige große Wallfahrt war, ein fortwährender Jom Kippur, ein absurdes Büßen für eine Sünde, die sie nicht begangen hatten. Haarscharf ich den Schmerz der beiden Lieben, die von einem vermeintlich schlimmen Geheimnis herrührenden seelischen Qualen, ihren Zwiespalt als Ankläger und zugleich Angeklagte im Prozess des Lebens. Und auch meinen Großonkel Viktor sah ich anders, nun, da mir klar geworden war, dass er das moralisch Verwerflichste und gleichzeitig das ethisch Höchststehende verkörperte – so wie Laura der absolute Maßstab für Schönheit war und Otto für musikalische Virtuosität.

Ich hob den Blick und erkannte in Mevrouw Desmets Gesicht den Widerschein meines eigenen Entsetzens. »Sie können mir glauben, ich habe Ihren Großeltern immer wieder versichert, dass sie unmöglich im Voraus ahnen konnten, was für ein furchtbares Schicksal die Zurückgebliebenen erleiden würden«, sagte sie mit gebrochener Stimme. »Aber das war ihnen kein Trost. Sie konnten sich selbst nicht verzeihen und waren fest überzeugt, nur deshalb am Leben geblieben zu sein, weil andere dafür gestorben waren. Aber so war es natürlich nicht: Allein unser Herrgott weiß, warum gerade sie verschont geblieben sind.«

Ich betrachtete die freundliche, bescheidene Frau vor mir. Wie oft mochte sie in Lebensgefahr gewesen sein, weil sie meine Großeltern geschützt hatte? Sie hatte Lebensmittelmarken für sie aufgetrieben, Lesestoff und Übersetzungsaufträge besorgt und ihnen unterdessen immer wieder Mut zugesprochen.

Ich kam mir dieser Heldin gegenüber gemein und grausam

vor, aber ich durfte es nicht dabei bewenden lassen: Die Mission, mit der ich hergekommen war, trieb mich an, machte mich zu einem Werkzeug im Dienst eines höheren Auftrags, wobei mir nicht klar war, wer diesen Auftrag erteilt haben sollte, denn nur *ich* wollte Antwort auf die Frage, die mich seit einiger Zeit beständig umtrieb, mich geradezu verzehrte.

*Was maßt du dir eigentlich an!*, höhnte eine innere Stimme. *Worin besteht dein angebliches höheres Ziel? Geht es dir um Wahrheitsfindung? Der Mensch braucht doch Lügen, um überhaupt leben zu können!*

»Wie bitte?«, fragte Mevrouw Desmet, obwohl ich gar nichts gesagt hatte.

»Sie haben vom Herrgott gesprochen, das bringt mich auf den zweiten Grund meines Kommens«, sagte ich und lächelte.

Und dann stellte ich meine Frage.

V

Soweit Viktor sich erinnern konnte, war der Sederabend dieses Jahres der erste, den nicht sein Großvater, sondern sein Vater leitete, was er ebenso befremdlich wie selbstverständlich fand.

»Moses lebte zu einer Zeit, in der HaSchem, der G-tt eines kleinen Wüstenvolks, es mit den Göttern des Weltreichs Ägypten aufnahm«, begann Anton. »Moses sollte sein Volk befreien, aber nicht, indem er mit ihm davonschlich wie ein geschlagener Hund mit eingezogenem Schwanz, sondern durch einen sieghaften Auszug.« Sein Blick ging von dem auf Trudes Schoß schlummernden Bruno zu seiner zwanzigjährigen Tochter. »Laura, bist du als jüngstes noch waches Mitglied unserer Runde so gut, die vier Fragen zu stellen?«

»Warum ist dieser Abend anders als alle anderen Abende?«, begann Laura und fuhr, vom Protokoll abweichend, fort: »Abgesehen davon, dass wir mit Gewalt bedroht, finanziell beraubt und ausgezogen, entmenschlicht, erniedrigt und sogar ermordet werden?«

»Laura, wir Juden mussten schon immer einen höheren Preis für die Teilnahme am öffentlichen Leben bezahlen.«

»Du verstehst nicht. Wir werden vom öffentlichen Leben ausgeschlossen. Und bald auch vom Leben überhaupt!«

»Ich bitte dich, Laura!« Martha sah ihre Tochter so streng an, dass diese den Blick senkte und nach einem Seufzer die drei anderen Fragen herunterleierte. »Und warum essen wir heute Abend Maror, tauchen diese in Salzwasser und lehnen uns mit dem linken Arm an?«

»Weil wir Sklaven des Pharao waren und Gott uns aus Ägypten herausgeführt hat, mit starker Hand und ausgestrecktem Arm und mit Ehrfurcht gebietenden Taten unter Zeichen und Wundern«, gab Anton die vorgeschriebene Antwort.

»Zur Befreiung von diesem Regime braucht es ebenfalls ein Wunder«, bemerkte Ernst leise.

»Nein, kein Wunder, sondern Tatkraft und Entschlossenheit«, widersprach Laura.

»Und Geld, Beziehungen und eine gute Konstitution«, ergänzte Ernst.

»Laura, der Ewige selbst hat uns aus Ägypten herausgeführt, nicht das Palästina-Amt«, sagte Anton.

»Wie du meinst. Dann hoffen wir mal, dass er uns auch diesmal zu Hilfe kommt, allerdings warte ich nicht auf ihn.«

»Können wir denn keinen Seder mehr halten, ohne dass über Politik geredet wird?«, rief Martha aus.

»Mutter, die Befreiung der Juden aus der ägyptischen Knechtschaft war ein politisches Ereignis par excellence«, sagte Felix.

»Das Buch Exodus erzählt von einem Volk, das aufsteht«, sagte Bubi.

»Von einem Volk, das flieht«, sagte Trude.

»Auch Fliehen kann eine Form von Aufstand sein.«

»Jedenfalls ist Fliehen kein Ausdruck von irrationaler Geduld.«

»Seid endlich still! ALLE!« Martha schlug so fest auf den Tisch, dass Wiener knurrte. »Mach weiter, Anton.«

Nach der Mahlzeit sprach Anton die Schlussworte: »G-tt, errichte die Gemeinschaft deines Volkes neu und führe es bald in seiner Gänze und in Freiheit zusammen, in Freude, in Zion.« Und mit sichtlichem Widerwillen ließ er den letzten Satz der Haggada folgen: »Nächstes Jahr in Jerusalem.«

»Amein«, sagte Laura.

»Laura, ich bin nicht grundsätzlich gegen eine Auswanderung ins Gelobte Land«, sagte Anton zu seiner Tochter, nachdem Hedy Sascha in ihr Schlafzimmer geführt hatte. »Wie sollte ich auch? Ich finde lediglich den Zeitpunkt nicht passend.«

»Und ob er passend ist!«, erwiderte Laura. »Diese vergiftete Zeit gibt doch den Ausschlag. Nichts wird mehr besser für uns, nur noch schlechter.«

»Begreifst du denn nicht, dass der Zionismus dem, was die Nazis wollen, Vorschub leistet? Warte doch wenigstens, bis das alles vorüber ist! Goebbels selbst hat gesagt, sie würden die Juden ungeschoren lassen, solange sie sich bedeckt halten.«

»Von wegen, das hat Goebbels nicht gesagt!«, fuhr Laura auf. »Er hat gesagt: solange sie sich in ihre vier Wände zurückziehen und das deutsche Volk nicht mit der Forderung nach Gleichbehandlung beleidigen. Ich habe nicht vor, mich unsichtbar zu machen und allenfalls geduldet zu sein. Ich will leben!«

»Ach, Kind, das sind doch nur Worte! Ihr seid so jung, ihr

denkt in absoluten Kategorien und habt noch nicht die Erfahrung gemacht, dass das meiste sich in Wirklichkeit sehr viel differenzierter verhält.«

»Jung?«, sagte Viktor. »Darf ich dich darauf hinweisen, Vater, dass Schubert in meinem Alter sein Lebenswerk bereits so gut wie vollendet hatte?«

»Ich behaupte auch nicht, es wären einfache Zeiten – außer vielleicht für jene, die sich am Elend anderer bereichern.« An dieser Stelle warf Anton Viktor einen Blick zu. »Aber wir sind anständige Staatsbürger und stets unseren Verpflichtungen nachgekommen. Wenn wir uns an die Regeln halten, lässt man uns auf Dauer in Ruhe, davon bin ich überzeugt.«

»Ich will mich aber nicht an Regeln halten...«, sagte Viktor.

»Das ist bekannt«, sagte Anton.

»... die nicht gerecht sind.«

»Gesetze und Regeln sind nicht dafür da, Gerechtigkeit zu schaffen, Viktor. Sie sollen bewirken, dass das gesellschaftliche Miteinander funktioniert. Und damit diese Stabilität gewährleistet ist, schränken sie die individuelle Freiheit aller ein, auch deine.«

»Bei allem Respekt, Vater«, sagte Felix, »aber das ist der größte Unsinn, den ich je gehört habe. Das Recht muss eine gerechte Ordnung zum Ziel haben, also stehen auch die Gesetze im Dienst der Gerechtigkeit. Und unmoralische Gesetze verlieren ihren Rechtsstatus.«

»Du siehst das verkehrt, Felix. Das Recht ist etwas Menschengemachtes. Und wenn es auf prozedural korrekte Weise zustande gekommen ist, spricht man von geltendem Recht. Dieses ist im Gesetz festgelegt und steht als solches fest, unabhängig von jeder Moraldiskussion, wie es sein sollte. Damit müssen wir uns abfinden. Manchmal gereicht ein Gesetz uns zum Vorteil und ein andermal zum Nachteil.«

»Dann nenne mir ein einziges Gesetz, das uns zum Vorteil gereicht«, sagte Laura schnippisch.

»Für uns als jüdische Minderheit ist das geltende Recht zurzeit weniger vorteilhaft als für Nichtjuden«, musste Anton zugeben.

»Weniger vorteilhaft? Was redest du da? Dein blödsinniges Recht ist zum Werkzeug einer Bande Verbrecher verkommen und verhilft ihnen dazu, mit einem Teil der Bevölkerung umzuspringen, wie sie wollen!«

»Stimmt. Und leider ist sogar Mord erlaubt, wenn ein Gesetz ihn billigt. Rechtssicherheit geht vor Gerechtigkeit!«

»Nun denk mal vernünftig nach, Anton«, sagte Ernst. »Bist du wirklich nicht der Meinung, dass die Gesamtheit der Gesetze die Rechte und Freiheiten abbilden sollte, die dem Menschen von Natur aus zustehen?«

»Das sagst ausgerechnet du, der immer behauptet, der Mensch sei von Natur aus kriegerisch!«, gab Anton zurück.

»Und genau darum geht es, Vater«, sagte Viktor. »Es herrscht Krieg. Dann gelten andere Gesetze.«

»Was weißt du schon vom Krieg!«, fuhr Anton ihn an. »Krieg bedeutet Trommelfeuer, Giftgas, Sturmangriffe, Artillerie, Granaten... und unzählige Tote!«

»In deinem Krieg konnte man wenigstens noch auf Ehre hoffen«, sagte Felix. »Es war ein unpersönlicher Krieg. Jetzt aber herrscht Krieg gegen die Juden. Und den nehme ich sehr persönlich!«

»Bei uns herrscht kein Krieg, wir leben lediglich in einer Zeit, in der eine Gruppe Unzivilisierter mehr Macht hat als gewöhnlich. Alles Böse im Menschen rührt von einem Mangel an Kultur her.«

»Vater, deine bildende Kunst, deine Literatur und Musik und auch die Wissenschaft blühen gerade mal 365 Kilometer von Dachau entfernt«, sagte Viktor. »Wie immer bewegst du dich fernab der Realität.«

»Aber du hast sie gepachtet, die Realität, was?«, brauste Anton auf. Er erhob sich, trank sein Glas aus und setzte sich an den Flügel.

Im nächsten Moment stürmte Hedy in den Salon. »Mutters Mieter haben ihre Zahlungen eingestellt!«, rief sie ihren Brüdern zu. »Ich habe gerade ihre Bankauszüge durchgesehen, weil sie davon gesprochen hat. Auf ihrem Konto geht tatsächlich nichts mehr ein.«

»Dann setze ich die Mieter schriftlich in Verzug«, meinte Anton und legte seine Hände auf die Tasten.

»Das wird nichts nützen«, sagte Viktor. »Vor ein paar Wochen sind sämtliche Schulden von Ariern bei Juden mit sofortiger Wirkung für nichtig erklärt worden. Nach Ansicht der Nazis kann ein Nichtjude einem Juden nichts schulden.«

»Ich weiß, dass du dich mit allem und jedem auskennst, Viktor«, sagte Anton, ohne sich umzuwenden. »Aber juristische Angelegenheiten überlässt du bitte mir. Was auch immer die Nazis behaupten – es gibt noch so etwas wie Rechtssicherheit, sprich: Man kann sich auf die Gesetze und Regeln verlassen, wie sie zu dem Zeitpunkt galten, an dem du als Bürger so gehandelt hast, wie du gehandelt hast. Das weiß jeder österreichische Richter.«

Er seufzte tief, schloss die Augen und begann, Chopin zu spielen.

◆

*Wien, 24. Mai 1938*

*Herr Rosenbaum,
in Beantwortung Ihres Schreibens vom 27. April d.J. teile ich Ihnen
Folgendes mit:*

*I. Am Montag, dem 26. April d.J. wurden angeblich Ihre Privatwohnung und Ihre Kanzlei, beide gelegen im Palais Währinger Straße 3, von zwei Männern mit Abzeichen und Baretten der NSDAP einer Durchsuchung unterzogen. Dabei wurde angeblich, Ihrer Ansicht nach unrechtmäßig, Folgendes beschlagnahmt:*

*Ihr Dienstwagen
2 Schreibmaschinen
der Inhalt der Handkasse
sämtlicher Schmuck, den Ihre Angestellten am Körper trugen
1 126-teiliges Silberbesteck, 2 silberne Schabbatleuchter, 1 silberner
Brotkorb und 1 silberner Kidduschbecher
Aktien und andere Wertpapiere
das Sparbuch Ihrer Tochter Laura*

*3 goldene Ringe*
*1 Perlenkette, die Ihre Ehefrau von ihrer Mutter geerbt hat*
*1 goldenes Armband, das Sie Ihrer Ehefrau anlässlich Ihrer Silberhochzeit geschenkt haben*
*334 Reichsmark und 95 Schillinge in bar.*

*Bei der Durchsuchung wurden angeblich, Ihrer Ansicht nach unrechtmäßig, beschädigt:*

*die Glasscheiben von 3 Vitrinenschränken*
*8 Schubladenschlösser*
*17 juristische Bücher*
*3 Matratzen*
*das Sofa in Ihrer Wohnung*
*12 literarische Bücher*
*das Glas von 2 Bilderrahmen*
*alle Telefonkabel mittels Durchtrennen.*

*Hinsichtlich der von Ihnen behaupteten Durchsuchung teile ich Ihnen mit, dass es sich wohl in der Tat um ein ungesetzliches Vorgehen handelt, zumal unter Vorspiegelung der Zugehörigkeit zu unserer Partei erfolgt. Weder Mitglieder noch Anhänger der NSDAP würden sich solcher Praktiken schuldig machen. Dennoch können wir leider nicht verhindern, dass feindlich gesinnte bolschewistische Elemente sich als Nationalsozialisten ausgeben. Wir bitten daher die Bevölkerung um größtmögliche Wachsamkeit, was kommunistische Umtriebe jeglicher Art betrifft, und fordern sie auf, sich im Fall diesbezüglicher Vermutungen an die zuständigen Bezirksämter zu wenden.*

*II. Selbst wenn die Durchsuchung und Beschlagnahmung von dazu befugten Personen vorgenommen worden sein sollte, stünde dies laut Ihren Ausführungen im Widerspruch zum Grundsatz der Rechtssicherheit und wäre somit unrechtmäßig erfolgt. Sie führen ferner aus, als österreichischer Staatsbürger könnten und dürften Sie darauf vertrauen, dass von Ihnen rechtmäßig erworbene Besitztümer Ihr Eigentum sind und bleiben.*

*Zu diesem Punkt teile ich Ihnen Folgendes mit: Seitens Reichsjustizkommissar Frank und Justizminister Hueber wurde in der Tat festgestellt, dass das österreichische Rechtssystem auf dem Grundsatz der Rechtssicherheit basiert. Der Begriff Rechtssicherheit ist jedoch eine jüdische Erfindung, die zum Zweck hat, sich damit die Herrschaft über andere Völker zu sichern. Was unter Rechtssicherheit zu verstehen ist, kann daher nicht in Übereinstimmung mit der Lehre des Nationalsozialismus gebracht werden. In Österreich gilt das deutsche Recht, und zwar rückwirkend vom 1. März 1938 an, als alleinige Rechtsquelle. Aus diesem Grund ist die von Ihnen angeführte Rechtssicherheit an eben diesem Datum nichtig geworden.*

*Ich hoffe, Ihnen mit diesen Auskünften weitergeholfen zu haben.*

*Josef Bürckel*
*Reichskommissar*
*SS-Gruppenführer*
*stellvertretender Gauleiter/Stadtkommandant Wien*

◆

Am 28. April traf Viktor auf der breiten Treppe mit der Sekretärin seines Vaters zusammen. »Frau Stengl, Sie werden mit jedem Tag schöner. Ich wollte, es wäre schon morgen!« Er lüftete den Hut und küsste ihr dann die Hand.

»Ach, Herr Rosenbaum, Sie sind mir vielleicht einer!«, sagte sie errötend. »Übrigens gut, dass ich Sie sehe, ich habe etwas für Sie.«

Viktor folgte ihr durch den Flur ins Sekretariat, wo ungewöhnlich viel Betrieb herrschte. Schreiner gingen ein und aus, und unter dem Schreibtisch waren zwei Monteure damit beschäftigt, das Telefon neu anzuschließen.

»Sie müssen entschuldigen, wegen des Durcheinanders vorgestern habe ich erst heute wieder daran gedacht«, sagte Frau Stengl. »Das hier kam gestern mit der Post.« Und sie überreichte ihm einen schmalen Umschlag.

*An Herrn Viktor Rosenbaum, Währinger Straße 3, Wien IX* stand darauf und auf der Rückseite die Adresse des Absenders.

Viktor schlitzte das Kuvert mit dem Zeigefinger auf. Es enthielt einen kleinen, in Packseide gewickelten Gegenstand.

»Eigentlich wollte ich Ihnen den Brief schon gestern geben,

aber die Umstände...« Die Sekretärin hob bedauernd die Hände.

Viktor verließ bereits im Eilschritt das Büro, rannte in den Hof und schwang sich auf sein Rad.

Ohne auf die Pfützen und den Verkehr zu achten, überquerte er die Straße, konnte gerade noch einer bimmelnden Trambahn ausweichen und sauste dann durch den strömenden Regen zur Berggasse.

Am Ziel angekommen, warf er sein Rad gegen die Mauer und stürmte an der neugierigen Hausbesorgerin vorbei die Treppe hinauf.

Schon an der Wohnungstür schlug ihm ein intensiver unangenehmer Geruch entgegen. »Onkel Ernst!«, rief er außer Atem.

Im Salon stolperte er über den blutroten Perser und stieß beim Versuch, einen Sturz zu vermeiden, eine chinesische Vase um.

»Onkel Ernst!?«

Er blickte sich suchend um, lief dann wieder in den Flur und auf die Tür zum Schlafzimmer an dessen Ende zu.

Er riss sie auf und stürmte hinein.

Auf dem Bett lag der leblose Körper seines Onkels, daneben ein leeres braunes Fläschchen. Und auf dem Nachttisch lehnte an einem gerahmten Foto von Tante Lexi ein unbeschrifteter Umschlag.

Die Pendeluhr an der Wand war um zehn vor zwölf stehen geblieben, ihre kleinen Gewichte hingen schlaff herab.

Viktor steckte den Umschlag ein, ohne ihn zu öffnen, ließ sich auf einen Stuhl sinken und betrachtete seinen Onkel.

*Ach, Junge, Tränen...*, hörte er ihn in Gedanken sagen. *Ein kleines Quantum Phosphor und etwas Chlor – der Rest ist Wasser.*

Lange saß Viktor da, bis das Dämmerlicht die Konturen im Zimmer verwischte. Dann rief er in der Kanzlei seines Vaters an und machte sich auf den Nachhauseweg.

◆

In Schachtel Nummer I des Familienarchivs fand ich einmal zwischen allerhand unleserlichen Dokumenten ein paar zusammengefaltete Bogen Durchschlagpapier. Es war so dünn, dass die Schreibmaschinentypen bei den Punkten und Kommata kleine Löcher geschlagen hatten. Ich setzte mich im Schneidersitz auf den Boden, strich behutsam die Blätter glatt und las die Überschrift: *Meine Erfahrungen im KZ Dachau, Mai–Juni 1938, Anton S. Rosenbaum.*

Plötzlich kam mir jegliches Realitätsgefühl abhanden, und wie unter Einwirkung einer geheimen Kraft verließ ich die stoffliche Welt und befand mich, jenseits von Zeit und Ort, im hermetischen Reich der Seele meines Urgroßvaters.

*Meine Erfahrungen im KZ Dachau*
*Mai–Juni 1938*
*Anton S. Rosenbaum*

*Eine Bemerkung vorab:*
*Auf Anraten von Doktor Richard Nepallek, der meint, es wäre aus seelenhygienischen Gründen gut für mich, verfasse ich hiermit einen*

*Bericht über meinen Weg ins Konzentrationslager Dachau und meinen Aufenthalt dort. Mir selbst scheint es ebenfalls ratsam, wenngleich aus einem anderen Grund: Erinnerungen werden im Laufe der Zeit lücken- und fehlerhaft, namentlich die meinen, und das vor allem durch eigenes Zutun. Was ich aufschreibe, ist daher als zutreffende, weil beizeiten erstellte Zeugenaussage zu betrachten, die zu einem späteren Zeitpunkt gerichtlich verwertet werden kann.*

*Am Mittwoch, den 18. Mai 1938 ging ich die Mühlgasse entlang. Ich war auf dem Weg zu einer Besprechung mit meinem Mandanten Herrn F. Plötzlich wurde die Straße zu beiden Seiten von der Gestapo abgeriegelt, sodass weder Fußgänger noch Radfahrer sie verlassen konnten. Sämtliche Männer wurden gefragt, ob sie jüdisch seien, und wer mit »Ja« antwortete, musste den Laderaum eines Wagens besteigen und sich dort auf eine Bank setzen. Die Fahrräder wurden vor Ort beschlagnahmt. Mit sieben weiteren Männern, mir alle unbekannt, wurde ich zur Polizeiwache in der Hufelandgasse gebracht, wo man unsere Personalien aufnahm und uns durchsuchte. Anschließend wurde ich in einem sehr kleinen Raum von zwei Personen verhört. Sie wollten wissen, ob ich schon einmal straffällig geworden sei, und noch dies und das an allgemeinen Dingen. Außerdem befragten sie mich nach Liebesbeziehungen mit nichtjüdischen Frauen. Auf die Frage nach dem Grund meiner Festnahme bekam ich keine Antwort. Weil die Arrestzellen der Wache überbelegt waren, wurde ich in einen geschlossenen Innenhof geführt, wo bereits viele andere standen. Ich entdeckte in der Menge der Gesichter die Herren Himmel und Spann, zwei geschätzte Kollegen. Himmel beurteilte unsere Lage pessimistisch, Spann und ich hingegen waren der Ansicht, dass man uns schnell wieder freilassen würde, da es hierzulande keine gesetzliche Handhabe gibt, Unschuldige ohne triftigen Grund längere Zeit in*

*Gewahrsam zu halten. Zunächst sah es aus, als würden Spann und ich recht behalten, denn nach ein paar Stunden wurde ich namentlich aufgerufen und musste mit etlichen anderen Männern einen großen geschlossenen Lastwagen besteigen. Wir spekulierten wild, wohin man uns wohl bringen würde. Nach einer ganzen Weile hielt der Wagen, und man forderte uns auf auszusteigen. Wir befanden uns vor einer Schule in der Karajangasse, die seit mehreren Wochen als Gefängnis diente.*

*Drinnen wurde alles, was wir bei uns hatten, genauestens aufgelistet und uns daraufhin weggenommen, mit Ausnahme von Brillen, Zahnprothesen und einem Höchstbetrag von fünf Reichsmark. Auch mein Gehstock wurde in Verwahrung genommen.*

*Auf dem Hof, in den wir anschließend geführt wurden, lagen große Säcke und Strohballen. Man trug uns auf, Strohsäcke zu stopfen, auf denen wir nächtigen sollten. Sodann mussten wir diese in ein Klassenzimmer tragen und konnten dort eine warme Mahlzeit einnehmen.*

*Am nächsten Morgen bekamen wir Kaffee sowie einige Toilettenartikel. Einer meiner Schicksalsgefährten wurde zu seiner großen Verwunderung freigelassen; ich konnte ihn gerade eben noch bitten, meiner Familie meinen Aufenthaltsort mitzuteilen.*

*Ein paar Stunden am Tag durften wir für eine Weile in den Hof, dafür erhielt ich meinen Stock zurück. Im Hof traf ich mehrere Bekannte, unter anderem die Herren Spier und Weiss, von denen Letzterer, wie üblich, viel redete, ohne etwas Wesentliches zu sagen. Mit ihnen unterhielt ich mich einige Male über das Werk Hugo Wolfs und [unleserlich]. Später veranstalteten wir kleine Wettbewerbe, etwa wer die Lieder aus* Der lustige Krieg *summen oder sämtliche Kompositionen Schuberts chronologisch aufzählen konnte. Herr*

*Stiefel, ein ausgesprochen frommer Mensch, konnte die ersten zwei Bücher Moses auswendig hersagen, und auch Spier war in Sachen Religion sehr beschlagen.*

*Am Morgen des zweiten Tags bekam einer in unserem Schlafsaal ein Päckchen. Er gab es mir, und ich war freudig überrascht, als ich sah, dass es sich um ein Buch handelte, jedoch ziemlich enttäuscht, als ich den Titel las:* Das Abenteuer meiner Jugend *von Gerhart Hauptmann, einem Schriftsteller, der nicht zu meinen Favoriten gehört.*

*Am Nachmittag musste ich zum Verhör. Es dauerte über eine Stunde, und man stellte mir detaillierte Fragen zum Lebenswandel meiner Eltern und Großeltern. Tags darauf wurde ich erneut verhört: Diesmal wollte man genauen Aufschluss über meine Besitztümer und darüber, was meine Anwaltstätigkeit einbrachte. Weil ich mich nie sonderlich für Besitz und Geld interessiert habe – wie nur Leute, die genug haben, sich das leisten können –, konnte ich kaum dienliche Auskünfte geben. Dass ich als Jude über mein Vermögen und meine Einkünfte so wenig Bescheid wusste, erweckte großes Misstrauen. Stundenlang wurde ich nach vermuteten Geldanlagen und Wertpapieren, Schweizer Geheimkonten und krummen Immobiliengeschäften ausgefragt. Schließlich ging es noch um mein Liebesleben. Man wollte wissen, ob ich je sexuelle Beziehungen zu Arierinnen unterhalten hatte. Um mir diesbezügliche Geständnisse zu entlocken, sagte man mir zu, meine Ehefrau würde nichts davon erfahren.*

*So vergingen mehrere Tage.*

*Am dritten Tag fiel mein Blick beim Hofgang auf einen großen hageren Mann, der mir schon vorher bekannt vorgekommen war. Jetzt wusste ich auf einmal wieder, wo ich ihn gesehen hatte. Jahre vorher hatte ich mit meinem Bruder Ernst einen Vortrag von ihm über*

*Nietzsches Vorstellung vom Übermenschen besucht. Damals hatte er gesagt, die Triebfeder für das Streben nach dem Übermenschen sei nicht durch die biologische Evolution bedingt, sondern einzig und allein durch den Drang, ein höheres inneres Selbst zu erreichen, gleich einem ethischen Gebot, das Primitive in sich zu überwinden. Ich sprach den Mann, er hieß übrigens Roth, daraufhin an; er reagierte erfreut und zugleich besorgt. Denn was er befürchtet hatte, war eingetroffen: Die Nazis hatten Nietzsches Begriff vom Übermenschen als Benennung für die sogenannte arische Rasse okkupiert und zur Rechtfertigung ihres Antisemitismus den Begriff vom ›Untermenschen‹ eingeführt. Bis zu seiner Entlassung als Universitätsprofessor wenige Wochen zuvor hatte Roth über den Einfluss Nietzsches auf Mahlers Schaffen geforscht. Einen solchen gebe es auf jeden Fall, versicherte er mir. In Mahlers Werk manifestiere sich eindeutig Nietzsches Ewigkeitsvorstellung: der natürliche Prozess des Absterbens und Neuerblühens in einem unendlichen Kreislauf. Diesem Ewigkeitsmotiv, so legte er dar, habe Mahler in seiner Musik die Form einer fallenden großen Sekunde gegeben.*

*Das schien mir zwar ein interessanter Gedanke, ich äußerte aber Zweifel, dass Mahler ungeachtet seines Übertritts zum Katholizismus an die christliche Wiederauferstehung und somit an ein Leben nach dem Tod glaubte. Meiner Ansicht nach, sagte ich, weise sein Werk eher etwas auf, das ich eine talmudische Qualität nennen möchte. Roth stimmte mir teilweise zu. Ihm zufolge hatte Mahler sich in religiöser Hinsicht stets bedeckt gehalten, und Texte wie* Sterben werd' ich, um zu leben *seien nicht ohne Weiteres als christlich zu interpretieren. Er erklärte mir, für Nietzsche wie für Mahler habe jeder Abschied die Verheißung eines Wiedersehens in sich getragen. Schließlich habe Mahler unmittelbar nach dem Abschied im* Lied von der Erde *mit seiner Neunten Sinfonie begonnen.*

*Ich musste an meinen jüngsten Sohn Felix mit seiner Leidenschaft für Mahler denken und fragte Roth, ob die Neunte womöglich als ein einziges großes Lebewohl angesehen werden könne und die unvollendete Zehnte als zögerliche Hinwendung zu etwas Neuem.*

*Das begeisterte Roth sichtlich: Mahlers Neunte als Sinfonie über den Tod, über das Verstreichen der Zeit – ein Stück, in dem seine letzten Atemzüge zu vernehmen sein könnten…*

*Wir unterhielten uns so angeregt, dass wir, als ein Bewacher uns aufforderte, wieder ins Haus zu gehen, das Gefühl hatten, aus einem Gespräch im Café Central herausgerissen zu werden, und mit Befremden die Wirklichkeit um uns herum wahrnahmen.*

*Am Tag darauf wurde ich erneut verhört. Diesmal sollte ich erzählen, welchen Rang ich im Krieg gehabt hatte und wie es zu meiner Verwundung gekommen war. Zu welchem Regiment hatte ich eigentlich gehört? Jahrelang hatte ich es als ein Glück angesehen, belastende Erinnerungen gut ausblenden zu können, nun aber geriet mir diese Fähigkeit zum Nachteil. Meine Regimentsnummer fiel mir einfach nicht mehr ein, und auch die Namen meiner Kameraden und der Offiziere hatte ich tunlichst vergessen. Der Mann, der mich verhörte, schüttelte darüber geringschätzig den Kopf und ließ mich dann in die Turnhalle führen, wo bereits Hunderte weitere Gefangene warteten. Wir wurden alphabetisch eingeteilt, so kamen Roth und ich in dieselbe Gruppe.*

*Dann ging es, wiederum im Laderaum eines Wagens, mit hohem Tempo einer unbekannten Bestimmung entgegen. Einige meinten optimistisch, wir würden wahrscheinlich in ein anderes Polizeigefängnis der Stadt gebracht, doch als einer durch einen Spalt in der Plane sah, dass wir die Mariahilfer Straße entlangfuhren, wusste ich, dass der Westbahnhof das Ziel war.*

*Auf dem Bahnsteig erwartete uns deutsches Militär. Mit brutaler Gewalt, wobei Knüppel, Gewehrkolben, Peitschen und Stiefel zum Einsatz kamen, trieb man uns – wiederum dem Alphabet nach – in die Waggons eines bereitstehenden Zugs. Ich hörte die Schmerzensschreie meiner Mitgefangenen, als man ihnen Ohrfeigen gab, Knochen brach und Zähne ausschlug. Ich sah Blut auf den Platten des Bahnsteigs, Blut an Händen und auf Gesichtern und blutbefleckte Kleidung. Ich sah, wie fromme Juden gezwungen wurden, sich gegenseitig am Bart zu ziehen und zu bespucken. Ich hörte, wie der Befehl erging, wir sollten* Freuet euch des Lebens *von Strauss singen.*

*Ein SS-Mann trat mit solcher Wucht meinen Gehstock weg, dass ich stürzte. »Aufstehen, los!«, brüllte er, und das wäre mir wohl auch gelungen, hätte er mich nicht weiterhin mit Stiefeltritten malträtiert. Wenn ich an diese Szene denke, ist mir außer den Schmerzen vor allem erinnerlich, dass ich mich wunderte, denn die meisten von uns wären sicherlich in den Zug gestiegen, hätte man sie einfach nur darum gebeten.*

*Dann spürte ich plötzlich, dass jemand mir hochhalf. Es war Roth, er hat mich damals vor dem sicheren Tod gerettet. Er hakte mich fest unter und zog mich an seinem mageren Arm mit sich, hinein in den Zug, während es weiterhin Schläge und Tritte setzte. Wir landeten in einem bereits überfüllten Drittklasseabteil. Darin war es dämmrig, weil die Vorhänge der Fenster zugezogen waren, und drückend, weil die Heizung lief. Dicht gedrängt saßen wir auf den harten Holzbänken und warteten schweigend.*

*Als der Zug anruckte, wurde mir klar, dass ich mit ihm nicht nur Wien hinter mir lassen würde – noch heute markiert diese Fahrt für mich das Ende einer zivilisierten Epoche und den Beginn ohnmächtiger Verzweiflung.*

*Der junge SS-Mann, der unser Abteil mit der Nummer 208 zu bewachen hatte, befahl uns, regungslos auf unseren Plätzen zu verharren, das Gesicht zur Decke erhoben und die Hände auf den Knien. »Wer auch nur einen Zentimeter in Richtung Fenster rückt, wird erschossen«, drohte er. »Sprechen ist verboten. Bewegen ist verboten. Schlafen ist verboten. Alles ist verboten, sogar Leben. Wenn ihr trotzdem am Leben bleibt, ist das Zufall.«*

*In der schier unerträglichen Hitze begannen meine Augen zu tränen, der Schweiß lief mir in Bächen über den Rücken, und vom unentwegten Hochschauen verkrampften sich meine Halsmuskeln. Nach einer Weile war sogar mein Mantel durchgeschwitzt. Mein linker Sitznachbar versuchte unauffällig, sich den Schweiß vom Gesicht zu wischen, was ihm einen Fausthieb eintrug. Sein Blut spritzte mir seitlich ins Gesicht.*

*Im angrenzenden Abteil splitterte Glas, dann fielen Schüsse. Ein Toter wurde in den Übergang geworfen. Jemand murmelte ein Gebet.*

*Unser Bewacher deutete mit seiner Peitsche auf einen Mann und befahl ihm zu singen. Zu Tode erschrocken intonierte dieser mit zitternder Stimme* Einem Bach, der fließt. *Das war offenbar ein Fehler, denn der SS-Mann schlug ihm die Vorderzähne ein. »Was fällt dir elenden Judensau ein, dich an deutschem Liedgut zu vergreifen!«, brüllte er den Mann an und dachte sich sogleich eine neue Schikane aus. Wir sollten alle unseren Beruf nennen. Nachdem der SS-Mann anhand dessen einen Schinder und ein Opfer ausgewählt hatte, musste der ärmste Jude aus unserer Mitte den reichsten fünfzig Mal ins Gesicht schlagen. Dieses grausame Spiel hat dazu geführt, dass Herr Liebmann, ehemals Bankdirektor in Wien, während der Zug durch die Nacht ratterte, linksseitig sein Gehör verlor.*

*Ein Mann, der nicht weit vom Fenster saß, rief: »Mein G-tt, hilf uns!« Daraufhin schoss der SS-Mann ihn in die Brust und sagte:*

*»So, jetzt kann er dir helfen.« Wenig später wollte ein anderer sich das Leben nehmen, indem er seinen Kopf mit Wucht ans Fenster schmetterte.*

*Begleitet vom Stöhnen und Ächzen der Verletzten, mussten wir jeder hundert Kniebeugen machen, und ich merkte, wie das Blut langsam wieder in meine nahezu fühllos gewordenen Beine strömte. Anschließend mussten wir lange Zeit mit über den Kopf erhobenen Armen in der Hocke kauern. Dabei schrie der SS-Mann immer wieder: »Warum seid ihr hier?«, und wir mussten im Chor antworten: »Weil wir euer Volk beschissen und es mit euren Frauen getrieben haben.« Ich war so durstig, dass mir die Zunge am Gaumen klebte; nur äußerst mühsam konnte ich sprechen.*

*Im Übergang zum Nachbarabteil lagen inzwischen mehrere Tote und Verletzte auf einem Haufen, und der Boden war von einem stinkenden Gemisch aus Dreck, Blut und Urin bedeckt, durch das die Soldaten achtlos hindurchstapften. Roth stürzte sich irgendwann heldenhaft auf einen SS-Mann und ist dann röchelnd im Gang verblutet. Am Morgen, kurz bevor wir in den Salzburger Bahnhof einfuhren, starb er. Das ist mir noch glasklar in Erinnerung, weil ich mich just in dem Moment von meinem Leben distanzierte und es seitdem nur noch aus Gewohnheit und Pflichtgefühl weiterführe. Nietzsches Worte »Was entstanden ist, vergeht, was vergangen ist, lebt wieder auf« gelten nicht mehr für diese Welt. Ja: Gott ist tot.*

*Bei der Ankunft in Da*

Hier endete der Text. Ich drehte und wendete das Blatt mehrmals und suchte zwischen den anderen, ob ich etwas übersehen hatte. Aber da war nichts.

Schockiert saß ich da. Vielleicht war mein Urgroßvater beim Schreiben gestört worden, vielleicht hatte er auch die Geduld verloren und von weiteren Aufzeichnungen abgesehen. Aber wahrscheinlicher war, dass alles Folgende so unfassbar grausam war, dass Gott sich selbst davor zurückgezogen hatte.

Mit zitternden Fingern faltete ich die dünnen Blätter wieder zusammen und legte sie ehrfurchtsvoll in die Schachtel zurück.

Als ich aufstehen wollte, erinnerte mein mühsam wieder in Gang kommender Blutkreislauf mich daran, dass ich im Hier und Jetzt lebte. Ich wartete, bis meine Beine mich wieder trugen, dann löschte ich das Licht und ging die Treppe hinab.

◆

»Von wem hast du eigentlich deine grünen Augen?«, fragte Gisela Viktor, der neben ihr lag.

Sie befanden sich in der kleinen Zweizimmerwohnung in der Esterházygasse, die sie einige Monate zuvor angemietet hatten, um ihren Bund zu besiegeln.

Viktor streichelte Giselas braune Locken. »Das muss ein Erbdefekt sein. Mein Vater sagt, davon hätte ich jede Menge.«

Zärtlich strich Gisela über die Härchen auf seinem linken Arm bis zu der zierlichen goldenen Uhr, die er nach wie vor trug. »Und wie steht es mit deinem Verhältnis zur Zeit?«

»Ich habe meinen Frieden damit geschlossen. Laut Nepallek ist nichts tröstlicher als das Verstreichen der Zeit. Und eine Uhr, die das sichtbar macht, ist der beste Freund, den man haben kann.«

»Wer ist Nepallek?«

»Der Arzt, zu dem mein Vater mich einmal geschickt hat, damit er meine Unzulänglichkeiten schriftlich fixiert.«

»Und was hat dieser Nepallek gesagt?«

»Wenig. Er wollte wissen, ob ich träume.«

»Was hast du geantwortet?«

»Ich habe ihm einen immer wiederkehrenden Angsttraum geschildert.«

Gisela küsste ihn und legte dann ihren Kopf an seine Brust. »Erzähl mir den Traum.«

Ein paar Sekunden war Viktor still. »Na gut. In dem Traum spiele ich Cello im Orchester des Burgtheaters.« Er verhielt kurz und lauschte, aber Gisela lachte nicht. »Ich bin also Cellist in einem Spitzenorchester. An einem Samstagabend befinde ich mich mit fast hundert anderen Musikern auf der großen Bühne. Eine Premiere steht an. Es macht uns nervös, dass das Publikum sichtlich hochgespannte Erwartungen hat, aber zugleich haben wir die beglückende Gewissheit, diese erfüllen zu können. Unser Dirigent erscheint, verbeugt sich und lächelt, als Beifall erklingt. Er dreht sich zu uns um und senkt den Taktstock. Sein fester Blick zeugt von Vertrauen in unser Können. Es ist mucksmäuschenstill im Saal. Sekunden noch, dann müssen wir einsetzen... Plötzlich wird mir klar, dass ich keine Ahnung habe, welches Stück auf dem Programm steht. Ratlos schaue ich mich um – alle anderen scheinen genau zu wissen, was von ihnen erwartet wird. Mir bricht der Schweiß aus, mein Herz fängt an zu rasen, ich suche panisch den Blick des Cellisten neben mir, aber es ist zu spät. Die Ouvertüre hat begonnen, alle spielen, nur ich sitze da wie versteinert. Eine unsägliche Blamage, vor aller Augen. Und dann wache ich auf.«

In dem Moment klopfte es so laut an der Tür, dass Viktor, einem Schachtelteufel gleich, vom Bett aufsprang und in seine Hose fuhr.

»Viktor!«

Er öffnete, und Bubi kam hereingestürzt.

»Anton!«, keuchte er. »Sie haben ihn festgenommen!«

»Wann? Und weswegen?«, fragte Gisela erschrocken.

»Vor ein paar Tagen. Razzia…«

Während Gisela rasch lauwarmen Tee für Bubi eingoss, knöpfte Viktor sein Hemd verkehrt zu. »Wo ist er? Ich gehe hin.«

Bubi, aschfahl im Gesicht, starrte ihn nur an.

»Nun sag schon – wo?«, drängte Viktor und schloss dabei seine Schuhschnallen. »Ich muss ihn schnellstens rausholen, kapierst du das nicht?«

»Viktor, dein Vater ist… er ist schon unterwegs.«

»Unterwegs? Wohin?«

»Nach Dachau.«

Bubi und Gisela saßen an dem kleinen Tisch, und Viktor drehte, vor sich hinmurmelnd, Runden um sie. Mit dem Uhrzeigersinn, gegen den Uhrzeigersinn. Ab und zu blieb er stehen, um ihnen einen neuen Plan zu unterbreiten. »Glaubt ihr, sie nehmen mich fest, wenn ich am Morzinplatz einen Stein durchs Fenster werfe?«

»Wer beim Hauptquartier der Gestapo Fenster einwirft, wird garantiert erschossen«, erwiderte Gisela.

»Das fällt also auch flach.«

»Viktor, hör auf, dir irgendwelche Aktionen auszudenken, die dich nach Dachau bringen. Gerade dort kannst du nichts für deinen Vater tun«, sagte Gisela.

»Aber wie soll er ohne mich zurechtkommen? Er ist es nicht gewohnt, sich mit den Fäusten zu verteidigen.«

»Wenn wir Anton aus Dachau herausholen wollen, brauchen wir ein Visum für ihn«, sagte Bubi. »Und wer weiß, wie lange es dauert, bis wir das von irgendeinem Konsulat kriegen.«

»Und was dann?«, fragte Gisela. »Die Gestapo wird dafür

sorgen, dass er binnen drei Monaten das Land verlässt. Und er hat doch immer wieder gesagt, dass er nicht fortwill. Unter keinen Umständen.«

Viktor schüttelte den Kopf. »Für Vater bekommen wir kein Visum. Mit seinem versehrten Bein gilt er als arbeitsunfähig.« Er sah Bubi an. »Ich glaube, es ist an der Zeit, in der Sattelkammer die Bodenbretter aufzustemmen. Und danach mache ich einen Besuch bei der Gestapo. Die Freundschaft braucht ja nicht immer einseitig zu sein.«

Gisela stand die Angst ins Gesicht geschrieben. »Jetzt gleich?«

Viktor küsste sie. »Ja, ich komme nicht mehr gern zu spät.«

Vier Wochen später ging die Haustürklingel in der Währinger Straße. Das Dienstmädchen Maria öffnete. Vor ihr stand ein verhärmter gebeugter Mann mit Stoppelbart. Ohne Hut und Mantel, der Anzug zerschlissen. Am Hals hatte er Schrammen und Beulen und an den Händen schuppigen Ausschlag. Als er den Kopf hob und sie ansah, brach Maria in Tränen aus.

Mit schleppenden Schritten ging Anton an ihr vorbei. Im Salon setzte er sich auf den Schemel vor dem Bösendorfer. Seine Hände lagen kraftlos auf den Knien.

Der Deckel des Klaviers blieb geschlossen.

◆

Erst bei meinem sechsten Anruf im Krankenhaus ließ die Sekretärin sich erweichen und stellte mich durch.

»Guten Morgen, spreche ich mit Professor Goedereede? Ich heiße Judith van den Berg. Entschuldigen Sie bitte die Störung. Ich wollte fragen, ob Sie schon Zeit hatten, sich den Obduktionsbericht anzusehen, den ich Ihnen geschickt habe. Ach, tatsächlich?! Und... äh... wie lautet Ihre Antwort auf meine Frage? Also ob die Verletzungen des Babys, die der Pathologe festgestellt hat, von heftigem Schütteln herrühren können. Was sagen Sie? Unmöglich? Unmöglich, irre! Ganz zweifelsfrei sogar? Dürfte ich Sie dann bitten, Ihre ärztliche Meinung schriftlich festzuhalten? Ja, das stimmt, die Rota Carolina ist ein Übungsgericht für Studenten. Wir verhandeln meistens fiktive Fälle, aber natürlich soll alles möglichst realistisch sein. Wie bitte? Oh, das wäre ja wunderbar! Nein, es dauert nicht lange, ich schätze, Ihre Aussage ist in einer Viertelstunde über die Bühne. Freitagnachmittag, halb drei, Saal J-0.34. Vielen herzlichen Dank, Herr Professor Goedereede, auch im Namen meiner fiktiven Mandantin!«

Ich legte den Hörer auf, tänzelte hinauf in mein Zimmer, nahm mir einen Apfel und ließ mich auf mein Zweiersofa plumpsen.

Erst vor einer Woche hatte ich bei Yolanda ausgiebig geklagt.

»Was findest du denn so schlimm an dieser Rota Carolina?«, hatte sie gefragt. »Dass du vor anderen sprechen musst?«

»Das auch. Aber vor allem die Erwartung, dass man sich mit allen Mitteln einsetzt. Ich bin nun einmal keine juristische Kämpfernatur. Und am allerschlimmsten ist dieser schreckliche Mann...«

»Welcher schreckliche Mann?«

»Professor van der Maas. Er ist emeritiert und tritt bei uns als Richter auf. Außerdem beurteilt er die Studenten. Und er ist nicht gerade für Warmherzigkeit bekannt.«

»Was für einen Fall hast du bekommen?«

»Eine Strafsache. Ich muss eine Neunzehnjährige verteidigen, die wegen Totschlags an ihrem Baby angeklagt ist. Hier ist das Protokoll.«

»Frau Angélique S., im Weiteren als Beschuldigte bezeichnet, hat ausgesagt, ihre kleine Tochter Rowena habe häufig geweint und ständig Aufmerksamkeit gefordert«, las Yolanda laut. »Am 22. August 1993 hat die Beschuldigte ihr damals zwei Monate altes Kind, als es wieder einmal weinte, aus Frustration geschüttelt. Dabei war eine gewisse Heftigkeit im Spiel, jedoch keine so starke, dass die Beschuldigte annehmen musste, ihr Kind könne dadurch zu Tode kommen. Zudem hat sie versichert, nicht gewusst zu haben, dass das Schütteln Säuglingen schaden kann. Sie glaubt, Rowenas Köpfchen beim Hochnehmen meist gestützt zu haben, weil die Wochenpflegerin sie darauf hingewiesen hat, dass Babys schwache Hals- und Nackenmuskeln haben.« Yolanda starrte das Blatt an. »Ach herrje...«

»Ich weiß«, sagte ich und seufzte, »und meine Mandantin ist

nicht nur geständig, die gerichtliche Obduktion hat auch noch ergeben, dass viel für ihre Schuld spricht.«

»Nein, ich wollte sagen: Ist das wirklich passiert?«

»Manche Fälle, die wir verhandeln, beruhen auf realen Ereignissen, andere denken die Dozenten sich aus. Dieser kommt mir ziemlich echt vor, dir nicht auch?« Ich gab ihr die Körperscans und den Obduktionsbericht.

*Autopsie eines weiblichen Säuglings, zum geschätzten Todeszeitpunkt 63 Tage alt. Untersuchung Kopf-Hals-Region: Schädelfraktur und subdurale Blutung. Mehrere Hämatome am Rumpf und eine Rippenfraktur. Keine medizinischen Ursachen für die Verletzungen feststellbar. Verletzungen passen zum sogenannten Shaken Baby Syndrome (SBS) oder Schütteltrauma. Schlussfolgerung: unnatürlicher Tod infolge traumatischer Hirnverletzung.*

*Anlage: Ganzkörper-CT-Scans.*

»Ach herrje...«, sagte Yolanda wieder.

»Du hast es erfasst«, sagte ich bedrückt. »Wie, um Himmels willen, soll ich bei diesem Fall auch nur eine Vier schaffen? Zu erreichen ist da gar nichts. Als Anwältin dieser Angélique kann ich lediglich darauf achten, dass es beim Prozess fair zugeht – was auch immer das heißen mag. Van der Maas macht mich fertig! Verstehst du übrigens dieses medizinische Kauderwelsch? Und kannst du etwas mit den Scans anfangen?«

»Ich nicht«, sagte Yolanda. »Aber Goedereede schon.«

»Wer?«

»Professor Goedereede, der beste Kinderneurologe, den es gibt. Hat bei uns gerade eine Vorlesung gehalten. Für den ist das eine Kleinigkeit.«

Und Goedereede, diese Kapazität auf dem Gebiet des Shaken Baby Syndrome, hatte mir gerade mitgeteilt, dass sich nicht nachweisen ließ, was meiner Mandantin Angélique S. zur Last gelegt wurde. Und dass er gern bereit sei, dazu »im Interesse der wissenschaftlichen Bildung von Studenten« als Sachverständiger beim Prozess auszusagen.

Schwungvoll warf ich das Kerngehäuse in den Abfalleimer. Das reichte für mindestens eine Zwei.

Im Sitzungssaal J-0.34 der Fakultät war es stickig und laut. Ich versuchte, die gut besetzte Zuschauertribüne zu ignorieren, trat an meinen Tisch und sortierte meine Unterlagen. Dass sich an einem Freitagnachmittag so viele Studenten zum Zuhören eingefunden hatten, erstaunte mich.

Mein Mund fühlte sich völlig trocken an. Ich tastete nach der Heizung hinter mir an der Wand – sie war aus.

»Du auch Wasser?«

»Gern.«

Jan Hendrik, blond und ziemlich stämmig gebaut, der den Part des Staatsanwalts übernommen hatte, goss Wasser in mein Glas und hielt mir dann wie ein Viehhändler, der ein günstiges Geschäft wittert, grinsend die flache Hand hin: »Der Beste möge gewinnen.«

In der zweiten Reihe saßen Lex und Kitty und reckten ermutigend den Daumen nach oben, als mein Blick sie traf.

»Bei einem Strafprozess scheint mir das nicht angebracht zu sein«, antwortete ich und schlug ein. »*Das Recht* möge siegen.«

»Na denn«, sagte er nur. Dann nickte er zu meiner Brust hin: »Beffchen vergessen?«

»Wie? Was?« Ich fasste an den Halsausschnitt meiner Robe. Nichts. Mich durchfuhr ein Schreck. Ich murmelte etwas und rannte los, beinahe über das lange schwarze Gewand stolpernd.

Ich stürmte in die Toilette, wo ich mich kurz vorher umgezogen und das weiße gefältelte Stoffding umgebunden hatte. Es war nirgends zu sehen. Mein Herz hämmerte wie wild. Dass dieses kleine, aber unverzichtbare Accessoire fehlte, würde mir mit Sicherheit einen Rüffel von van der Maas eintragen oder, schlimmer noch, eine Fünf. Ein Blick auf meine Armbanduhr: vierzehn Uhr achtundzwanzig.

Ich stürmte aus der Toilette, rannte zum Kopierer, zog das Papierfach heraus und riss ein A4-Blatt in zwei Streifen. Dann legte ich die Streifen schräg zusammen, knickte das Ganze oben um und tackerte es an meiner Robe fest.

Vierzehn Uhr neunundzwanzig.

Unmittelbar vor dem Saal blieb ich stehen und schickte ein Stoßgebet zum Himmel, der alte Richter möge genauso schlecht sehen wie meine Großeltern. Dann holte ich tief Luft und schritt möglichst würdevoll hinein.

Gleich darauf wurde es still, und alle Anwesenden erhoben sich, als der trotz seiner gebeugten Gestalt noch immer hochgewachsene van der Maas hereinkam. Seine Hose, unter dem Jackett vermutlich von strammen Hosenträgern gehalten, saß so hoch, dass man ihn unschwer als Rechtsträger identifizieren konnte. Er nahm Platz und rief seiner Assistentin, die sowohl als Justizwachtmeisterin wie auch als Protokollantin fungierte, zu: »Fall S241, die Staatsanwaltschaft gegen Angélique S.«

Und mit seiner heiseren Stimme fuhr er fort: »Ich übergebe das Wort dem Staatsanwalt. Mijnheer Evenblij, bitte.«

Hinter seinem Tisch auf der gegenüberliegenden Seite des

Saals stand Jan Hendrik auf. »Hohes Gericht, Frau Angélique S. wird beschuldigt, am oder um den 22. August 1993 ihre Tochter Rowena, geboren am 21. Juni 1993, absichtlich getötet zu haben, und zwar, indem sie das Kind so heftig schüttelte, dass es infolgedessen verstarb. Es handelt sich um einen äußerst schwerwiegenden Vorfall, der in der Öffentlichkeit mit Entsetzen und Abscheu aufgenommen wurde. Mir scheint darum eine Haftstrafe ohne Bewährung angebracht. Deshalb ersuche ich die Rota Carolina, die Beschuldigte aufgrund von Artikel 287 Strafgesetzbuch zu neun Jahren Haft ohne Bewährung zu verurteilen.«

Nervös rutschte ich auf meinem Stuhl hin und her. Wie aus weiter Ferne hörte ich Jan Hendrik in elegant formulierten Sätzen sein Beweismaterial präsentieren, mit der Selbstsicherheit eines Menschen, der das Recht auf seiner Seite weiß, und ich sah den Richter konzentriert seine von Pigmentflecken übersäte Stirn runzeln.

Die Uhr über der Tür zeigte inzwischen Viertel vor drei.

»Mevrouw van den Berg«, knarzte van der Maas affektiert. »Ihre Verteidigung bitte.«

Ich erhob mich. »Danke, Herr Richter. Im Namen meiner Mandantin zweifle ich weder das Vorhandensein noch die Richtigkeit der vom Staatsanwalt vorgetragenen Beweise an. Ich bestreite jedoch die von ihm fälschlicherweise gezogene Schlussfolgerung. Für eine Verurteilung aufgrund von Artikel 287 Strafgesetzbuch ist nämlich der Nachweis eines Vorsatzes nötig. Die vom Staatsanwalt vorgebrachten Fakten lassen in keiner Weise den Schluss zu, dass meine Mandantin die Absicht hatte, ihre Tochter zu töten.«

Mein Blick huschte von den beschlagenen Fenstern zur Uhr: zehn vor drei. Ging das verdammte Ding etwa vor?

»Mevrouw van den Berg!«
Ich schrak zusammen. »Ja bitte?«
Van der Maas hatte seine Brille abgenommen und musterte mich abschätzig mit seinen porzellanartigen Augen. »Wie ich sehe, entspricht Ihre Amtstracht ganz Ihrem Niveau«, sagte er. »Schmierzettel als Beffchen!«
Niemand traute sich zu lachen.
Weil ich glaubte, der Richter erwarte das, senkte ich den Blick, bis er sich wieder an Jan Hendrik wandte: »Herr Staatsanwalt, Ihre Replik bitte.«
»Hohes Gericht, es ist allgemein bekannt, dass es höchst gefährlich ist, ein Baby zu schütteln, und dass dies sehr wohl den Tod zur Folge haben kann. Außerdem belegt die Erwähnung des Hinweises der Wochenpflegerin seitens der Beschuldigten, dass ihr durchaus bewusst war, wie verletzlich Kopf und Hals bei Säuglingen sind. Indem sie ihr Kind dennoch heftig schüttelte, hat sie billigend in Kauf genommen, dass es dabei zu Tode kommen kann. Das ist, wie Sie wissen, ein ausreichender Beweis für Vorsatz.«
Bei den letzten Worten blickte Jan Hendrik mit einer Haltung, die von unerschütterlichem Selbstbewusstsein geradezu strotzte, in die Runde.
»Mevrouw van den Berg, Ihre Reaktion bitte.«
Fünf vor drei! Aus meiner Kniekehle rann ein Schweißtropfen über die Wade in den Schuh. Nicht Angélique S. – nein, *ich* musste mich vor Gericht verantworten.

In dem Augenblick ging die Tür auf.

Ich zog scharf die Luft ein. Goedereede kam nicht nur genau im richtigen Moment, seine Erscheinung war auch geradezu spektakulär: Unter dem wehenden Arztkittel trug er ein Hemd mit Manschettenknöpfen und einen seidenen Krawattenschal – er sah aus wie einem Arztroman entsprungen.

Verdutzt schaute van der Maas ihn an.

»Das... äh... Herr Richter, ist Professor Goedereede, Kinderneurologe. Er hat sich bereit erklärt, als sachverständiger Zeuge auszusagen«, erläuterte ich rasch. Dann ging ich lächelnd auf Goedereede zu, gab ihm die Hand und lotste ihn zu meinem Tisch.

Van der Maas wusste nicht, wie ihm geschah. »Amice, wie schön, dass Sie den Weg zu uns gefunden haben«, sagte er. »Ihre Anwesenheit ehrt uns. Sie haben das Wort.«

Goedereede, der sich neben mich gesetzt hatte, stand wieder auf: »Verehrte Mitglieder der Rota Carolina, sehr geehrte Anwesende, mein Name ist Goedereede, ich bin Dozent für Kinderneurologie und seit vier Jahren am Radboud-Krankenhaus tätig. Auf Ersuchen von Mevrouw van den Berg habe ich mir die Röntgenbilder und den Obduktionsbericht zum hier verhandelten Fall genau angesehen. Ich bin zu dem Schluss gekommen, dass das Schütteln des Kindes Rowena S. durch die Mutter nicht ursächlich für dessen Tod gewesen sein kann. Ein Schädelbruch, wie er im Obduktionsbericht erwähnt wird, kann nicht durch Schütteln entstehen, auch nicht durch sehr heftiges. Außerdem lässt der Bruch sich nicht datieren, weil bei Schädelknochen im Zuge der Heilung keine Verdickung entsteht.«

Ich erhob mich ebenfalls.

»Herr Professor, lässt sich daraus schließen, dass der Bruch ebenso gut entstanden sein kann, ehe Mevrouw S. ihre Tochter geschüttelt hat? Oder aber danach?«

Goedereede nickte. »So ist es.«

»Vielen Dank, Herr Professor.« Ich wandte mich an van der Maas: »Herr Richter, da nun erwiesen ist, dass das Handeln von Angélique S. nicht den Tod ihres Kindes herbeigeführt hat, bitte ich darum, meine Mandantin freizusprechen. Der Staatsanwalt hat keinen schlüssigen Beweis für die Beschuldigung erbringen können.«

»Zu einem Schädelbruch dieser Art kann es nur durch Einwirkung sehr starker Kräfte kommen«, meldete Goedereede sich wieder zu Wort.

»Beispielsweise bei einem Sturz?«, fragte van der Maas.

»Eher nicht. Die Kopfverletzung ist so gravierend, dass sie dem Kind gewaltsam beigebracht worden sein muss. Etwa durch gezielte Fußtritte oder indem es mit dem Kopf an eine Wand geschlagen wurde.«

Ich spürte, wie sich die Haargefäße unter meiner Kopfhaut weiteten und mir das warme Blut aus dem Gesicht wich. Fassungslos starrte ich Goedereede an.

»Außerdem«, fuhr er auch schon fort, als würde er eine Vorlesung halten, »hat der Pathologe sieben ältere Rippenfrakturen übersehen, sie sind auf den Röntgenbildern an kalkigen Knochenverdickungen erkennbar. Bei Babys und Kleinkindern kommen Rippenfrakturen so gut wie nie vor, es sei denn durch Einwirkung sehr starker Kräfte, wie es etwa bei Tritten oder Schlägen der Fall ist. Das Baby ist in seinen ersten Lebenswochen schwer misshandelt worden und muss furchtbar gelitten haben.«

Das Entsetzen im Raum war fast mit Händen zu greifen.

Van der Maas richtete den Blick auf Jan Hendrik. »Herr Staatsanwalt, bitte.«

Jan Hendrik legte die Hände auf seinen Tisch und stemmte sich mühsam hoch. Er schüttelte den Kopf.

»Und?«, fragte der Richter.

Mit einer hilflosen Geste hob Jan Hendrik die Schultern und sagte: »Das wusste ich nicht.«

»Natürlich wussten Sie das nicht«, sagte der Richter. »Schließlich ist Professor Goedereede hier der Experte.«

»Das meine ich nicht«, murmelte Jan Hendrik. »Ich wusste nicht, dass sie das in petto hatte.«

Ich tastete hinter mich nach dem Heizkörper, wollte meine glühenden Hände daran kühlen. Aber ich kam nicht heran.

Goedereede durchbrach die Stille: »Verzeihen Sie, aber man hat mir zugesagt, die Sache hier würde höchstens eine Viertelstunde dauern. Ich habe gleich eine Besprechung.« Er nickte van der Maas zu, und mit einer Gebärde, die man als Sieg wie auch als Entschuldigung deuten konnte, strebte er der Tür zu.

Van der Maas schaute auf die Uhr und seufzte. »Nun gut, dann werde ich angesichts unserer begrenzten Zeit mein Urteil in diesem Fall sprechen. Fest steht, dass die Beschuldigte das sich in ihrer Obhut befindende wehrlose Kind mehrmals heftig geschüttelt hat. Fest steht auch, dass eben dieses Kind schwere Verletzungen erlitten hat, denen es schließlich erlegen ist. Die Staatsanwaltschaft hat Mevrouw S. zur Last gelegt, durch Schütteln den Tod ihrer Tochter verursacht zu haben. Aus der Aussage des sachverständigen Zeugen geht hervor, dass der Tod nicht infolge des Schüttelns eingetreten sein kann – ganz gleich, ob von der Beschuldigten versehentlich oder gezielt ausgeführt. Die Rota Carolina kommt zu dem Schluss, dass kein schuldhaftes Handeln bewiesen werden konnte, und spricht die Beschuldigte, Mevrouw Angélique S., frei.«

Im Saal erhob sich Gemurmel.

»Nun noch meine Beurteilung des Auftritts der Anwältin und des Staatsanwalts in dieser Sache. Mijnheer Evenblij, ich kann mich kurz fassen: Ihre heutige erbärmliche Leistung stellt eine Bedrohung für die Zukunft der niederländischen Rechtsprechung dar. Wenn lauter derart unfähige Staatsanwälte wie Sie am Werk wären, könnten wir unser Land ebenso gut der Natur überlassen. Note fünf.«

Dann wandte er sich mir zu: »Mevrouw van den Berg, Ihre Sichtweise des Falls stimmt mich hoffnungsvoll. Sie haben begriffen, dass der zentrale Wert der Rechtspflege nicht in der Feststellung der letztendlich immer subjektiven Wahrheit besteht, es geht vielmehr um das tatsächlich Beweisbare. Eine Gerichtsverhandlung ist kein Märchenstück. Unser Hauptziel ist es nicht, für Gerechtigkeit zu sorgen, sondern für eine einwandfreie Anwendung der Gesetze. Damit haben Sie eine Zwei verdient. Eine Zwei minus, besser gesagt, wegen des Fehlens eines Kleidungsattributs, das unser Berufsstand erfordert. Damit schließe ich die Sitzung.«

◆

Der Junisonntag, an dem Viktor, Gisela, Felix, Trude, Laura und Bubi, alle mit Hakenkreuz-Armbinden, auf ihren Rädern in Richtung Fluss fuhren, war ungewöhnlich warm. Nachdem an den Tagen zuvor heftige Regenfälle über Wien niedergegangen waren, hielt der Sommer nun auf spektakuläre Weise Einzug. In der drückenden Hitze stiegen von der noch nassen Erde dichte Dampfschwaden auf, die sich vor die Sonnenscheibe legten und deren Konturen verwischten.

»Wie geht es Anton inzwischen?«, fragte Gisela den neben ihr fahrenden Bubi.

»Wie immer. Er spielt Klavier und schimpft auf Viktor.«

»Im Ernst? Nach allem, was Viktor für ihn getan hat?«

»Eben darum. Es geht gegen seine Prinzipien, dass Geld an diese Geiselnehmer gezahlt wurde. Damit würde man ihr Tun nur unterstützen, sagt er. Und ganz zu schweigen davon, woher das Geld stammt, mit dem Viktor ihn freigekauft hat.«

»Es ist mir unbegreiflich, dass Viktor immer wieder sein Leben für ihn wagt.«

»Das hat einen einfachen Grund«, sagte Bubi. »Viktor ist ein Lamed-Wawnik.«

»Ein was?«

»Ein Gerechter. Es ist so: Der Fortbestand unserer Welt liegt in den Händen von sechsunddreißig Gerechten. Ihre Aufgabe besteht darin, die Schöpfung vor Gott, den wir oft schwer enttäuschen, zu rechtfertigen. Diese sechsunddreißig Menschen wissen meist selbst nicht, dass sie Gerechte sind. Wüssten sie es, dann bestünde die Gefahr, dass sie durch Übermut sündigen. Sie leben ohne jede Anmaßung Gerechtigkeit und Solidarität – einfach, weil sie nicht anders können.«

»Bist du sicher, dass auch Leute Gerechte sein können, die unverheiratet zusammenleben, illegal mit Waffen handeln, dem Glücksspiel zugeneigt sind und heimlich in den Privatbereich anderer eindringen?«

»Aber ja«, sagte Bubi. »Die sechsunddreißig Gerechten sind für uns nicht als solche erkennbar. Gerade dass sie gewöhnlichen Menschen gleichen und ihren Weg aus eigenem Antrieb gehen, macht sie dazu. Worin würde auch die Kunst eines Lebens als Gerechter bestehen, wenn keine Entscheidungen zu treffen wären?«

Nachdem sie eine Weile der Donau stromabwärts gefolgt waren, hielten sie bei Freudenau an. Unter lautem Gesumm drängten sich hungrige Insekten um die gerade aufgesprungenen Blütenknospen, und Kühe taten sich am saftigen Ufergras gütlich. Der Dampf, der dem Fluss entstieg, stand wie eine Mauer gefangen zwischen Erde und Himmel und behinderte die Sicht auf das jenseitige Ufer.

»Herrlich ist es hier«, sagte Trude mit einem Seufzer. »Ich weiß, dass wir das nicht dürfen, aber wollen wir uns nicht ein wenig hinsetzen?«

Schweigend deutete Felix auf eine Gruppe Uniformierter in einiger Entfernung.

»... und der Pharao ersann allerlei Listen, um die Hebräer klein zu halten«, murmelte Bubi. »Es wurde ihnen verboten, Parks zu betreten, sich in der Nähe von Palästen zu verweilen und im Nil zu baden...«

»Aber der Pharao hat ihnen *nicht* verboten, in der jüdischen Abteilung des Zentralfriedhofs zu rasten«, sagte Viktor. »Kommt, wir machen einen Besuch bei Onkel Ernst.«

»Warum verhängt Sascha eigentlich die Spiegel, wenn jemand stirbt?«, fragte Gisela und reichte die Wasserflasche weiter. Sie hatten neben dem erst wenige Monate alten Grab eine Decke ausgebreitet und sich darauf niedergelassen.

»Das ist ein alter Brauch, er soll jegliche Form von Eitelkeit tilgen und einem in Erinnerung rufen, dass das Leben endlich ist. So aufwendig man die eigene Sterblichkeit auch bemäntelt, der Tod findet jeden«, sagte Trude.

»Wenn ihr mich fragt, wollen Juden ihren beklagenswerten Zustand dann schlicht nicht sehen«, sagte Felix.

»Aber das gilt allgemein«, sagte Viktor, »dafür braucht keiner zu sterben.« Eine Schmeißfliege kroch über seinen Rucksack und flog immer wieder hoch, wie von einem unsichtbaren Feind aufgeschreckt. »Onkel Ernst wollte von mir gefunden werden.«

»Was?«

»Einen Tag vorher ist in Acetons Kanzlei ein Umschlag mit meinem Namen darauf abgegeben worden. Darin war Onkel Ernsts Hausschlüssel. Ich bin natürlich sofort hin.«

»Aceton?«, sagte Gisela fragend.

»Auf seinem Nachttisch habe ich diesen Brief gefunden.«

Viktor griff in seine Tasche, zog ein Stück Papier heraus und gab es Felix.

Der faltete es auf und las laut vor:

*Lieber Viktor,*
*es herrscht wirklich Krieg.*
*Verzeih meine Meuterei.*
*Ernst*

Nachdenklich betrachtete Felix das Blatt. »An dem Tag war Onkel Ernst bei der offiziellen Semestereröffnung durch den Dekan der medizinischen Fakultät«, sagte er. »Das war offenbar eine einzige Braunhemdenveranstaltung. Alle haben den Hitlergruß dargeboten und das Deutschlandlied gesungen. Da hat Onkel Ernst wohl begriffen, dass das sein Ende bedeutete – sein berufliches Ende, meine ich.«

»Aber er war doch ein renommierter Mediziner, er hätte fortgehen können«, sagte Gisela. »Zum Beispiel nach Amerika emigrieren und dort seine Karriere fortsetzen.«

»Er ist emigriert«, sagte Bubi. »Allerdings nicht nach Amerika.«

»Und Großmama ist in die innere Emigration gegangen.«

»Aceton ist aus der Wirklichkeit emigriert.«

»Aceton?«, fragte Gisela wieder.

»So haben wir Vater früher unter uns genannt. Manchmal auch Monoton, Feuilleton, Plankton – je nachdem, was zur Situation passte.«

»Emigration kann man das aber nicht nennen«, sagte Trude. »Zu einer Emigration entschließt man sich aus freien Stücken, man plant sie mit Bedacht und kann frei entscheiden, wen oder was aus seinem bisherigen Leben man mitnehmen will. Eine wirkliche Emigration geht ohne Reichsfluchtsteuer und Sperrkonten und Judenvermögensabgaben oder andere Formen der Beraubung vor sich.« Ihre Stimme klang bitter. »Heutzutage emigriert man nicht mehr, man flieht.« Sie strich über die noch frische Erde auf dem Grab. »Fragt sich nur: wer?«

Schweigend sahen sie einander an. Inzwischen hatte der Himmel sich bezogen, und die Blumen verströmten einen intensiven, schweren Duft, was ihrem Zusammensein auf dem Friedhof eine eigenartige Atmosphäre verlieh.

»Wer? Wie meinst du das?«, fragte Gisela.

»Trude will damit sagen, dass wir nicht alle gehen können«, erklärte Viktor. »Für jeden, der geht, muss ein anderer bleiben.«

Gisela sah ihn verständnislos an.

»Nur wer arbeitsfähig ist, hat Chancen auf ein Visum. Das ist in Großmamas Fall ein Problem, aber auch Vater und Bubi würden durchs Raster fallen. Und da Mutter nicht mehr die Jüngste ist und Laura sich dem Misrachi angeschlossen hat...« – Viktor legte den Arm um Gisela – »... wird jemand von uns hierbleiben und sich um sie kümmern müssen.«

»Was hat es eigentlich mit dieser Reichsfluchtsteuer auf sich?«, fragte Laura.

»Leute, die das Land gezwungenermaßen verlassen, müssen auf ihren gesamten Besitz verzichten.«

»Aber wir haben doch wie alle Leute Geld auf der Bank?«

»Laura, die Banken sind liquidiert und an die Reichsbank angeschlossen worden. Bis vor Kurzem hatten Bubi und ich außerdem noch eine eiserne Reserve. Aber die ist zum größten Teil dafür draufgegangen, Vater freizubekommen. Für aufwendige Rettungsaktionen ist kein Geld mehr da.«

In der Ferne grummelte der Donner.

»Ich bleibe«, sagte Bubi unvermittelt. »Ihr könnt zu viert gehen.«

Betroffen starrten die anderen ihn an.

»Kommt nicht infrage«, sagte Viktor rasch. »Unter deiner viel zu großzügigen Leitung würde unser Unternehmen im Nu den Bach hinuntergehen. Und außerdem: Wer sollte dann dafür sorgen, dass ich auf dem rechten Weg bleibe?« Er legte Bubi und Gisela, die neben ihm saßen, die Hände auf die Schultern. »Wir bleiben. Felix und Trude, ihr geht. Klein-Bruno soll in Freiheit aufwachsen.«

Felix machte mehrmals den Mund auf, brachte aber kein Wort hervor. Trude stiegen die Tränen in die Augen. »Viktor, ich weiß gar nicht, was ich sagen soll…«

Felix räusperte sich. »Danke«, sagte er mit rauer Stimme.

»Nichts zu danken, ich bin nur ein unbedeutendes Werkzeug in den Händen des Ewigen.«

»Indem du andere in die Diaspora schickst? Das bezweifle ich«, sagte Laura.

»Aber doch nur vorübergehend.« Gisela sah Trude und Felix an. »Sobald hier wieder Ruhe eingekehrt ist, kommt ihr zurück, oder?«

Sie nickten, ebenso die anderen, auch wenn keiner daran glaubte. Sie waren schlicht froh, der unerträglichen Wirklichkeit eine Illusion entgegensetzen zu können.

Dunkle Wolken zogen in Richtung Simmering.

*Der Wert der Wahrheit wird gewaltig überschätzt*, hörte Viktor Ernst sagen. *Die Wahrheit ist ein Feuer, das den Menschen verzehrt. Wir brauchen Lügen, um die Wirklichkeit ertragen zu können.*

»Aber wo wollt ihr hin?«, fragte Laura Felix. »Und wie? Damit ihr aus Österreich herauskommen und euch anderswo niederlassen könnt, braucht ihr eine Einladung aus einem Gastland und jemanden, der sich verbürgt, dass für euren Lebensunterhalt gesorgt ist.«

»Und in Wien gibt es mittlerweile keine ausländischen Konsulate mehr«, sagte Viktor. »Nur das ungarische hat noch offen.«

»Erst einmal müssen Trude und ich zusehen, dass wir an beglaubigte Abschriften unserer Studienabschlüsse kommen. Und weil Juden die Universität nicht mehr betreten dürfen, müssen wir jemanden in der Verwaltung bestechen.«

»Felix, wer in ein anderes Land will, braucht einen Beruf, mit dem er seinen Lebensunterhalt verdienen kann«, sagte Laura. »Die werden sich bedanken, wenn sie hören: Ich, Felix Rosenbaum, illegal eingewanderter jüdischer Philosoph, habe zwar keinen roten Heller in der Tasche, stehe aber zu Ihren Diensten.«

»Pater Grabler, der uns getauft hat, unterhält Kontakte nach Belgien«, sagte Trude nachdenklich.

»Belgien?« Laura und Gisela sagten es gleichzeitig.

»Ja, Belgien. Das ist doch nicht abwegig. Otto Bauer hat bis vor Kurzem dort gewohnt.«

»Gut, wir warten also bis zum Herbst, wenn die Ämter wieder offen sind und das neue Semester begonnen hat.« Viktor legte Gisela seine Jacke um die Schultern. »Wenn die hiesigen Zustände dann immer noch hoffnungslos sind, arrangieren wir alles für eure Ausreise.«

Ein Blitz zuckte über den Himmel, als würde Gott ihren Pakt mit seiner Unterschrift besiegeln.

So ging es auf den Herbst zu. In der Krone der Vogelkirsche im Hof des Hauses an der Währinger Straße sammelten sich die Stare und zankten lautstark um die reifen Früchte. Bald war der Boden unter dem Baum mit klebrigen blauen Flecken übersät.

◆

Nach der Sitzung der Rota Carolina zerrte ich mein Fahrrad aus dem Ständer.

»Gratuliere«, sagte Lex, dessen Rad neben meinem stand.

Ich schwieg.

»Nimmst du den Heyendaalseweg? Dann fahre ich ein Stück mit dir.«

Stumm fuhren wir die Wege zwischen den Rhododendren entlang.

»Gratuliere«, wiederholte Lex.

»Wozu? Zum Freispruch einer Frau, die ihr Kind totgetreten hat?«

Verdutzt sah Lex mich an. »Das weißt du doch gar nicht.«

Die Brise in mir schwoll an und blies Schaumkronen auf die Wellen.

»Ich höre auf«, brach es aus mir heraus. »Ich kann das nicht. Dafür bin ich nicht gemacht.«

»Wovon redest du?«

Wütend trat ich in die Pedale. »Von dem Prozess natürlich! Das war doch ein Schmierentheater! So was kann man doch nicht Rechtsprechung nennen! Für mich ist das moralischer Verfall!«

»Was regst du dich so auf?«, sagte Lex. »Van der Maas hat recht, das weißt du genau. Vor Gericht geht es nicht notwendigerweise um Gerechtigkeit. Für einen fairen Rechtsgang ist es viel wichtiger, dass ein Anwalt voll hinter seinem Mandanten steht und sich keine moralischen Urteile anmaßt. Kannst du vielleicht ein bisschen langsamer fahren?« Er keuchte.

Unmittelbar vor mir flatterte eine erschrockene Taube auf.

»Und wenn jemand für diesen Beruf gemacht ist, dann du«, fuhr Lex fort. »Gerade Juden haben doch oft ein juristisches Verhältnis zur Wirklichkeit.«

»Nun hör aber auf!«

»Das ist mein Ernst! Sogar euer Verhältnis zu Gott ist davon geprägt. Ihr seid nicht mit ihm in Kontakt, sondern im Kontrakt. Das Wort Bund steht für ein Rechtsverhältnis zwischen zwei Parteien. Die Zehn Gebote sind Gesetze. Marx, Einstein, Freud – alles Juden, die die Gesellschaft, die Natur und den Menschen mit ihren Gesetzen verändert haben.«

»Komm mir bloß nicht mit Gesetzen! Ich lasse mir von keinem mehr etwas vorschreiben – nicht von Marx, Einstein und Freud, nicht von *den Juden*, wer immer sie sein mögen, nicht von Professor Johannes van der Maas, nicht von meiner Familie, ja, nicht einmal von Gott! Ich habe es so satt, eine vorgegebene Rolle zu spielen. Für mich ist Schluss!«

Erst im Daalseweg, wo Lex wohnte, fragte er: »Willst du echt das Studium hinwerfen?«

»Nein, ich schließe es ab«, sagte ich laut. »Aber danach mache ich etwas anderes.«

Mit Gegenwind fuhr ich weiter bis zum Haus meiner Großeltern. Dort warf ich das Rad an den Zaun und klingelte.

Im dämmrigen Wohnzimmer saß ich am Esstisch, auf dem ein schmuddeliges Tischtuch lag und zwei Kerzen brannten. Meine Mutter verteilte Fleischsuppe. Schweigend zog ich meinen Teller heran, merkte aber schon nach den ersten paar Löffeln, dass die wohltuend salzige Brühe die Wogen in mir nicht glätten konnte. Offenbar stand das auf meinem Gesicht geschrieben, denn meine Mutter musterte mich eingehend und fragte dann: »Ist es bei van der Maas einigermaßen gelaufen, Liebes?«

Mit zitternder Hand legte ich den Löffel weg. »Sehr gut ist es gelaufen. So gut sogar, dass ich mich entschieden habe, später weder als Juristin zu arbeiten noch an der Uni Karriere zu machen. Wenn ich das Jurastudium fertig habe, gehe ich an die Pädagogische Hochschule. Ich werde Lehrerin.«

Entgeisterte Blicke ringsum. Mein Onkel Bruno machte eine Miene, als hätte er auf eine Gewürznelke gebissen, und mein Großvater öffnete den Mund, um etwas zu sagen. Schnell legte Großmutter ihre Hand auf die seine und rief mit schriller Stimme: »Kinder unterrichten! Fantastisch! Wie Spinoza!«

Diese Deutung meiner beruflichen Umorientierung schien die anderen milder zu stimmen, ihnen fast schon Respekt abzunötigen. Unwillkürlich krallte ich meine Hände um die Tischkante.

Unterdessen ging das Gespräch weiter, erst über Alltägliches und schließlich über die Zeit im Versteck. Während ich wütend auf den Fleischstücken herumkaute und mich zwang, sie hinunterzuschlucken, nahm die Geschichte, die mein Großvater zum Besten gab, den festgeschriebenen Lauf.

»Und plötzlich stand ein Nazi in der Küche, und ich bin vom Balkon gesprungen – dabei habe ich mir lediglich den Fuß verstaucht, das muss man sich einmal vorstellen! Ungeheuer aufregend war das, aber zum Glück ist die Sache gut ausgegangen, vor allem dank der Nonnen und der Gruppe von Jeanne Desmet. Sie haben uns gerettet.«

Ohne es zu wollen, war ich aufgesprungen, so abrupt, dass mein Stuhl umfiel und Kater Gustav kreischend die Flucht ergriff. Breitbeinig stand ich da und schlug mit Wucht die flache Hand auf den Tisch. »VERDAMMT NOCH MAL! Diese Leute haben keine *Menschen* gerettet, sondern Katholiken! Kapiert ihr das denn nicht? Die Nonnen hätten euch nie geholfen, wenn ihr nicht zum Katholizismus übergetreten wärt!«

Mein Cousin hüstelte verlegen, und sogar Wiener vermied es, mich anzuschauen, er senkte den Blick.

»Das... das ist kompletter Unfug«, stammelte Großvater und wich auf seinem Stuhl zurück.

»Ist es nicht! Ihr verdreht alles, damit ihr eure blöde subjektive Wahrheit habt! Aber es geht nicht um die Wahrheit, es geht um den BEWEIS! Und ich *habe* ihn, den Beweis: eine Zeugenaussage von Mevrouw Desmet höchstpersönlich! Ich habe sie danach gefragt, und sie hat es mir bestätigt!«

In die Stille nach meinem Ausbruch hinein sagte Großmutter: »Aber Schatz, deswegen ist es doch nicht weniger heldenhaft, was sie getan haben... es macht doch keinen Unterschied. Sie haben ihr Leben aufs Spiel gesetzt, indem sie uns versteckt haben.«

»Und ob es einen Unterschied macht!«, rief ich, jetzt vollkommen außer mir. »Es ist unethisch, begreift das doch! Eure Retter haben die Religion zum Kriterium gemacht – so etwas nennt man Diskriminierung! Unter dem Deckmantel des Altruismus ist unserem Volk Unrecht geschehen und...«, ich schnappte nach Luft, »... und ihr habt dabei mitgemacht!«

Totenstill war es jetzt im Zimmer, aber in meinem Innern tobte ein Tornado. Wütend rüttelte er an den Grenzen dessen, was sich gehörte, und griff das Bollwerk des dreizehnten Stamms an. Etwas musste reißen, musste zerfransen.

»Sag, von wem hat das Kind diese stürmische Seele?«, fragte Großmutter meine Mutter.

»Sie ist nicht sie selbst, das merkst du doch«, flüsterte Mama zitternd.

»Im Gegenteil! Ich bin mehr ich selbst, als ihr es mir die letzten zwanzig Jahre zugestanden habt! Und Kinder unterrichten werde ich nicht etwa, weil Spinoza das getan hat – der kann mich mal! –, sondern weil ich mein Leben selbst gestalten will. Ja, ihr hört richtig! Das sage ich laut! Von jetzt an nenne ich alles beim richtigen Namen. Und das sieht so aus: Ich heiße *Judith*. David, Sascha, Anton, Hedy, Martha, Laura, Otto und all die anderen sind *ermordet* worden. Viktor hat uns *gerettet*. Und was dich angeht...«, ich stach mit dem Zeigefinger nach meiner Großmutter, »deine Kalbsmedaillons sind un-ge-nieß-bar!«

Ich stürmte aus dem Zimmer, riss meine Jacke von der Garderobe und knallte die Haustür hinter mir zu.

Obwohl meine Gedanken an die Monate danach nicht mehr so feindselig waren – wahrscheinlich sind sie verblasst angesichts der Katastrophe, die eintrat –, erinnere ich mich vor allem daran, dass ich zwar nicht glücklich, aber doch erleichtert war.

Ich nahm keinen Raum ein, ich *war* der Raum.

Ich konnte besser durchatmen, ich spürte meinen kräftigen Pulsschlag, und zum ersten Mal im Leben nahm ich die Grenzen zwischen der Welt und meinem Selbst bewusst wahr. Ich dachte weder über die Vergangenheit noch über die Zukunft nach, sondern lebte einfach im Hier und Jetzt. Ich bestand meine Zwischenprüfungen, schlief mit Thomas und ging mit

Freunden aus. Nicht einmal die Todesanzeige von Jeanne Desmet brachte mich wesentlich aus der Fassung.

Zwar hatte ich einen gewissen Abstand zu meiner Familie erzwungen, indem ich meine Grenzpfähle eingeschlagen hatte, aber Außenstehende bekamen von den Folgen meiner revolutionären Tat kaum etwas mit, es sei denn, sie dachten sich ihren Teil, wenn sie die vielen Zettel mit Anrufnotizen vor meiner Zimmertür sahen.

Ich rief niemanden von meiner Familie zurück. Die Mitglieder des dreizehnten Stamms waren in meinem Arbeitsspeicher ganz nach hinten gerückt. Ich fühlte mich gelöst, unbeschwert und frei, und das musste – so dachte ich – daran liegen, dass ich auf dem Weg zu mir selbst war.

◆

In der darauf folgenden Zeit konnte Viktor sich dem tosenden Mahlstrom der Realität nicht entziehen. Täglich suchten ihn drückende Erinnerungen an die Schrecken des 10. November heim. Wenn er im Regen durch die Straßen ging, hörte er wieder, wie schnelle Schritte die Treppe heraufkamen, Stiefel die Tür aus den Angeln traten und fünf schwer bewaffnete SA-Leute in braunen Uniformen brüllend und fluchend in die Wohnung stürmten. Im einen Moment saß er am wackligen Tisch eines heruntergekommenen Rudolfsheimer Kaffeehauses, im nächsten stand er mit seinen Eltern und seiner Schwester in der Diele, zitternd vor Angst im kalten Luftstrom, der von draußen hereinkam, und hörte Holz bersten und Glas splittern.

Er mied seitdem sein Elternhaus in der Währinger Straße, das zwei der Männer nach kompromittierender Literatur durchsucht hatten, triumphierend mit der *Ilias* und der *Odyssee* aus der Bibliothek gekommen waren und seinen Vater gezwungen hatten, die beiden Bücher zu bespucken, weil sie darin jüdische Geheimtexte erkannt zu haben glaubten. Schaudernd saß er bei Ida in einem Sessel und trank ihren Johanniskrauttee, von dem sie hoffte, er würde den Nachhall des Krachens dämpfen, als das Klavier seines Vaters zu Bruch ging, und er schnupperte an dem Fläschchen Eukalyptusöl, das sie ihm reichte, um den Brandgeruch der Synagoge in der Müllnergasse aus seiner Nase zu vertreiben.

Später, als es ihm gelang, wenigstens tagsüber die Erinnerungen zu verdrängen, kamen sie in der Nacht umso intensiver wieder hoch. Erfüllt von ohnmächtigem Grauen und von tiefer Trauer sah er im Halbschlaf die klebrige Masse an der Wand, wo ein SA-Mann Wieners Schädel zertrümmert hatte, bevor er den guten alten Gefährten wie einen Müllsack wegwarf. Einem dunklen Geist gleich tauchte plötzlich Bubi in der erleuchteten Tür auf, wurde von der Maschinengewehrsalve eines erschrockenen SA-Manns niedergemäht und lag dann in einer sich ausbreitenden dunkelroten Lache am Boden, die den Dielenteppich durchtränkte. Klaffende Abgründe taten sich um ihn auf, wenn er wie aus weiter Ferne Laura schreien, seinen Vater stöhnen und seine Mutter schluchzen hörte. Und schließlich sah er sich selbst, wie er in die Knie ging und sich übergab, während die Männer mit drei Gemälden und einem aufgerollten Teppich wieder verschwanden.

In Giselas Armen liegend, sah er mit weit offenen Augen die Bilder, die wie erstickende Dämpfe einem stinkenden Sumpf entstiegen, jenseits dessen sich das Leben befand, entweiht und unerreichbar.

»Jetzt herrscht im Innern Krieg«, sagte er, und Gisela wiegte ihn.

Viele Stunden verbrachte er auf dem Zentralfriedhof. Umgeben vom Geruch nach feuchter Erde saß er mit angezogenen Knien an Bubis Grabstein gelehnt.

»Meine innere Zeit hat sich verlangsamt«, sagte er.

*Ja, die vierte Dimension war schon immer dein Problem,* erwiderte Bubi spöttisch.

»Jetzt ist es anders. Mir ist, als wäre mein Geist seit dem letzten Augenblick gelähmt, den du und Wiener noch bei uns waren.«

*Ein alter Rabbiner hat einmal gesagt, jegliches Leiden sei auf das Fortschreiten der Zeit zurückzuführen, und das wahre Glück liege im ewig Unbewegten.*

»Für mich ist es aber unerträglich, auf ewig in diesem einen Moment wie eingefroren zu sein.«

In einiger Entfernung standen Leute um eine Grube im schwarzen durchwurzelten Boden. Dumpf prallten Erdklumpen auf den Sarg darin.

»Ich fühle mich gefangen in der Zeit, unfähig, mich dem nächsten Augenblick meines Lebens zuzuwenden. Ich stehe totenstill.«

*Mag sein, dass die Zeit stillsteht, aber du machst weiter.*

»Ich weiß nicht wie.«

*Das verstehe ich. Aber zur vierten Dimension gehört nicht nur die Zeit, sondern alles, was sich bis ins Ewige vor dir ausdehnt. HaSchem hat mit seiner Schöpfung auf Erden einen Prozess in Gang gesetzt, der fortwährend neues Leben gebiert, als Frucht eines Mannes und einer Frau. Auch das ist die vierte Dimension: Es geht weiter, obwohl die Zeit stillsteht.*

»Frucht eines Mannes und einer Frau?«, wiederholte Viktor... aber Bubi hüllte sich in Schweigen. »Frucht eines Mannes und einer Frau...«

Ein freundlicher Bauer nahm Viktor auf seinem Karren mit. Es ging stadteinwärts die Simmeringer Hauptstraße entlang. Beim Rennweg stieg Viktor ab, durchquerte den Park von Schloss Belvedere und nahm ein Taxi für das letzte Stück Weg. Zu Hause schloss er Gisela fest in seine Arme und überschüttete sie mit innigen Küssen.

◆

»Thomas und Judith, kommt ihr morgen mit ins Kino?«, fragte Kitty.

»Ich kann nicht«, sagte ich. »In der Schul findet eine Gedenkfeier an die Reichspogromnacht statt.«

»Wie hat eigentlich deine Familie die Nacht damals in Wien überstanden?«, fragte Lex. Er legte die Hand auf Yolandas Schenkel, und als ich sie überrascht ansah, wurde sie rot.

»Gute Frage. Darüber ist bei uns zu Hause kaum gesprochen worden, und das heißt in der Regel nichts Gutes. Mein Großvater hat aber einmal gesagt, die Bezeichnung Pogrom*nacht* sei eine Untertreibung, denn die Ausschreitungen in Wien hätten drei Tage und Nächte gedauert. Die Kuppel der Synagoge im Zentrum sei mit einem solchen Donnern eingestürzt, dass die ganze Straße in ihren Grundfesten erzitterte, das Feuer habe ohrenbetäubend getost und wegen des dichten Rauchs habe man nur noch die Turmspitze des Stephansdoms sehen können. Und von meiner Mutter weiß ich, dass der Pflegesohn der Familie, den alle gernhatten, bei einer Hausdurchsuchung zufällig dazugekommen ist und sofort erschossen wurde.«

Stille.

»Das ist ja furchtbar…«, murmelte Thomas.

»Wie ist es eigentlich zu dieser Pogromnacht gekommen?«, fragte Kitty.

»Das war eine Vergeltungsmaßnahme der Deutschen gegen alle Juden. Kurz vorher hatte nämlich ein junger Jude in Paris einen deutschen Diplomaten erschossen«, sagte Lex.

»Man kann doch nicht eine ganze Bevölkerungsgruppe für die Tat eines Einzelnen zur Verantwortung ziehen!«

»Natürlich nicht. Der NS-Propagandaminister Goebbels hat den Vorfall dankbar zum Anlass genommen, das zu tun, was er schon länger vorhatte: ein offizielles Pogrom zu initiieren.«

»Und nach der Reichspogromnacht wurde den Juden eine Kollektivstrafe von einer Milliarde Reichsmark auferlegt, und sie mussten für die Beseitigung aller Schäden an Gebäuden und am Straßenbild aufkommen, obwohl die Nazis all das verursacht hatten«, sagte ich.

»Davon hat unser Geschichtslehrer nie erzählt«, sagte Frank.

Ich zog eine Grimasse zu Yolanda hin. »Ach, mir erzählen die Leute auch nicht alles.«

◆

»Mutter, was genau hat der Mann denn gesagt?«, fragte Trude. Sie saß neben Felix und Viktor auf dem Sofa bei Ida, die sich gerade ein neues Abendkleid anmessen ließ, weil ihr altes nicht mehr passte.

Auf Bitten der Schneiderin, die ihr Maßband um den Hals hängen hatte wie ein Arzt sein Stethoskop, hob Ida die Arme hoch.

»Er hat gesagt, alle österreichischen Geschäfte würden von undeutschen Elementen gesäubert, und er als NSDAP-Gauleiter für Handwerk und Handel sei für ihre Entjudung und Arisierung hier in Wien zuständig. Die Nazis sind offenbar der Meinung, wer kein rassereines Blut hat, könne auch kein Geschäft führen.«

Die kleine Schneiderin musste sich auf die Zehenspitzen stellen und die Arme weit ausbreiten, um Idas stattlichen Brustumfang zu messen, dabei verlor sie fast das Gleichgewicht.

»Ich verstehe das nicht. Bist du denn nun gezwungen, deinen Laden zu verkaufen?«

»Verkaufen? Wo denkst du hin? Den muss ich so hergeben!«

»Da kannst du mal sehen, was sie machen«, sagte Trude mit bebender Stimme zu Felix. »Sie nehmen sich, was rechtlich uns gehört. Die Lebensleistung einer ganzen Generation wird binnen einer Woche ausgelöscht.«

»Taille bitte«, sagte die Schneiderin.

Ida stemmte die Hände in die Hüften und richtete sich zu voller Größe auf.

»Und wer ist der Glückliche?«, fragte Viktor.

»Wie meinst du das?«

»An wen musst du dein Geschäft abtreten?«

»An Herrn Alfons Stussdorfer.«

»Nicht zu fassen«, sagte Viktor. »Will der schwachsinnige Analphabet von Hausbesorger jetzt Einzelhändler werden?«

»Perfekt ist niemand, aber bei ihm kommt tatsächlich viel Dummheit zusammen«, gab Ida zu.

»Mutter, der Mann kann doch weder mit der Waage umgehen noch die Registrierkasse bedienen.« Trude schüttelte den Kopf.

»So läuft das jetzt überall«, sagte Felix zu Viktor. »Vormals blühende Geschäfte geraten in die Hände unfähiger Arier und sind dann im Nu pleite.«

»Das Problem ist: Ich kann nicht zulassen, dass mir der Laden genommen wird«, sagte Ida.

»Mutter, ich verstehe gut, wie schwer das für dich ist…«

»Nicht für mich, Kind, sondern für die Juden, die auf Armenspeisung angewiesen sind. Gelobt seist du, wahrhafter Richter, der du uns Werke der Barmherzigkeit aufgetragen hast.«

»Ich verstehe nicht.«

»Ich liefere der Garküche der IKG kostenlos Lebensmittel. *Darum* kann ich den Laden nicht hergeben.«

Die Schneiderin ging zum Tisch und notierte murmelnd Idas eindrucksvollen Hüftumfang.

»Hat man dir gesagt, wann du deinen Laden abgeben sollst?«, fragte Viktor Ida.

»Am 18. Dezember.«

»Dann gelten von da an Nachtöffnungszeiten für die IKG.«

Sekundenlang herrschte Schweigen.

»Aber Mutter muss die Schlüssel doch an diesen Stussdorfer übergeben«, wandte Trude dann ein.

»Viktor kommt überall ohne Schlüssel rein«, sagte Felix.

»Beininnenlänge.« Die Schneiderin ließ sich auf Hände und Füße nieder und tauchte unter Idas weiten Rock.

»Soll das etwa heißen, du willst nachts in Mutters Geschäft einbrechen?«, fragte Trude Viktor.

»Mit Zustimmung der rechtmäßigen Besitzerin kann von Einbrechen nicht die Rede sein.«

»Aber Mutter ist dann nicht mehr die rechtmäßige Besitzerin.«

»Dem Gesetz nach vielleicht schon, aber meinem Rechtsempfinden nach nicht«, entgegnete Viktor.

»Ich weiß nicht…«, meinte Ida. »Das muss ich erst mit dem Rabbiner besprechen.«

»Nicht nötig, Ida«, sagte Viktor. »Das ist, wie du weißt, Pikuach Nefesch.«

»Na gut«, gab sie nach. »Möge es dein Wille sein, König der Welt, mein Fels, in dem kein Unrecht ist.«

Mit rot angelaufenem Gesicht tauchte die Schneiderin wieder auf, erhob sich von den Knien und griff nach ihrem Lederköfferchen.

»Bourette oder Dupion?«, fragte sie.

»Charmeuse bitte«, sagte Ida.

Die Schneiderin nickte. »Anprobe am 12. Dezember, gleiche Uhrzeit. Guten Abend.« Sie ging zur Tür, blieb aber auf halbem

Weg stehen und wandte sich noch einmal um. »Gott segne Sie«, sagte sie zu Ida.

Nachdem die Schneiderin die Wohnung verlassen hatte, sagte Trude: »Mutter, ich muss dir etwas mitteilen. Wir – und damit meine ich Felix und mich – sind momentan dabei, Vorbereitungen für die Übersiedlung unserer Familie nach Belgien zu treffen.« Sie nahm Idas Hände. »Komm mit uns!«

Eine kleine Weile saß Ida wie erstarrt. Dann stand sie auf, trat ans Fenster und sagte: »Die Welt steht kopf. Sollen doch diese Schurken gehen!«

»Mutter, bitte!«

»Ida, ich verspreche dir, persönlich dafür zu sorgen, dass die Garküche der jüdischen Gemeinde regelmäßig Lebensmittel bekommt«, sagte Viktor.

Ida drehte sich um. »Und warum gehst *du* nicht mit?«

»Weil ich hier meine Geschäfte habe. Und meine Verpflichtungen. Und außerdem hatte ich eine… äh… fruchtbare Begegnung.«

»Was?«

»Ich werde Vater.«

Idas Gesicht nahm einen freudigen Ausdruck an. »Möge das Kind die Augen Israels durch die Thora erleuchten«, sagte sie leise.

»Es ist kein Kind Israels, sondern von Gisela«, sagte Viktor. »Ich habe die überlegene Rasse mit meinen jüdischen Genen beschmutzt.«

Den Blick nachdenklich auf die drei auf dem Sofa gerichtet, überlegte Ida kurz, dann gab sie sich geschlagen. »In Ordnung, ich komme mit. Aber erst, wenn ich Stussdorfer das Rechnen beigebracht habe. Und vor dem Monat Adar, denn zu Purim reise ich nicht.«

Als sie sich nach einer Weile verabschiedeten, hielt Ida Viktor kurz zurück und legte die Hände um sein Gesicht. »Ich will nicht, dass dir etwas zustößt«, sagte sie.

»Das passt«, meinte Viktor. »Ich habe mir nämlich vorgenommen, ewig zu leben. Bisher hat es ganz gut geklappt.«

◆

Als ich an einem Tag im Januar eine Hose waschen wollte und die Taschen leerte, fiel mir ein Zeitungsausschnitt in die Hände.

Ich faltete ihn auf.

Zwei Minuten später war ich auf dem Weg zum Erasmus-Gebäude, und eine Viertelstunde darauf legte ich einer freundlichen Mitarbeiterin in der Bibliothek der Fakultät für deutsche Sprache und Literatur den Zeitungsartikel vor.

»Das ist Frakturschrift und stammt aus einer deutschen Zeitung vor 1941«, sagte sie. »In dem Jahr wurde diese Schrift abgeschafft.«

»Oder aus einer österreichischen…«, sagte ich atemlos.

»Das kann natürlich auch sein.«

Ich deutete auf die drei unterstrichenen Wörter: *Bittor Ffrael Rosenbaum.* »Können Sie das vielleicht lesen?«

»Ja, da steht Viktor Israel Rosenbaum«, sagte sie. »Ich habe jetzt leider keine Zeit, den ganzen Artikel für Sie zu übersetzen, aber bei den Wörterbüchern finden Sie Vergleichstafeln. Damit können Sie Fraktur in Antiqua übersetzen und den Text selbst entziffern.«

Eine Stunde später wusste ich, warum Viktor im Gefängnis gewesen war.

## HAFTSTRAFE WEGEN RASSENSCHANDE
### Wien – von unserem Gerichtsreporter

*Vor Gericht stand am Donnerstag der Jude Viktor Israel Rosenbaum, Enkel des jüdischen Großkapitalisten und -vermieters David Israel Rosenbaum, dem vorgeworfen wird, mit der arischen Wienerin Fräulein G. Weber eine aufgrund des Blutschandegesetzes verbotene geschlechtliche Beziehung zu unterhalten. Der Präsident des Landesgerichts für Strafsachen E. Sauer wies in seinem Urteil darauf hin, dass die biologische Trennung von Juden und Nichtjuden das Fundament unserer Rechtsordnung bildet. »Rassenschande gehört zu den schwerstmöglichen Verbrechen gegen das deutsche Volk. Intime Begegnungen einer deutschen Frau mit einem Juden haben eine Verjudung ihres arischen Bluts zur Folge; ein einmaliger Beischlaf genügt für eine dauerhafte Beschmutzung. Das Gericht nimmt die Anklage gegen den Juden Rosenbaum daher sehr ernst.«*

*In der Verhandlung konnte nicht festgestellt werden, dass der Angeklagte mit Fräulein Weber genital verkehrt hat – jedenfalls nicht, dass der Geschlechtsverkehr als solcher vollzogen wurde –, für den Nachweis von Blutschande hielt das Gericht dies jedoch nicht für ausschlaggebend: »Dem gesunden Menschenverstand nach gilt jeglicher Austausch von Intimitäten zwischen einer jüdischen und einer rassereinen Person als Vorbereitung zum oder als Ersatz von Geschlechtsverkehr als ein Handeln wider den Geist des Nationalsozialismus im Allgemeinen und das Blutschandegesetz im Besonderen.«*

*Der Staatsanwalt konnte keine direkten Beweise für vorsätzliches Handeln seitens des Angeklagten erbringen, was vom Richter letztendlich nicht als erforderlich erachtet wurde. »Für die Feststellung eines Vorsatzes seitens des Angeklagten genügt es, dass er mit seinem Handeln das Risiko einer Gefährdung des deutschen Bluts und der deutschen Ehre in Kauf genommen hat.« Dass der Jude Rosenbaum dieses Risiko sehr wohl eingegangen war, zeigte sich, als Fräulein Weber, Opfer und Zeugin in dem verhandelten Fall, hochschwanger vor Gericht erschien. Als sie eintrat, ging eine Welle der Entrüstung durch die Reihen der Zuschauer.*

*Bei der Festlegung des Strafmaßes formulierte der Richter einen wichtigen straferschwerenden Umstand: »Der Angeklagte ist blond und grünäugig. Damit entspricht er so wenig dem typischen Aussehen eines Juden, dass er für Laien nicht als solcher erkennbar ist. Dass seine jüdische Abstammung nicht offensichtlich ist, verpflichtet ihn umso mehr, im Umgang mit Dritten besondere Vorsicht walten zu lassen, und zwar in dem Sinne, dass er rassereine Personen davor warnen muss, sich mit ihm einzulassen.« Obwohl Fräulein Weber dem Angeklagten, von seinem Vater Anton Israel Rosenbaum rechtlich vertreten, in diesem Punkt überraschenderweise widersprach, gab dieser zu, es versäumt zu haben, Fräulein Weber über seine jüdische Abstammung aufzuklären, sodass ihr in dieser Hinsicht nichts vorzuwerfen ist.*

*Was die Schuld des Juden Rosenbaum angeht, hatte das Gericht hingegen keine Zweifel. »Der Angeklagte hat durch Begehen dieses Verbrechens bewiesen, dass er dem deutschen Volk gegenüber keinerlei Verantwortungsgefühl hat.« Das Gericht verurteilte den Angeklagten daher aufgrund von Paragraph 2 und Paragraph 5 Absatz 2 des Gesetzes zum Schutz des deutschen Bluts und der deutschen Ehre vom 15. September 1935 zu einer Haftstrafe von sechsundzwanzig Monaten, die unverzüglich anzutreten ist.*

*Auf der Treppe vor dem Gerichtsgebäude stellte sich der jüdische*

*Rechtsberater Anton Rosenbaum kurz der anwesenden Presse. Unter Bezugnahme auf die Inschrift an der Fassade des Justizpalasts,* Fiat iustitia et pereat mundus, *sprach er die kryptischen Worte: »Meine Welt ist untergegangen, weil euer Recht gesiegt hat. Mit dem heutigen Tag lege ich meine Anwaltstätigkeit nieder.« Rosenbaum war der älteste und letzte noch praktizierende jüdische Anwalt in Wien. Mit seinem Rückzug endet der verabscheuungswürdige jüdische Einfluss auf die Entwicklung des Rechtssystems in Wien und der Ostmark.*

◆

Gedankenverloren ging Anton vor der Holzvertäfelung des fensterlosen Warteraums im Gerichtsgebäude hin und her. In den Putz darüber waren Zeichen geritzt, von anderen, die hier ebenfalls hatten warten müssen. Vielleicht waren Mandanten darunter gewesen, die er beraten und vertreten hatte, denen er ein vertraulicher Gesprächspartner gewesen war.

Seufzend presste er die Fingerspitzen gegen die Lider und bemühte sich, das heftige Pochen hinter seinem Brustbein zu ignorieren. Wie sehr seine frühere Anwaltstätigkeit sich doch von dem unterschied, was nun an juristischer Virtuosität gefragt war! Alle anderen Prozesse, so schien es, waren lediglich Generalproben für das gewesen, was ihm heute bevorstand: Er musste ein Meisterstück vollbringen, um seinen Ältesten zu retten.

Als die Tür ging, blickte er sich um. »Früher war es in Österreich üblich, dass vor allem Uniformträger sich an die elementaren Höflichkeitsregeln gehalten haben«, sagte er zu dem Gestapo-Mann, der ohne geklopft zu haben hereinkam. »Wo ist mein Sohn?«

Der Mann grinste und schob die Hände in die Taschen. »Was

soll das Geschwätz, Rosenbaum? Du tätest besser daran, dir einen Notfallplan zu überlegen.«

Anton schluckte. »Dazu sehe ich keinen Anlass. Ich bin sicher, für meinen Sohn einen Freispruch erwirken zu können.«

Der Mann kam näher, setzte sich auf den Tisch mitten im Zimmer und stellte die Stiefel auf den Stuhl. »Das wäre schade, Rosenbaum. Wenn es nämlich zu einem Freispruch kommt, wandert dein Sohn wegen kommunistischer Umtriebe in ein Konzentrationslager in Riga.«

»Das könnt ihr nicht machen!«

»Du hast die Wahl.«

»Verbrecher seid ihr! Ich will meinen Sohn sehen!«

Obwohl Anton schon des Öfteren Mandanten vertreten hatte, die in den Kellern der Gestapo gesessen hatten, kamen ihm die Tränen, als Viktor hereingeführt wurde. Sein linkes Auge war blau geschlagen und zugeschwollen, die Lippen blutverkrustet, über der rechten Braue hatte er eine Schnittwunde, und er hinkte.

»Nur nicht sentimental werden, das ist doch sonst nicht deine Art, wenn's um mich geht«, sagte Viktor und befreite sich aus der Umarmung seines Vaters. Das Sprechen fiel ihm schwer. »Tja, mein Verhältnis zur Gestapo war noch nie herzlich, aber es hätte schlimmer kommen können...« – er setzte sich auf den Stuhl, den Anton ihm hingeschoben hatte, und verzog das Gesicht zu einem schmerzlichen Grinsen – »... wenn der Kerl, der mich verhört hat, herausgefunden hätte, dass ich einst die Brüste seiner Frau angefasst habe.« Er sah Anton an. »Gisela?«

»Man hat sie verhört und eine Nacht lang festgehalten, aber es geht ihr gut.«

Anton legte seine Notizen auf den Tisch und holte tief Luft. »Hör zu, Viktor. Wir müssen unsere Strategie ändern. Ich... äh... will auf eine Haftstrafe hinwirken.«

»Oh. Kann ich noch den Anwalt wechseln?«

»Es ist mein Ernst. Nur im Gefängnis bist du halbwegs sicher. Bei einem Freispruch landest du in den Fängen der Gestapo, noch ehe du draußen auf der Straße stehst.«

Viktor starrte ihn an. »Das muss ich erst einmal verdauen.«

»Ich auch – vor allem, weil es gegen meine Prinzipien geht.«

»Pragmatismus war noch nie deine Stärke.«

»Ich will auf eine Beweiswürdigung ohne straferschwerende Umstände hinaus, dann bist du mit ein bisschen Glück in einem halben Jahr wieder zu Hause.«

»Ich habe keine Zeit, mich sicherheitshalber einsperren zu lassen. Ich muss mich um Gisela und das Kind kümmern.«

»Das übernehme ich einstweilen.«

Viktor schüttelte den Kopf. »Vater, bei allem Respekt, aber dir fehlt die nötige Unverschämtheit, um Zeiten wie diese zu überstehen.«

»Du unterschätzt mich.«

»Bisher war es immer umgekehrt.«

Für einen Moment war es still zwischen ihnen. Anton klopfte mit einer leeren Streichholzschachtel auf den Tisch.

Dann beugte Viktor sich ein Stück vor und fragte leise: »Felix und Trude? Bruno?«

Schlüsselrasseln an der Tür.

»Alles geregelt«, flüsterte Anton. »In drei Wochen gehen sie. Ida auch.«

Und dann stand auch schon ein Polizist in der Tür. »Rosenbaum!«

»Vater! Sag ihnen, sie sollen Gisela und das Baby mitnehmen!« Mit seinen gefesselten Händen umklammerte Viktor Antons Unterarm. »Versprich es mir!«
»Gut. Versprochen.«

◆

Ich erinnere mich nicht, irgendwelche Hintergedanken gehabt zu haben, als ich mich für die Exkursion der juristischen Fakultätsvereinigung zum Kantongericht in Turnhout anmeldete, mir ging es lediglich um den Schein, den ich dafür bekommen würde. Zu behaupten, ich hätte die Tragödie bewusst heraufbeschworen, wäre darum verfehlt; man könnte mir allenfalls Leichtsinn vorwerfen, denn welche Rolle die flämische Provinzstadt im Leben meiner Familie gespielt hatte, wusste ich natürlich.

An jenem Tag im März lag noch Schnee. Die Heizung in dem mit Nimwegener Jurastudenten vollgepackten Zug lief auf Hochtouren. Auch drei Stunden später im Gericht von Turnhout war die Luft so stickig, dass ich es nicht lange aushielt und ins Freie ging, um ein paar Schritte durch die Kälte zu laufen. Ich schlenderte an den Geschäften in der Patersstraat entlang bis zu einem kleinen Platz, auf dem ein von Grünspan überzogener Lokalmatador von seinem Sockel aus die Vorübergehenden misstrauisch beäugte. Hinter dem Standbild ragte eine mächtige rote Backsteinfassade auf. Obwohl ich noch nie in Turnhout gewesen war, kam mir das Gebäude bekannt vor, wie eine Erinnerung an etwas nicht selbst Erlebtes. Nur: Woher kam diese Erinnerung?

Neugierig ließ ich den Blick über die Treppengiebel gleiten, über die hohen Travéen und das neugotische Maßwerk und schließlich die Maueranker bis zu der Inschrift im Zement über dem massiven Holztor.

*STIFT ZUM HEILIGEN GRAB*

Alles um mich herum schien zu verstummen. Nach Monaten relativer Abwesenheit drang der dreizehnte Stamm urplötzlich wieder mit voller Kraft in mein Bewusstsein. Wie magisch angezogen legte ich die Hand auf den Kupferknauf und öffnete das Tor.

Ich befand mich in einer Vorhalle mit Kreuzrippengewölbe und blattverzierten Pilastern. Gut fünf Minuten stand ich regungslos da und ließ die feierlich-wehmütige Stimmung auf mich einwirken.

Dann tauchte eine Nonne auf. Sie trug eine Haube, und ihr Gewand wurde von einer Kordel zusammengehalten.

»Was kann ich für Sie tun?«, fragte sie.

Ich brachte kein Wort heraus.

»Möchten Sie einen Kaffee?«, fuhr sie fort.

»Nein danke«, murmelte ich.

»Vielleicht haben Sie ja eine Frage?«, versuchte sie mir auf die Sprünge zu helfen.

»Ja«, hörte ich mich sagen. »Ja, ich glaube, ich habe eine Frage. Zu einem Vorkommnis in Ihrem Kloster im Jahr 1939«, sagte ich, ohne zu wissen, was ich konkret fragen wollte.

»1939… also lange vor meiner Zeit. Möglicherweise kann Schwester Clémentine Ihnen Auskunft geben. Ich hole sie, nehmen Sie bitte einen Augenblick Platz.«

Kurz darauf kam sie wieder, in Begleitung einer gebeugt gehenden Schwester mit wächsern glänzendem Gesicht.

»Guten Tag, ich bin eine Enkelin von Felix und Trude Rosenbaum«, begann ich. »Sie sind 1939 aus Wien hierhergekommen. Können Sie sich daran noch … äh … erinnern?« Ich wurde wohl rot dabei, aber für Wahrheitssucher ist die Zeit nun einmal ein gefährlicher Feind.

Schwester Clémentine nickte. »Das weiß ich noch gut, oft ist so etwas ja nicht vorgekommen. Ihre Großeltern hatten eine ältere Dame und zwei Kinder bei sich.«

»*Zwei* Kinder?« Mir war, als würde tief in meinem Innern eine Warnglocke anschlagen.

»Ja, das Mädchen war erst wenige Wochen alt, der Junge schon zwei, drei Jahre.«

»Was für ein Mädchen?« Ich kniff die Augen zu Schlitzen zusammen. Schwester Clémentine sah mich verständnislos an.

»Die junge Dame möchte wissen, wer der Säugling war«, erklärte die andere Nonne.

»Das war die Tochter des Bruders von Mijnheer Rosenbaum«, sagte Schwester Clémentine zu ihr gewandt, so als wäre ich gar nicht da. »Ein uneheliches Kind.«

Ich bekam Herzflattern. Was, um Himmels willen, spielte sich hier ab?

»Wissen Sie zufällig noch, wie das Baby hieß?«

»Aber sicher, wir haben die Kleine schnellstens getauft und nach dem heiligen Paulus benannt, der ja auch ein bekehrter Jude war.«

Sie sprach weiter, aber ich nahm nur noch ihre Mundbewegungen wahr, hören konnte ich nichts mehr. Die Welt um mich herum kippte, und ich hatte das Gefühl, ins Leere zu fallen, als durch den grauen Nebel meiner Bestürzung zu mir durchdrang, wer dieses Baby war: Viktors Tochter, die meine Großeltern mitgenommen hatten.

Meine Mutter.

Man hört manchmal, dass kurz vor dem Tod das eigene Leben in einer Folge von Bildern rasend schnell an einem vorbeizieht. Genau das passierte mir, also hatte ich wohl das Gefühl zu sterben. Ich drehte mich um, riss das Tor auf und stürmte ins Freie, floh vor dem, was sich mir gerade offenbart hatte, vor der neuen unbegreiflichen Wirklichkeit, die alles infrage stellte, was ich über das Leben zu wissen geglaubt hatte. Ich rannte und rannte, erst die Begijnenstraat entlang, dann durch die Broedersstraat. Bis zum Bahnhof. Dort sprang ich in den bereitstehenden Zug, ließ mich auf einen Sitz fallen und versuchte, dem wilden Hämmern in meiner Brust Herr zu werden. ›Rauchen und offenes Feuer verboten‹ stand auf dem Zugfenster. *Rauchen und offenes Feuer verboten.*

Die Wahrheit ist ein Feuer, das den Menschen verzehrt.

Wie hatte mir das nur die ganze Zeit entgehen können? Natürlich hatten meine Großeltern damals, großmütig und weitherzig, wie sie waren, für Viktor getan, was ihnen als Einziges noch zu tun blieb: sein mutterloses Kind retten. Ein Akt der Liebe als Dank für sein Geschenk.

Alles passte, wurde mir klar. Nicht nur der Name meiner Mutter, von dem des Apostels Paulus abgeleitet, sondern auch der Wirrwarr mit dem Datum auf ihrem nach dem Krieg ausgestellten Geburtsschein, die Urkundenfälschung, die sie als eheliches Kind meiner Großeltern ausweisen sollte. Und all das hatte die gängige Ursächlichkeit im Kosmos gestört.

Es dauerte aber noch bis Nimwegen, ehe mir die Reichweite dessen, was ich entdeckt hatte, in vollem Umfang bewusst wurde. Die schockierende Erkenntnis schmerzte mich körperlich. Als Tochter eines Juden und einer Nichtjüdin galt meine Mutter zwar nach den Nürnberger Rassegesetzen als Jüdin, aber wohl kaum aus der Sicht des Judentums.

Ich hatte keine jüdische Mutter.

Ich war nicht jüdisch.

Nicht der Ewige hatte mein Schicksal bestimmt und mich aus Versehen der falschen Kategorie zugeteilt, sondern ich war durch menschliches Handeln mit betrügerischer Absicht dorthin geraten. Und damit war mir der Zugriff auf das, was ich als meine Bestimmung angesehen hatte, verwehrt.

Als ich aus dem Zug stieg, hatte ich das Gefühl, der Bahnsteig würde unter mir Wellen schlagen. Der Raum, die Zeit, der Boden unter meinen Füßen – alles an der Realität war falsch, und nur ihre Falschheit war echt.

Wie im Traum überquerte ich den Bahnhofsvorplatz und ging durch die schmalen Straßen von Bottendaal, an den vornehmen Herrenhäusern der Indische Buurt vorbei. Automatisch machte ich Schritt um Schritt und hoffte, der Schock würde nachlassen. Aber dem war nicht so.

Mir fiel ein, dass meine Mutter und meine Großmutter gesagt hatten, ich sei »gar nicht« oder »nicht ganz« jüdisch – Aussagen, die ich damals für Lügen gehalten hatte. Und ich dachte an meine höhnische Reaktion, als Harmke einmal gesagt hatte, sie fühle sich »nicht besonders jüdisch«. Nicht sie, sondern *ich* war einer illusorischen Definition meiner selbst aufgesessen. Ich gehörte nicht zum Geheimnis des Rabbiners Ruwen, ich war kein Faden im Teppich des Judentums, meine Matzeknödel würden niemals koscher sein, ja, nicht einmal ich selbst war koscher.

In einem Schaufenster sah ich mich gespiegelt als das, was ich war: ein Witz, eine lächerliche Figur, die sich einbildete, eine Judith zu sein, aber für immer eine Geertje bleiben würde.

Ich betrat eine Kneipe und bestellte mir ein Wasser. Dem forschenden Blick des Barkeepers wich ich aus, trank das Glas in einem Zug leer und legte einen Gulden auf den Tresen. Meine schwitzigen Fingerabdrücke auf dem Glas, ein unverwechselbares Merkmal, waren der einzige Beweis meiner Identität, dessen ich mir noch sicher sein konnte.

Nachdem mir meine Herkunft abhanden gekommen war, hatte ich auch kein Ziel mehr. Kopflos ging ich in der Stadt herum, nicht als Wandernder Jude, sondern als Staatenlose. Wohin gehörte ich nun noch? Ich ging und ging, um mich herum Glas, Stahl, Beton, Stein und der Lärm von Autos und Motorrädern, vorbei an Schildern mit einem Wirrwarr von Ge- und Verboten, bis es dämmerte und ich müde wurde und mich beim Valkhof auf eine Bank unter einem noch unbelaubten Baum setzte. Der anfangs stechende, kaum auszuhaltende Schmerz hatte einem Gefühl völliger Verlassenheit Platz gemacht. Die Turmspitze der Stevenskerk war in eine Abendwolke gehüllt, eine fast schon biblische Szene, aber ich machte mir keine Illusionen mehr: Es war nicht HaSchem, der sich mir offenbarte, Gott hatte mich verlassen – und ich konnte es ihm nicht verübeln.

Ich ging weiter und suchte mir eine andere Bank, diesmal auf dem Hunnerberg, und nach einer Weile wechselte ich auf eine am Waalkai in der leisen Hoffnung, dass ich mich an einer anderen Stelle besser fühlen würde, aber nichts konnte mich trösten, nicht einmal der Anblick des träge dahinströmenden Flusses, der im Mondlicht wie flüssiges Quecksilber schimmerte.

Stundenlang saß ich an der Waal, wie versteinert und ganz in mich versunken, und indem die Zeit verstrich, brachte die Kälte alle Wünsche in mir zum Erlöschen. Beängstigende Wachträume und Nickerchen wechselten sich ab, und zwischendurch schreckte ich hoch, wenn auf der Eisenbahnbrücke Zugräder kreischten oder mir der Gestank vom Schlachthof am Hafen in die Nase drang.

Gegen Morgen erhob ich mich von der harten Bank, innerlich leer und vollkommen ausgebrannt. Wie benommen folgte ich dem Glockengeläut vom Turm der Stevenskerk durch die Unterstadt. Etwas in mir war gestorben und die Auferstehung fern.

Als es zu regnen anfing, suchte ich in einem Buswartehäuschen am Plein 1944 Schutz. Ein Linienbus nach dem anderen fuhr vorbei, vollgestopft mit Leuten, die genau wussten, wohin sie wollten, und die es drängte, ihr Ziel möglichst schnell zu erreichen. Ich fühlte mich der Welt entfremdet wie noch nie. Als ich zu den Häusern am Grote Markt hinüberschaute, überkam mich mit einem Mal die beklemmende Empfindung, dass etwas an dem gewohnten Bild nicht stimmte. Unwillkürlich hob ich den Blick, um zu prüfen, ob das Licht sich irgendwie verändert hatte, aber der Himmel war grau und trüb wie zuvor.

Irritiert stand ich auf und stellte mich mitten auf die Augustijnenstraat. Ich nahm die Schaufenster und die Vordächer beiderseits ins Visier und dann die Waag. Mein Gehirn spiegelte mir die Umgebung wie einen alten Film, eine künstlerische Impression. *In Schwarz-Weiß.*

Davon ausgehend, dass bestimmte Gesetzmäßigkeiten aus der Vergangenheit noch galten, konnte es sich nur um eine Täuschung handeln, denn wie sollte meine normale Wahrnehmung plötzlich außer Kraft gesetzt sein? Ich kniff die Augen fest zu, wartete ein paar Sekunden und machte sie wieder auf. Nichts war anders. Die Welt hatte ihre Farben verloren.

Verzweifelte Angst überkam mich. Alle Menschen, alles um mich herum, die Erde und der Himmel präsentierten sich in Grautönen. Was hatte das zu bedeuten? Konnte ich meinen Augen nicht mehr trauen, war mir der Zugang zur Wirklichkeit verbaut? Oder sollte ich daran gehindert werden, die Wahrheit hinter dieser Maske aus Zeitlosigkeit zu erkennen?

Ich drehte mich im Kreis, wieder und wieder, und sah mich panisch nach allen Seiten um. Laut hupend fuhren Autos und Busse an mir vorbei, Leute, die es eilig hatten, beschimpften mich... und schließlich sank ich auf der Straße zusammen und wagte es nicht mehr aufzustehen.

»Judith!«

Wer rief mich da beim falschen Namen? Ich war keine Judith, ich war eine Geertje.

»Ju-dith!«

Diese Stimme kannte ich... sie stammte aus einer anderen Zeit, einer Zeit, in der alles noch seine Logik hatte.

»Verdammt noch mal, spinnst du oder was? Ich habe überall nach dir gesucht! Komm, wir gehen nach Hause.«

Es war Thomas.

◆

Obwohl die Uhr über der Tür von Sitzungssaal 6 des Wiener Landesgerichts erst halb neun anzeigte, war der Prozess mit der Nummer I-226R schon geraume Zeit im Gange: das Deutsche Reich gegen den Juden Viktor Israel Rosenbaum.

»Somit steht fest, dass das Opfer, Fräulein Gisela Weber, deutschblütig ist«, sagte der Vorsitzende Richter Sauer. »Zur Beantwortung der Frage, ob der Angeklagte Jude ist, wird hiermit der Gerichtsarzt Doktor Fingernagl als sachverständiger Zeuge aufgerufen.«

Er nickte dem Gerichtsdiener zu.

Fingernagl ging die Stufen zur Zeugenbank hinauf und setzte sich. »Herr Richter, ich werde dem Gericht im Folgenden die Ergebnisse der körperlichen Untersuchung des Angeklagten unterbreiten, die entsprechend dem Erlass zur Rassenbiologischen Untersuchung des Reichs- und Preußischen Ministers des Innern vom 27. April 1936 durchgeführt wurde.

1. Haut hellrosa, Nasolabialfalte ebenfalls frei von Pigment, am oberen Ende der Gesäßspalte keine blaue Verfärbung.

2. Rosa gefärbte Möndchen am 1. und 2. Finger rechts und am 1. und 3. Finger links.

3. Augenfarbe hellgrün, Augenweiß nicht marmoriert, mediale Falte an beiden Oberlidern.

4. Haupthaar honigblond, leicht gewellt, Deckhaar etwas heller als Unterhaar.

5. Nase gerade, Maße 5 und 3,7 cm, Nasenwurzel mittelbreit, Höhe durchschnittlich, Nasenflügel schmal, Form der Nasenlöcher oval, Durchmesser normal, rechts 0,6 cm, links 0,65 cm.

6. Lippen mittelrosa, keine Besonderheiten hinsichtlich Größe und Form.

7. Unterkiefer ohne Prognathie, keine Besonderheiten.

8. Jochbeine mittelhoch, nicht verbreitert. Nasen- und Augengegend ohne Auffälligkeiten, Hinterhaupt rund.

Das von mir Festgestellte untermauert nicht den Verdacht, der Angeklagte könnte fremdrassig sein. Insbesondere anhand des Profils, des geraden Rückens, des athletischen Körperbaus sowie der hellen Augen- und Haarfarbe lässt sich eine nichtarische Abstammung nicht nachweisen. Der Angeklagte verfügt weder über breite Lippen, hängende Augenlider oder große abstehende Ohren noch über andere Kennzeichen einer degenerierten kranken Rasse.«

»Ich bin Jude, das habe ich Ihnen doch mitgeteilt«, sagte Viktor irritiert.

»Hohes Gericht«, begann der Staatsanwalt, »der Familienname, die Aussage des Angeklagten selbst und sein beschnittenes Glied lassen nur *einen* Schluss zu: dass es sich bei dem Angeklagten nicht um einen Rassereinen, sondern um einen Juden handelt.«

Einer der Richter fixierte den medizinischen Gutachter über den Brillenrand hinweg. »Ist der Angeklagte beschnitten?«

»Jawohl, Herr Richter.«

»Verzeihen Sie, meine Herren«, ergriff Viktor das Wort, »aber die Beschneidung wurde vor allem deshalb durchgeführt, weil mein Geschlechtsteil schon bei der Geburt so imposant war, dass meine Eltern in weiser Voraussicht und aus Mitleid mit meiner künftigen Frau zumindest die Vorhaut haben entfernen lassen.«

Spöttisch wandte der Staatsanwalt sich an Anton: »Können Sie, als Vater des Angeklagten, diese Aussage bestätigen?«

»Der Verteidiger des Angeklagten kann nicht gezwungen werden, gegen ihn auszusagen«, antwortete Anton. »Darum enthalte ich mich hierzu eines Kommentars.«

»Bitte ins Protokoll«, sagte der Richter.

»Ich bitte nochmals um Verzeihung, Herr Richter«, sagte Viktor, dem erschrockenen Blick seines Vaters ausweichend, »aber verhält es sich nicht so, dass das Blutschandegesetz nicht für den Geschlechtsverkehr von Reinrassigen mit Afrikanern, Indianern und Zigeunern gilt?«

»Das trifft zu. Aber ich sehe nicht, was das mit Ihrem Fall zu tun hat.«

»Nun… vielleicht hat Fräulein Weber mich ja für einen Zigeuner gehalten.«

In stummer Verzweiflung schloss Anton die Augen, und sogar der Staatsanwalt machte eine verdutzte Miene.

Richter Sauer zog die Augenbrauen hoch. »Aber Sie weisen doch keinerlei äußere Merkmale eines Zigeuners auf.«

»Das braucht kein Hindernis zu sein. Der Medizinmann hier hat soeben erklärt, dass ich auch nicht wie ein Jude aussehe.«

»Ruhe!« Sauer musste zu seinem Gerichtshammer greifen, damit das Gemurmel im Saal wieder verstummte. Dann sprach er weiter: »Das Gericht ist zu der Überzeugung gekommen, dass der Angeklagte Jude ist, denn wer das in einem Fall wie diesem von sich selbst behauptet, dürfte sich seiner Sache absolut sicher sein.« Dann forderte er den Gerichtsdiener auf, die Zeugin Gisela Weber hereinzuholen.

Ein Raunen ging durch den Saal, als Gisela hochschwanger und mit geschwollenen Knöcheln hereinkam. Mit Unterstützung des Gerichtsdieners stieg sie die Stufen zur Zeugenbank hinauf, nahm Platz und suchte Viktors Blick.

»Fräulein Weber, hat der Angeklagte Ihnen je mitgeteilt, dass er Jude ist?«, fragte der Staatsanwalt.

»Das hat er«, antwortete Gisela, ohne Viktor aus den Augen zu lassen. Sie lächelte ihm liebevoll zu. »Und zwar schon bei unserer ersten Begegnung.«

»Das stimmt nicht«, sagte Viktor.

»Aha!«, rief der Staatsanwalt. »Und warum nicht?«

»Sehen Sie mich doch an!« Viktor schaute in die Runde und breitete die Arme aus. »Selbst wenn ich das zu Fräulein Weber gesagt hätte – sie hätte mir niemals geglaubt.«

»Oder zu glauben brauchen«, ergänzte Anton. »Zumal selbst der Gerichtsarzt keine entsprechenden äußeren Merkmale feststellen konnte.«

Sauer blätterte in seinen Unterlagen, nahm die Brille ab und sah zu Anton hin. »Sie haben behauptet, dass der Angeklagte seinerseits weder wusste noch wissen konnte, dass das Opfer, Fräulein Weber, Arierin ist.«

»Das ist korrekt«, sagte Anton. »Sehen Sie sich die junge Frau mit ihren schönen dunklen Locken und den tiefbraunen Augen an. Würde sie bei einer rassenbiologischen Untersuchung seitens Doktor Fingernagl ohne Weiteres als Arierin durchgehen?«

»Ruhe!«, rief Sauer über das Stimmengewirr im Saal hinweg

und unterstrich die Aufforderung erneut mit dem Hammer. »Das Wort hat der Staatsanwalt.«

»Fräulein Weber, wann und auf welche Weise haben Sie den Angeklagten kennengelernt?«

»Ich habe Viktor im Spätsommer 1934 kennengelernt. Er kam in die Schule, die sein junger Cousin besuchte. Ich war dort Englischlehrerin.«

»Haben Sie zu der Zeit, als Sie den Angeklagten kennenlernten, seinen Cousin unterrichtet?«

»Nicht mehr, aber…«

»Warum nicht?«

Gisela schluckte hörbar. »Weil ich keine jüdischen Schüler mehr unterrichten durfte.«

»Das war's, Herr Richter.«

Der zweite Richter wandte sich an Viktor. »Herr Rosenbaum, Ihr Verteidiger hat heute in seinem Eröffnungsplädoyer dargelegt, dass Sie mit Fräulein Weber zwar ein Verhältnis unterhielten, aber seit Inkrafttreten des Gesetzes keinen Geschlechtsverkehr mehr mit ihr hatten. Trifft das zu?«

»So ist es, Herr Richter. Von dem Zeitpunkt an habe ich ihr gegenüber komplette Abstinenz geübt.«

»Das macht keinen Unterschied«, wandte der Staatsanwalt ein. »Nicht nur der Beischlaf selbst, sondern auch sogenannte beischlafähnliche Handlungen gelten dem Gesetz nach als Geschlechtsverkehr.«

»Küsse und Umarmungen fallen aber nicht darunter«, sagte Anton rasch.

»Im Jahr 1936 hat der Große Senat für Strafsachen bestimmt, dass sämtliche sexuell orientierten Handlungen eingeschlossen sind«, sagte der Staatsanwalt.

Sauer wandte sich an Gisela. »Fräulein Weber, hatten Sie, wenn der Angeklagte Sie küsste, den Eindruck, dass er sexuell erregt war?«

»Leider nicht.« Gisela kramte umständlich ein Taschentuch aus ihrer Handtasche und wischte sich theatralisch die Augen. »Seit März 1938 hegt Viktor nur noch väterliche Gefühle für mich.«

Der Richter betrachtete ihren Bauch. »Das wage ich zu bezweifeln.«

»O nein, Herr Richter! Das ist nicht so, wie es scheint.«

»Wie könnte es anders sein, als es scheint?«

»Ich wollte damit sagen, dass das Kind nicht von Viktor ist.«

»Wie bitte?«, sagte Viktor.

»Ich ermahne die Zeugin, den Juden Rosenbaum nicht in Schutz zu nehmen oder auf andere Weise zu begünstigen. Das wäre eine schwerwiegende strafbare Handlung!«, rief der Staatsanwalt.

»Ruhe!«, schrie Sauer.

Der dritte Richter nahm Viktor ins Visier. »Sie haben zugegeben, mit dem Opfer in einer Wohnung zusammengelebt zu haben, die keine zwei Schlafzimmer hat.«

»Das stimmt, Herr Richter. Wir haben im selben Bett geschlafen.«

»Und in der ganzen Zeit haben Sie nie…«

»… mit meinem Schlüssel ihren Nachttresor geöffnet? In ihrer Gartenlaube Tee getrunken? Die Kanzlei inspiziert? Nicht dass ich mich erinnern kann, Euer Ehren.«

»Ruhe!« Sauer versuchte, die mittlerweile johlenden Zuschauer zu überbrüllen. »Der Angeklagte macht sich doch hoffentlich nicht auf unsere Kosten lustig?«

»Du lieber Himmel, nein!«, antwortete Viktor. »Ich habe nur so großen Respekt vor dem Gericht, dass ich unanständige Ausdrücke aller Art vermeide. Fräulein Weber und ich haben nicht genital miteinander verkehrt, sondern ausschließlich orale Praktiken betrieben. Und dabei im Übrigen nichts entbehrt – ganz im Gegenteil, ich kann das zur Nachahmung empfehlen.«

»Mein Mandant will damit sagen, dass er die Gefahr, jüdisches Blut zu verbreiten, verringern wollte, indem er seinen… äh… Verkehr auf die genannten Handlungen beschränkte«, sagte Anton schnell.

»Unfug ist das!«, rief der Staatsanwalt. »Der Mann ist ein stadtbekannter Schürzenjäger! Sie glauben doch wohl nicht, dass er sich nach Februar 1938 ausschließlich auf Jüdinnen beschränkt hat! Er ist ein unverbesserlicher Wiederholungstäter in Sachen Rassenschande!« Mit zitterndem Zeigefinger wies er auf Viktor.

»Ich fordere den Staatsanwalt auf, sich zu mäßigen«, sagte der Vorsitzende Richter.

Der Staatsanwalt trank einen Schluck Wasser. »Ich bitte um Verzeihung, Herr Richter. Aber ich bin der Ansicht, dass der Angeklagte keinen Funken Verantwortungsgefühl besitzt und schwere moralische Defekte aufweist. Er ist schon früher mit dem Gesetz in Konflikt geraten, und die Rassenschande mit Fräulein Weber stellt die Krönung seiner kriminellen Laufbahn dar.«

»Mein Mandant wurde nie verurteilt«, warf Anton nicht ohne Stolz ein. »Er hat keinen Eintrag im Strafregister.«

»Ihr Sohn, Rosenbaum, ist ein verkrachter Philosophiestudent, hat als Apotheker versagt und ist als Kaufmann gescheitert, fügt sich nicht in die Gesellschaft ein, liest Schopenhauer, spielt Schach und treibt sich in Kaffeehäusern und Wettbüros herum«, höhnte der Staatsanwalt.

»Meine Herren«, sagte der Vorsitzende Richter warnend.

»Mein Sohn ist Schlosser«, sagte Anton zum Staatsanwalt gewandt und straffte den Rücken. »Und zwar der beste von ganz Wien.«

Viktor warf seinem Vater einen Seitenblick zu.

»Was schwafeln Sie da? Ihr Sohn ist ein Nichtsnutz, ein Fantast und ein Betrüger, für die Volksgemeinschaft wertlos und für die Gesellschaft lediglich eine Last.«

»Ich darf doch bitten!«, sagte der Vorsitzende Richter mit scharfem Ton.

Anton schüttelte den Kopf. »Ich kann es nicht verübeln, dass Sie meinen Sohn so einschätzen, zumal ich ihm selbst in dieser Hinsicht unrecht getan habe. Viktor hat ein schwieriges Verhältnis zur Zeit, aber ein untrügliches Gespür für den richtigen Zeitpunkt. Er ist von sich selbst erfüllt, kann aber auch anderen Erfüllung verschaffen. Sein Verhältnis zum Materiellen mag gestört sein, aber er teilt seinen Besitz großzügig mit anderen, wenn die Not es erfordert.«

Anton kehrte dem Staatsanwalt den Rücken zu und sah Viktor direkt an. Seine Stimme war leise und heiser, als er sagte: »Viktors Verdienst besteht darin, dass er seine Träume nicht gegen Überzeugungen eingetauscht hat, weil er weiß, dass Überzeugungen für die Wahrheit gefährlicher sind als Lügen. Er verfolgt konsequent sein Ziel, ungeachtet dessen, wie die Sache für ihn ausgeht, und er tut nie etwas, das anderen schadet. Er nennt den Zeitgeist beim richtigen Namen, während andere seinen Vorspiegelungen zum Opfer fallen. Mein Sohn hat ein sanftes Gemüt, er schützt die Schwachen und hilft Mensch und Tier in der Not. Viktor lebt nach seinen eigenen Werten. Das macht ihn zu einem wertvollen Menschen.«

Schließlich durchbrach Richter Sauer die tiefe Stille im Raum. »Nun gut, meine Herren«, sagte er wie leichthin. »Das Gericht dankt für Ihre teils persönlichen Darlegungen. Ich unterbreche die Sitzung für fünfzehn Minuten. Danach ergeht im Namen des deutschen Volkes das Urteil. Heil Hitler.«

◆

Das Limburger Sonnenlicht fiel durch die offenen Fenster herein, ließ die Wände des Schlafzimmers in hellem Gelb leuchten und tauchte die Bettdecke in eine warme Glut. Aus dem Gartenatelier ertönte leise Mahlers Dritte, vermischt mit dem unbekümmerten Gurren der Tauben in der Dachrinne.

Es klopfte.

In der Tür erschien Mevrouw Ligthart. »Ich wollte nur mal sehen, wie es dir geht. Du hast fast vierundzwanzig Stunden geschlafen«, sagte sie und lächelte Thomas' Lächeln.

»Es tut mir leid«, murmelte ich.

»Dir braucht nichts leidzutun«, sagte sie. »Schau mal, hier ist Besuch.«

Neben ihr tauchten zwei Gestalten auf, die sich so stark von der Umgebung abhoben, dass man meinen konnte, sie wären eigentlich für eine Sitcom gecastet worden und nun im falschen Film gelandet. Die Frauen trugen beide altmodische Regenmäntel und ebensolche Handtaschen. Neben Thomas' hochgewachsener Mutter in ihrem eleganten Kleid nahmen meine Mutter und meine Großmutter sich klein und schäbig aus – jüdisch, war mein erster Gedanke, oder um ganz ehrlich zu sein: jiddisch.

Aber das machte nichts, denn zwei glänzende graue Augenpaare sahen mich an, mit dem weichsten und liebevollsten Blick auf der Welt. Und das beglückte mich. Vor lauter Freude wurde ich rot, hatten wir uns doch monatelang nicht mehr gesehen.

Mevrouw Ligthart stellte ein Tablett mit Tee ans Fußende des Betts. »Ich lasse euch jetzt allein«, sagte sie, verließ das Zimmer und zog die Tür hinter sich zu.

Wie bei einem Krankenbesuch setzten Mama und Großmutter sich links und rechts von mir auf die Bettkante.

Dann herrschte Stille, eine Stille des intensiven wortlosen Austauschs von drei Generationen Frauen.

Nachdem wir uns lange fast unentwegt angesehen hatten, nahm Großmutter meine Hand und sagte: »Liebes Kind, willst du vielleicht etwas essen?«

»Gern«, sagte ich. »Eier mit Speck.«

»Geerteke… ach, entschuldige… Judith. Dass du Speck isst, habe ich gar nicht gewusst«, sagte sie verwundert.

»Willst du denn nicht mehr jüdisch sein?«, fragte meine Mutter.

»Ich *bin* es nicht, Mam. Weil du es nicht bist.«

Meine Großmutter wollte etwas sagen.

»Lass nur, Großmutter. Ich weiß inzwischen, dass Großvater und du 1939 das Kind von Viktor und Gisela mit nach Belgien genommen habt.«

Großmutter ließ meine Hand los, umklammerte fest die Henkel ihrer Handtasche, richtete den Blick auf einen Punkt auf der Bettdecke und nickte. »Es war eine sehr schwere Geburt«, sagte sie schließlich. »Gisela kam nicht mehr zu Bewusstsein, ehe sie starb. Das Kindchen war klein und schwach, aber trotzdem das schönste Baby, das man sich vorstellen kann. Mit zartrosa Haut und großen Augen. Ich war nach Brunos Geburt noch mehrmals schwanger, aber jedes Mal kam es zu einem Abgang. Der Arzt hat mir damals Ruhe verordnet, Bettruhe sogar, aber an Ruhe war nicht zu denken.« Sie schluckte. »Wir waren unendlich traurig über Giselas Tod, aber zugleich ging mit ihrem Baby für uns der innige Wunsch nach einem zweiten Kind in Erfüllung: Wir hatten eine Tochter! Sie war ein Geschenk des Himmels, ein Lichtschein in dieser rabenschwarzen Zeit. Wir wollten die Kleine in Sicherheit bringen und wie unser eigenes Kind lieben. Aber die lange Reise hat ihr sehr zugesetzt, sie wurde immer schwächer. Ich habe ihr immer wieder mit einem Löffelchen Milch eingeflößt, und meine Mutter hat sie unter ihrer Stola warm gehalten. Gleich nach unserer Ankunft in Turnhout haben die Nonnen sie getauft und ihr den Namen Paulina gegeben. Drei Wochen später ist sie gestorben. Und mit ihr meine Hoffnung.«

Ich empfand eine Art Widerwillen gegen all das, aber auch tiefes Mitleid mit meinen Großeltern, und gleichzeitig versuchte ich zu ergründen, was dieses traurige Ereignis für mich, für mein Leben bedeutete. Meine Gedanken schossen wild durcheinander.

Noch vor Kurzem hatte ich eine komplette Kehrtwende machen müssen, was meine Identität anging, und nun deutete die Kompassnadel wieder zurück, in die ursprüngliche Richtung.

»Du... äh... bist also gar nicht Giselas Tochter?«, fragte ich meine Mutter sicherheitshalber.

Sie schüttelte den Kopf. »Nein, ich bin nur nach ihr benannt.«

Langsam fädelte ich den Faden des soeben Gehörten in meine frühere Version der Wirklichkeit und stellte meinen Webfehler fest. Ich hatte sehr wohl das richtige Leben gelebt, mein eigenes wahres Leben, aber die Beweise dafür falsch interpretiert.

Vor Freude wollte ich nach Großmutters Hand greifen, aber ihre plötzlich versteinerte Miene hielt mich davon ab.

»Wir mussten 1941 untertauchen«, sagte sie, und ihre Stimme klang fremd. »Eine Zeit lang waren wir auf dem Speicher einer großen Druckerei untergebracht. Tagsüber mussten wir uns so still wie möglich verhalten. Wir konnten uns allenfalls etwas zuflüstern. Jedes Husten, jedes Niesen und auch jedes Knarren der Bodendielen hätte Lebensgefahr für uns bedeutet. Die meiste Zeit lagen wir auf unseren Matratzen, und so kam ich endlich zu der verordneten Bettruhe ...« Sie schwieg kurz, blickte vor sich hin und rief dann schrill: »Darum habe ich Hitler mein Kind zu verdanken!«

Bestürzt sah ich meine Großmutter an. Ihr Gesicht war verzerrt, zu einem Ausdruck trotzigen Triumphs. Tränen rollten aus ihren weit aufgerissenen Augen, liefen an den Falten um den Mund entlang bis zum Kinn und tropften in ihre halb volle Teetasse. Ein winziges Stocken der Nazi-Mordmaschinerie hatte dazu geführt, dass sie einer Tochter das Leben geschenkt hatte. Einer jüdischen Tochter.

Meine Mutter zog ein benutztes Taschentuch aus ihrem Ärmel und hielt es meiner Großmutter hin. Die nahm es, wischte sich damit die Augen, schnäuzte sich hinein und schob es dann in ihren eigenen Ärmel.

Danach verfielen wir wieder in unser dreiseitiges beredtes Schweigen.

Schließlich sagte ich: »Bin ich also eine Judith oder doch eine Geertje?«

»Ich fürchte, du bist eine Judith«, sagte meine Mutter. »Das heißt, falls du es willst.«

»Ja. Das will ich.«

»Aber nicht dass du das Jüdischsein allzu sehr vor dir herträgst, Kind.« Meine Großmutter seufzte.

»Großmutter, wenn Mama deine Tochter ist, wie bin ich dann an Viktors grüne Augen gekommen?«

»Danach musst du deinen Großvater fragen«, sagte sie. »Viktor ist *sein* Bruder.«

# Epilog

*Vernichtungslager Maly Trostinez (bei Minsk)*
*18. September 1942*

An jenem Spätsommertag bewegte sich ein Zug zu Tode erschöpfter Menschen über den sandigen Feldweg. Der Herbst kündigte sich leise an, hier und da trudelte ein gelbes Blatt von den zumeist noch grünen Bäumen.

In wenigen Stunden würde kühler Abendnebel die Baumkronen einhüllen und Tau sich wie Engelswasser auf die Erde legen.

In wenigen Monaten würde Schnee die sterbende Natur bedecken.

Ganz am Schluss der Elendskarawane stützte er einen alten Mann und streckte den anderen Arm tröstend nach einer weinenden Frau aus. Er lauschte, aber es waren nicht das Peitschenknallen, die Schüsse und das Hundegebell, was er hörte. Er vernahm das Trippeln des Käfers und den Flügelschlag des Schmetterlings. Ganz deutlich hörte er den Saft im Splintholz steigen, unzählige Kleintierchen wimmeln, Baumwurzeln

Wasser saugen und den Wind rauschen – einer chassidischen Hymne gleich, die zum Himmel emporstieg. *Avinu malkenu, schma kolenu.*

Das Ende der Welt war unfassbar schön, voller Zauber wie der Mond am fünfzehnten Tag. Ein Wunderwerk aus wild wuchernden Farnen und Disteln, duftenden Kräutern und singendem Gras. Schafgarbe, Goldschleier, Gemeines Rispengras, Kleine Silberspinne, die letzten Samenbüschel der Drahtschmiele... Und dann der Zusammenhang, das Allumfassende, von den Steinen bis zu den Sternen reichend, der unendliche Anfang, aus dem alles hervorgeht.

Onkel Ernst und Großpapa David begleiteten ihn ein Stück auf dem Weg in den gewaltsamen Tod. *Wo sind Bubi und Gisela?*, fragte er sie.

*Sie sind da,* sagte Ernst und lächelte, *du wirst sie bald sehen.*

Dann senkte sich Stille über das Land. Das Schilf wiegte sich nicht mehr, und keine Welle kräuselte mehr das Wasser. Das Vieh hörte auf zu grasen. Die Blätter an den Bäumen stellten ihr Flüstern ein. Die Kräuter und das Gras am Wegrand erstarrten. Reglos stand das Korn auf den Feldern. Die Wolken blieben am Himmel stehen. Im Wald sangen keine Vögel mehr, und das Wild verbarg sich im Unterholz. Grillen und Bienen waren still. Über dem Wasser verharrten die Libellen im Flug. Das Lied von der Erde verstummte. Was schwimmen konnte, schwamm nicht, was fliegen konnte, flog nicht, was sprechen konnte, sprach nicht.

Bald würde die Einheit von Körper und Seele, von Erde und Wind sich auflösen. Der Himmel war nah, er brauchte nur die Hand auszustrecken, um ihn zu berühren.

Plötzlich begann ein Waldvogel zu singen, eine kurze, erhabene Melodie. Und alles zugleich neigte sich zur Erde. Ehrfürchtig nickten die Grashalme, tief beugten sich die Baumkronen und die Sträucher, und mit gesenktem Kopf bezeugten die Tiere ihren Respekt.
In der Ferne erschien schon das ewige blaue Licht.
Ewig.
Ewig.
Ewig.

# Glossar

**Adar** – zwölfter Monat nach dem jüdischen religiösen Kalender, vom ersten Monat Nissan an gezählt. Auf den gregorianischen Kalender bezogen beginnt der Adar Mitte Februar.
**Afikoman** – ein Stück Matze (ungesäuertes Brot), das vor dem Sedermahl versteckt wird und nach dem Essen von den Kindern gesucht werden muss.
**Avinu malkenu, schma kolenu** – »Unser Vater, unser König, höre unsere Stimme.«

**Bar Mizwa** – religiöse Mündigkeit; mit den Festen Bat Mizwa bei Mädchen und Bar Mizwa bei Jungen feiern zwölf- bis dreizehnjährige Jugendliche ihre Aufnahme in die jüdische Gemeinde als vollwertiges Mitglied.
**Baruch ata adonai, eloheinu melech ha'olam, ascher kidschanu bemizvotav, vezivanu 'al tewilat kelim** – »Gelobt seist du, Ewiger, unser G-tt, König der Welt, der du uns geheiligt hast durch deine Gebote und uns befohlen, einen Gegenstand zu toweln.«
**Baruch ata adonai, eloheinu melech ha'olam, ascher kidschanu bemizvotav, vezivanu lehadlik, ner schel schabbat** – »Gelobt seist du, Ewiger, unser G-tt, König der Welt, der du uns geheiligt hast durch deine Gebote und uns befohlen, das Schabbatlicht anzuzünden.«
**Bauer, Otto** – österreichischer sozialdemokratischer Politiker (1881–1938).
**Blintzen** – gefüllte Pfannkuchen.

**Bohavitschek** – schöner Mann, Wichtigtuer.
**Bracha** – jüdischer Segensspruch.

**Chassidismus** – jüdische religiös-mystische Strömung.
**Chanukka** – auch Lichterfest genannt, jährlich gefeiertes Fest des Judentums, bei dem der Wiedereinweihung des zweiten Tempels in Jerusalem gedacht wird.
**Chanukkia** – neunarmiger Leuchter, dessen Kerzen zu Chanukka angezündet werden.
**Chewra Kadischa** – Institution innerhalb der jüdischen Gemeinde, bestehend aus Männern und Frauen, die dafür sorgen, dass Verstorbene rituell bestattet werden.

**El melech ne'eman, schma israel, adonai eloheinu, adonai echad** – »G-tt ist ein verlässlicher G-tt, höre Israel, der Ewige ist unser G-tt, der Ewige ist einer.«
**Estherrolle** – Buchrolle, die den Text des biblischen Buchs Esther enthält, der zu Purim in der Synagoge gelesen wird.

**Fiat iustitia et pereat mundus** – es soll Gerechtigkeit geschehen, und gehe die Welt darüber zugrunde.

**G-tt** – jüdische Tradition, derzufolge der Name des Ewigen nicht vollständig ausgeschrieben wird.
**Gerschom** – ›Fremder‹; Name eines der Söhne von Moses.
**Gutnudi** – Nudeln mit geriebenem Käse, etwas Butter und geschmelzten Semmelbröseln.

**Haggada** – ›Erzählung‹; Text, der zu Pessach gelesen wird und den Auszug aus Ägypten beschreibt, zugleich Handlungsanweisung für den Seder.
**Hakoah** – jüdischer Sportverein in Wien, gegründet 1909.
**halachisch** – dem rabbinischen Gesetz entsprechend.
**HaSchem** – ›der Name‹; Andeutung des aus vier Buchstaben bestehenden Namens von G-tt (JHWH), der nicht ausgesprochen wird.

**Jom Kippur** – Versöhnungstag, höchster jüdischer Feiertag.

**kaschern** – koscher machen.
**Kidduschbecher** – Becher für den Wein, über den zu Beginn des Schabbat und der jüdischen Feiertage der Segensspruch (Kiddusch) gesprochen wird.
**Kille** – jüdische Gemeinde.
**Kippa** – Kopfbedeckung in Form einer kleinen Kappe, die ein Zeichen der Ehrfurcht vor G-tt darstellt und von jüdischen Männern vor allem bei der Ausübung religiöser Handlungen getragen wird.
**Knaidlach** – gekochte Klößchen aus einem Teig aus Matzemehl, Ei und (grünen) Kräutern.
**koscher** – für den Verzehr erlaubt, nach den traditionellen religiösen Vorschriften zubereitet.

**Lamed-Wawnik** – talmudischer Begriff für die ständig gegenwärtigen sechsunddreißig besonderen Menschen auf Erden, die sogenannten Gerechten; die hebräischen Buchstaben Lamed und Waw haben einen gemeinsamen Zahlenwert von 36.
**Lewaje** – jüdisches Begräbnis.

**Makkabi** – jüdischer Turn- und Sportverband.
**Maror** – bitteres Kraut beim Sedermahl.
**Marrano** – (spanisch/portugiesisch) ›Schwein‹; katholisches Schimpfwort für einen zum Christentum übergetretenen Juden.
**Matze** – ungesäuertes Fladenbrot, das während des Pessach-Fests gegessen wird, zur Erinnerung an den Auszug aus Ägypten, als die Israeliten keine Zeit mehr hatten, den Teig für das Brot säuern zu lassen.
**Meschumed** – jiddisches Schimpfwort für einen zum Christentum übergetretenen Juden.
**Mesusa** – Plural: Mesusot; längliche Schriftkapsel, die am Türpfosten angebracht wird und eine Pergamentrolle mit Gebetstexten enthält.
**Minjan** – Quorum von zehn im religiösen Sinne mündigen Juden, die zusammenkommen müssen, damit ein vollständiger jüdischer ›Gottesdienst‹ abgehalten werden kann.
**Misrachi** – orthodox-zionistische Bewegung.

**Muskeljuden** – 1898 von Max Nordau geprägter Begriff für körperlich (und geistig) besonders leistungsfähige Juden.

**Ner Neschama** – Gedenklicht, das am Todestag Verstorbener angezündet wird.

**Nissan** – erster Monat nach dem jüdischen religiösen Kalender. Auf den gregorianischen Kalender bezogen beginnt der Nissan Mitte März.

**olewescholem** – er/sie ruhe in Frieden/seligen Angedenkens.

**Peies** – lange Schläfenlocken bei jüdisch-orthodoxen Männern.

**Pessach** – eines der wichtigsten Feste des Judentums, das an den Auszug aus Ägypten und die Befreiung der Israeliten aus der Sklaverei erinnert.

**Pikuach Nefesch** – jüdische Regel, derzufolge der Lebenserhalt Vorrang vor religiösen Vorschriften hat.

**Purim** – Fest der Lose, basierend auf dem Buch Esther, erinnert an die Rettung der Juden in der persischen Diaspora.

**RAVAG** – Abkürzung für Radio-Verkehrs-Aktiengesellschaft, die erste österreichische Rundfunkgesellschaft (gegründet 1924).

**Schabbat** – als siebter Wochentag der Ruhetag des Judentums, der von Freitagabend bis Samstagabend dauert und an dem keine Arbeit verrichtet werden soll.

**Schiwwe** – siebentägige Trauerzeit nach einem Begräbnis.

**Schoah** – Bezeichnung für den Massenmord an europäischen Juden zur Zeit der Herrschaft der Nationalsozialisten.

**Schul** – andere Bezeichnung für Synagoge, die darauf zurückgeht, dass diese nicht nur ein Ort für das gemeinsame Gebet, sondern auch für das gemeinsame Lernen ist.

**Seder** – rituelle Mahlzeit an den ersten beiden Abenden des Pessachfests.

**Siddur** – Plural: Siddurim; jüdisches Gebetbuch.

**Spodik** – hohe, oben flache Pelzmütze von (meist) chassidisch-jüdischen Männern.

**Tachrichim** – weiße Leinentücher, in die verstorbene Juden gehüllt werden.
**Tallit** – Gebetsschal oder -mantel mit sogenannten Schaufäden an den vier Ecken.
**Talmud** – eines der bedeutendsten Schriftwerke des Judentums, enthält von Rabbinern verfasste Auslegungen biblischer Gesetzestexte.
**Thora** – das ›Buch der Bücher‹ im Judentum, umfasst die fünf Bücher Moses.
**towelen** – rituelles Reinigen von Küchengeschirr durch Untertauchen.

**Unternehmen Otto** – Deckname, mit dem Hitler die militärische Weisung für den Einmarsch in Österreich zum Anschluss verschleierte.


Das Gedicht *Ich bin der Welt abhanden gekommen* auf Seite 270 stammt von Friedrich Rückert.

**KEIN&ABER POCKETS**

## HAROLD NEBENZAL
## CAFÉ BERLIN

Auf einem Berliner Dachboden hält sich der Jude Daniel Saporta vor den Nazis versteckt. Wenige Jahre zuvor war sein Nachtclub noch Zentrum einer feiernden und fiebernden Stadt, und sein Herz gehörte der Tänzerin Samira. Während er nun immer mehr um sein Leben fürchten muss, erinnert er sich zurück an eine Zeit der überschäumenden Dekadenz und muss erkennen: Je wilder man auf dem Vulkan tanzt, desto später hört man das Brodeln unter den Füßen.

Roman
Aus dem Englischen von Gertraude Krueger
broschiert, 416 Seiten
ISBN 978-3-0369-5994-8
Auch als eBook erhältlich

## ROBERT SEETHALER
## DER TRAFIKANT

Österreich 1937: Der 17-jährige Franz Huchel sucht in Wien als Lehrling in einer Trafik – einem kleinen Tabakladen – sein Glück. Als er sich Hals über Kopf in die Varietétänzerin Anezka verliebt, sucht er bei dem alten Professor Sigmund Freud Rat. Dabei stellt sich heraus, dass dem weltbekannten Psychoanalytiker das weibliche Geschlecht ein ebenso großes Rätsel ist. Und schon bald werden Franz, Freud und Anezka jäh vom Strudel der historischen Ereignisse mitgerissen.

Roman
broschiert, 256 Seiten
ISBN 978-3-0369-5645-9
Auch als eBook erhältlich

www.keinundaber.ch